무너진 세계에서 꿈꾸기

무너진 세계에서 꿈꾸기

전쟁, 인간 그리고 예술

이정현 지음

도서출판 b

차례

제 I 부 무너진 자들

제Ⅱ부 통과한 자들

제Ⅲ부 누락된 자들

제IV부 꿈꾸는 자들

파국의 목전에서 엇갈린 사람들

— 플로리안 일리스, 『1913년 세기의 여름』

영국 역사학자 에릭 홉스봄(1917~2012)은 20세기의 시작을 '1914년'으로 명명했다. 제1차 세계대전이 일어난 1914년부터 소비에트가 몰락한 1991년까지를 '20세기'로 규정한 것이다. 독일 본대학과 영국 옥스퍼드대학에서 미술사와 근대사를 공부한 독일 저널리스트 플로리안 일리스(1971~)의 『1913년 세기의 여름』(문학동네, 2013)은 홉스봄의 개념으로 보면 19세기의 마지막 해인 1913년에 서유럽에서 진행된 문화·정치적인 변화를 재구성한 저서다. 보불전쟁(프로이센-프랑스)이 끝난 1871년부터 제1차 세계대전이 벌어진 1914년 사이 서유럽은 안정 속에서 발전을 거듭했다. 플로리안 일리스는 일기, 편지, 회고록, 신문 기사 등을 참고해 1913년 한 해 동안 인류의 역사에 획을 그은 소설가, 시인, 화가, 정치가, 의사 등 300명이 넘는 인물의 행적을 기록했다. 그 다양한 인물들은 다가오는 파국(제1차 세계대전)을 모른 채 최선을 다해 각자의 삶을 살아갔다.

1913년, 민감한 신경과 지병 탓에 오랜 은둔을 이어온 프랑스 작가 마르셀 프루스트(1871~1922)는 세계 문학사에 남을 걸작 『잃어버린 시간을 찾아서』 제1권을 출간했다. 파리 루브르박물관에서는 레오나르도 다빈치의 그림 〈모나리자〉가 실종됐다. 같은 시기 체코의 프라하에서

청년 시절 스탈린

프란츠 카프카(1883~1924)는 20세기를 대변하는 기념비적인 소설 『변신』을 집필하며 고뇌에 빠져 있었다. 카프카는 자신의 마음을 알아주지 않는 여인 펠리체 바우어에게 하루에만 수십 장의 편지를 쓰면서 광적으로 집착했다. 프라하에 거주하던 물리학자 알베르트 아인슈타인(1875~1955)은 사촌 누이와 사랑에 빠졌다. 아인슈타인은 사촌 누이에게 아내와의 결혼 생활이 고통스럽다는 편지를 썼다.

한편 합스부르크 제국(오스트리아)의 수도 빈은 훨씬 소란스러웠다. 정신과 의사 지그문트 프로이트(1856~1939)는 연일 격한 분노에 시달렸다. 자신이 아끼던 제자이자 동료인 구스타프 칼 융(1875~1961)이 자신의 유아성욕 이론과 성 충동 이론을 비판하고 나섰기 때문이다. 목사의 아들이었던 칼 융은 인간의 성에 집착하는 프로이트의 이론에 완전히 동조하지 않았다. 프로이트와 융, 두 천재는 학회에서 마주할 날을 기다리면서 서로를 향해 이를 갈고 있었다.

빈의 한적한 공원에는 향후 세계사를 좌우할 두 사람이 서로를 모른 채 스쳐 지나갔다. 공산주의 잡지 『프라우다』 창간에 앞장섰다가 러시아 제국의 체포령을 피해 빈으로 도주한 이오시프 스탈린(1878~1953)은 하숙집 인근의 공원에서 많은 시간을 보냈다. 같은 시기 빈의 미술 학교 입학시험에 떨어진 한 청년이 실의에 빠져 공원을 배회하고 있었다. 그 청년은 바로 아돌프 히틀러(1889~1945)였다. 히틀러는 관광객에게 그림을 그려주면서 생계를 유지하고, 카페에서 체스를 두면서 시간을 보냈다. 1913년 여름, 스탈린과 히틀러는 같은 공간에 있었다. 이 시기 스탈린은 하숙집의 보모를 연모했으나 그녀의 마음을 얻지 못했다. 그녀

는 스탈린의 동료 니콜라이 부하린(1888~
1938)과 눈이 맞았다. 훗날 소비에트의 권
력을 잡은 스탈린은 숙청 과정에서 한때
절친했던 부하린을 처형했다. 표면적으로
는 국가 전복 혐의를 씌웠지만, 처형의 이
면에는 빈 망명 시절의 원한이 있다는 사실
을 짐작할 수 있다.

청년 시절 히틀러

1913년, 빈 미술학교에서 한 학생이 미
성년자 누드를 그려 사회적 물의를 일으켰
다. 그가 그린 누드화는 에로틱하지 않았
다. 거칠고 앙상한 선으로 그린 누드화는 아름답다기보다는 기괴했다.
그 누드화를 그린 사람은 에곤 실레(1890~1918)였다. 인간의 불안과 혼란
을 앙상한 선으로 표현한 실레의 크로키는 현대 미술의 흐름을 바꿨다.
그러나 실레는 반항적인 성격과 기행으로 생전에 인정받지 못하고 1차
대전 중 요절했다. 부질없는 의문이지만, 실레가 아니라 히틀러가 빈
미술학교에 입학했다면 세계의 역사는 얼마나 달라졌을까.

오늘날 '현대음악의 창시자'로 칭송받는 구스타프 말러(1860~1911)는
생전에 프로이트에게 고통을 호소하는 편지를 보냈다. 말러의 딸은 5세에
사망했고, 아내 알마 말러(1879~1964)는 다른 남자와 사랑에 빠져 있었다.
말러는 극심한 스트레스에 시달리다가 사망했다. 프로이트는 자신이
말러와 상담하면서 산책한 시간을 산정해 말러의 유산을 요구했다. 더
지독했던 자는 말러의 아내 알마였다. 그녀는 기다렸다는 듯이 남자들과
숱한 염문을 뿌리고 다녔다. 알마에게 빠졌던 대표적인 사람은 화가
오스카어 코코슈카(1886~1980)였다. 말러가 사망한 1911년부터 1913년까
지 2년 동안 알마의 연인이었던 코코슈카는 그녀에게 400통이 넘는 편지
를 보냈다. 그러나 알마는 코코슈카가 아닌 건축가 발터 그로피우스

오스카어 코코슈카의 대표작 〈바람의 신부〉

(1883~1969)와 결혼했다. 코코슈카의 열정에 부담을 느껴 헤어지면서도 코코슈카의 재능을 아꼈던 알마는 그에게 '일생일대의 명작'을 남겨야 결혼하겠다고 말했다. 코코슈카는 평생 그 말의 포로가 됐다.

플로리안 일리스는 욕망에 빠진 자들만을 기록하지 않았다. 1913년, 스트라스부르대학에서 의학 박사 학위를 취득한 알베르트 슈바이처 (1875~1965)는 성공이 보장된 의사의 길을 버리고 프랑스령 적도 아프리카로 떠났다. 재산을 모두 털어 아프리카에 '랑바레네' 병원을 세운 슈바이처는 죽을 때까지 그곳에서 봉사했다. 슈바이처가 세운 병원은 전 세계 의사들의 성지가 되었다. 1910년, 영국 경제학자이자 언론인 노먼 에인절(1872~1967)은 세계적인 베스트셀러에 오른 저서 『거대한 환상』에서 "이제 세계에서 전쟁 같은 건 일어날 수 없을 것"이라고 선언했다. 1913년, 그는 '독일 총학생에게 보내는 공개서한'을 써서 주목받았다. 이 글에서 에인절은 모든 나라가 경제적으로 긴밀하게 연결된 '세계화 시대'에 전쟁은 무의미하다고 다시 강조했다. 독일 금융권이 정부에 영향력을 행사하면 전쟁이라는 파국을 막을 수 있다는 에인절의 논리에 전 세계 지식인들은 앞다퉈 지지를 표명했다. 에인절의 논리는 '벨라 에포크 아름다운 시절'(1871~1913)의 마지막 해인 1913년 유럽을 지배했던 낙관주의의 상징이었다.

물론 우리는 다음 해(1914)에 벌어진 비극을 잘 알고 있다. 제1차 세계대전은 인류의 낙관주의가 얼마나 허약한 것이었는가를 증명하는 사건이었다. 이 책에 묘사된 1913년의 세계는 전혀 낯설지 않다. 지금 세계의 상황은 110년 전과 그리 다르지 않다. 에곤 실레가 그린 자화상의 불안한 눈동자를 다시 응시한다. 우리는, 같은 실수를 반복하지 않을 수 있을까.

제1부

무너진 자들

무너진 세계와 어느 지식인의 절망

— 슈테판 츠바이크의 삶과 죽음

유럽인들은 보불전쟁이 끝난 1871년부터 제1차 세계대전이 발발한 1914년 사이의 세계를 '벨 에포크^{belle epoque · 아름다운 시절}'라고 지칭했다. 1889년, 파리에 세워진 철로 만든 세계 최고의 랜드마크 에펠탑은 그 시대를 상징하는 건축물이다. 풍요를 구가하던 이 시기에 유럽은 놀라운 지적 발전을 이루었다. 에밀 졸라, 빅토르 위고, 드뷔시, 모네, 실레, 라벨 같은 예술가들이 불멸의 예술 작품을 남겼고, 과학자 미리 퀴리와 정신의학자 프로이트도 이 시기에 젊은 날을 보냈다. 오스트리아 출신 전기傳記 작가 슈테판 츠바이크(1881~1942)도 벨 에포크 시대를 빛낸 인물 중 하나다.

섬유 업체를 운영하던 아버지와 은행가 집안 출신 어머니 사이에서 태어난 츠바이크는 유복한 어린 시절을 보냈다. 부모는 유대인이었으나 집안의 분위기는 유대교와는 전혀 무관했다. 학창 시절 어학과 작문에서 두각을 나타낸 츠바이크는 23세에 철학 박사 학위를 받을 정도로 천재적인 면모를 보였다. 작가가 된 츠바이크가 응시한 것은 인간이 지닌 '필연적인 모순'이었다. 그가 보기에 '완벽한 인간'이라는 것은 존재하지 않았다. 과학의 발전과 함께 인간의 합리성과 이성이 조명받던 시대였지만, 츠바이크는 그런 시대의 흐름에 순응하지 않았다. 츠바이크는 에라스무

슈테판 츠바이크

스, 스탕달, 도스토옙스키, 톨스토이, 발자크의 평전을 집필하면서 그들의 삶에 얼마나 많은 모순과 애증이 얽혀 있는가를 밝혀냈다. 과학의 법칙과는 달리 인간의 내면은 모호하고 불안했다. 츠바이크가 쓴 평전 속 인물들은 모두 열등감, 질투, 허영에 고통받는 나약한 존재들이었다. 모순과 약점을 지닌 인간을 따뜻하게 응시하는 츠바이크의 글은 독자들에게 큰 호응을 얻었다.

또한 지그문트 프로이트와의 교류는 츠바이크에게 중요한 영감을 주었다. 당시 프로이트는 무의식의 메커니즘을 밝힌 저서 『꿈의 해석』(1900)을 발표했지만, 학계에서 제대로 인정받지 못하고 있었다. 타협할 줄 모르는 프로이트의 성격도 학문적 고립을 자초했다. 그의 명성을 듣고 알프레드 아들러와 칼 융과 같은 후학들이 찾아와 합류했으나 훗날 그들은 모두 프로이트와 멀어졌다.

"인간은 자신이 사는 시대, 부모, 성별을 스스로 택할 수 없다. 이것은 출생과 함께 지울 수 없는 상처가 된다. 어머니로부터 분리된 인간은 평생 인정과 사랑을 갈구하게 된다."

프로이트가 파악한 인간의 근원적인 한계는, 츠바이크가 평전을 쓸 때 유용한 틀이 되었다. 츠바이크는 프로이트와 교류하면서도 그와 멀어지지 않은 극소수의 사람이었다. 훗날 프로이트가 런던에서 사망했을 때 츠바이크는 그를 "온 세상의 저항에 맞서 자신의 인식을 지켜낸 사람"

이라고 추도했다. 츠바이크는 인간의
모순과 한계를 누구보다 잘 포착했지
만, 그것을 대체할 장점도 정확하게 찾
아냈다. 나이를 뛰어넘은 두 사람의 우
정은 말년까지 이어졌다.

'벨 에포크' 시대를 끝장낸 제1차 세
계대전은 츠바이크에게 큰 충격을 주
었다. 이 전쟁은 인간의 집단적 광기를
적나라하게 증명한 사건이었다. 전쟁
이 끝난 후 츠바이크는 빈을 떠나 조용
한 시골 도시 잘츠부르크에 은거했다.
전쟁 후의 세계는 더욱 혼란스러웠다.
배타적인 인종주의와 파시즘이 극성

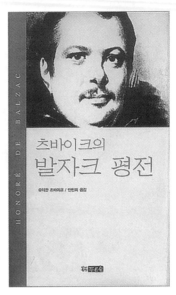

슈테판 츠바이크, 『발자크 평전』

을 부렸고, 급기야 1933년 나치가 집권했다. 1934년, 리하르트 슈트라우스
의 오페라 〈말 없는 여자〉의 대본 집필을 맡았을 때 츠바이크는 불길한
미래를 일찍 예견했다. 나치는 오페라 프로그램에서 유대인 작가, 배우,
연주자의 이름을 빼라는 지침을 내렸고, 츠바이크의 이름도 지워졌다.
츠바이크는 곧바로 집과 재산을 버리고 런던으로 이주했다. 본격적인
유대인 학살이 시작되기 전이었지만 츠바이크는 나치에 열광하는 사람
들이 어떤 미래를 만들지 이미 예상하고 있었다. 몇 년 후 프로이트도
츠바이크를 따라 영국으로 망명했고, 전쟁이 발발한 직후 그곳에서 사망
했다.

영국도 안전지대는 아니었다. 독일 게슈타포는 유럽 내의 유대인 체포
대상자를 정리한 명단 '블랙 북'을 작성했다. 거기에는 츠바이크의 이름
과 런던 주소까지 기록되어 있었다. 츠바이크는 나치를 피해 브라질의
리우데자네이루 인근 페트로폴리스로 이주했다. 그곳에서 츠바이크는

슈테판 츠바이크, 『어제의 세계』

수용소에 끌려가 생을 마감한 친구들의 소식을 들으면서 죄책감에 휩싸였다. 츠바이크는 인류에게 더 이상 희망이 없다는 결론을 내리고 아내와 다량의 수면제를 복용하여 자살했다. 그의 책상 위에는 마지막 저서 『어제의 세계』(지식공작소, 2014)의 원고가 놓여 있었다. "나에게는 유럽이 광기에 의해 죽음을 선고받은 것처럼 보였다." 누군가는 이렇게 물을지도 모른다. 인간의 모순을 누구보다 잘 아는 그가 왜 그런 나약한 선택을 했는가. 츠바이크는 62년의 생애 절반을 '벨 에포크' 시대에 살았고 나머지는 전쟁과 광기의 시대에 살았다. 갑자기 파괴된 세계를 목도한 그의 절망은 더욱 컸을 것이다.

"여러분은 이 길고 어두운 밤 뒤에 마침내 아침노을이 떠오르는 것을 보시길 빕니다. 성급한 사나이는 먼저 떠나가겠습니다." 츠바이크가 희망이 없다고 결론을 내린 인류는 두 차례의 세계대전을 겪고도 살아남았다. 파괴된 세계는 다시 돌아오지 않는다. 코로나 이전의 세계로 돌아갈 수 없게 된 지금-여기에서 츠바이크의 절망을 떠올린다. 파괴된 세계는 다시 돌아오지 않지만, 공존이 가능한 새로운 세계를 만드는 것은 살아남은 자들의 몫이다.

늙은 파우스트의 회고록

— 알베르트 슈페어, 『기억: 제3제국의 중심에서』

"만약 히틀러에게 친구라는 것이 있었다면,
분명히 나는 그의 몇 안 되는 친구들 중 하나였을 것이다."

— 회고록 『기억: 제3제국의 중심에서』

알베르트 슈페어(1905~1981)는 나치 정권의 수석 건축가이자 전쟁
기간 중 군수장관으로 일했다. 그는 뉘른베르크 전범 재판에서 제3제국
무기 공장에 전쟁 포로를 비롯한 노예 노동자 수백만 명을 동원한 책임을
인정했다. 많은 노동자가 일터에서 학대받고 죽임을 당했다. 슈페어는
그 일에 직접 관여하지는 않았다. 그러나 무기 생산과 공정을 총괄한
것은 분명했다. 슈페어는 법정에서 딱 그만큼만 자신의 죄를 인정했다.
재판부는 가혹 행위에 직접 가담하지 않았으며, 자신의 죄를 부인하지
않은 점을 참작해 슈페어에게 징역 20년 형을 선고했다. 30대에 불과한
그는 어떻게 제3제국 권력의 핵심부로 진입했을까. 또한 나치에 협조하고
도 그는 왜 나치의 장관들 중 유일하게 사형을 면했는가.
슈페어는 건축 회사를 운영하는 아버지의 영향을 받아 대학에서 건축
을 전공했다. 뮌헨 대학을 거쳐 베를린 샤를로텐부르크 공대에서 건축을
공부하면서 두각을 나타냈다. 학부를 마치고 슈페어는 세계적인 건축가

히틀러에게 베를린 건축 계획을 설명하는 슈페어

테세노 교수의 전임 조교가 됐다. 만약 전쟁이 벌어지지 않았다면 그는
명민한 교수가 됐거나, 건축가로서 이름을 날렸을 것이다. 그러나 시대는
청년 건축학도의 삶을 완전히 흔들어 놓았다. 1930년 슈페어는 히틀러
연설을 듣고 크게 감동했다. 그는 히틀러야말로 혼란에 빠진 독일을
이끌 지도자라고 확신하고 이듬해 나치에 가입했다.

　나치당 간부 카를 항케와 선전장관 괴벨스의 눈에 들어 당 청사 개조
작업에 참여한 슈페어는 뛰어난 설계 능력을 발휘했다. 그리고 1933년에
는 나치당의 뉘른베르크 전당 대회 무대 연출을 맡았다. 나치의 전속
촬영 감독 레니 리펜슈탈(1902~2003)의 카메라는 슈페어가 만든 무대를
환상적으로 포착했다. 전당 대회 이후 슈페어는 나치의 공연 기획과
연출을 도맡았고, 독일 주요 도시들의 설계를 입안하게 됐다. 적절한
구획 분할과 배치, 상징을 담은 건축물들의 조화, 잉여 공간의 활용 등
슈페어가 진행한 도시 설계는 오늘날까지 교본으로 활용될 정도로 뛰어
났다. 이 과정에서 슈페어는 '히틀러의 건축가'라는 별칭을 얻었다. 슈페

어는 히틀러의 야망을 건축물로 구현했고, 한때 미술학도였던 히틀러는 그의 천재적인 설계 능력에 감복했다.

1942년 제2차 세계대전이 한창일 때 슈페어는 독일군 전체 군수 업무를 담당하는 군수장관으로 임명됐다. 37세에 불과한 슈페어는 제3제국 최연소 장관이자 핵심적인 권력자로 부상했다. 군수 분야에서도 그는 타고난 능력을 유감없이 발휘했다. 그는 중요한 군수 시설들을 분산했고, 인력을 효과적으로 배치해 생산 효율성을 높였다. 연합군의 맹폭으로 큰 피해를 당하면서도 독일의 군수품 생산은 줄어들지 않았다. 서방 언론과 영국 정보국조차 슈페어를 '나치의 최고 인재'라고 평가할 정도였다. 1944년 7월 히틀러 암살을 모의했던 독일 장군들도 슈페어가 군수 업무를 담당할 유일한 인물이라고 인정했다. 전쟁이 끝날 무렵 슈페어는 모든 것을 파괴하라는 히틀러의 명령을 어기고 산업 시설과 예술 작품을 보호하기 위해 허위 보고를 올렸다. 히틀러는 슈페어의 보고를 그대로 믿었고, 덕분에 무수한 사람들이 목숨을 건질 수 있었다.

1947년 7월 18일, 베를린 슈판다우 감옥에 수용된 슈페어는 1966년 9월 30일까지 20년 형기를 채우고 석방됐다. 그는 슈판다우 감옥에서 20년 동안 글을 썼다. 일기, 편지, 자서전을 위한 토막글 등 그가 쓴 글은 2천 장이 넘었다. 달력, 종이 상자, 화장지 등에 적은 슈페어의 글은 훗날 자서전『제3제국의 안쪽』(한국어판『기억: 제3제국의 중심에서』, 마티, 2007)으로 출간됐다. 이 책은 히틀러와 함께 생활하지 않았으면 그 누구도 알 수 없는 에피소드들이 숱하게 등장하고, 전쟁 중 독일 내부 사정을 보여주는 자료가 가득하다.

출간하자마자 베스트셀러에 오른 슈페어의 저서는 제3제국의 실상과 히틀러의 행적을 담은 중요한 역사 기록이 됐다. 히틀러 암살 작전의 정황을 다룬 영화 〈작전명 발키리〉(브라이언 싱어 감독, 2008)와 베를린 공방전과 히틀러의 최후를 조명한 영화 〈몰락〉(올리버 히르비겔 감독,

알베르트 슈페어, 『기억: 제3제국의 중심에서』

2004)은 모두 슈페어의 회고록에 기록된 사실을 토대로 제작되었다.

젊은 시절 슈페어는 히틀러를 위대한 지도자라고 믿었다. 히틀러는 슈페어가 지닌 잠재력의 한계를 뛰어넘을 수 있도록 힘을 실어줬다. 유대인을 말살하고 세계를 정복하겠다는 히틀러의 입장에 동의하지는 않았으나 슈페어는 나치의 정신을 대변하는 건물을 설계했고 무기를 생산했다. 슈판다우 감옥에서 근무하는 연합군과 소련 경비병들은 예외 없이 전쟁으로 가까운 친척이나 형제, 부모를 잃었지만 그들은 슈페어에게는 개인적인 원한을 품지 않았다. 슈페어는 슈판다우 감옥에서 '평범한 사람'들과 접촉하면서 비로소 따뜻한 인간애에 눈을 떴다. 광기 어린 시대를 살았던 슈페어는 평범한 감정에는 지극히 무지했다. 1905년에 태어난 슈페어는 40세가 될 때까지 독일 역사에서 가장 고통스러운 시기(두 차례의 세계대전, 경제 대공황, 나치 집권기)를 살았고, 20년 동안 감옥에 갇혀 있다가 61세 노인이 되어 다시 세상에 나왔다.

슈페어는 자서전을 출간하면서 "과거를 기록하기 위해서가 아니라 미래에 경고하기 위해서 썼다"고 밝혔지만, 많은 사람은 2천 페이지에 달하는 슈페어의 자서전을 "가장 두꺼운 자기변명"이라고 비판했다. 그들은 슈페어가 다른 전범들과 달리 뉘른베르크 법정에서 나치 지도부의 '집단 책임'을 거론한 것도 교묘한 변명이며, 자신의 욕망을 충족하려고 치밀한 계산 아래 히틀러를 지지한 것이라고 지적했다. 이 논란은 독일 안팎에서 지금도 계속되고 있다. 슈페어는 (연합국 검사들의 표현처럼) '선량한 나치'인가, 아니면 '1급 전범'인가. 회고록의 마지막에 슈페어는 이렇게 적고 있다. "기술 발전의 가능성에 눈이 먼 나는 거기에 내 삶의 황금기를 바쳤다. 그러나 지금, 과학 기술에 대한 나의 견해는 지극히 회의적이다."

슈페어는 슈판다우 감옥에서 끊임없이 걸었다. 그가 걸은 거리는 무려 31,939km에 달했다. 슈페어는 자신의 걸음 수를 기록하면서 고독한 시간을 견뎠다. 끝없이 걸으면서 과연 그는 무슨 생각을 했을까. 슈페어의 회고록은 나치의 심장부에서 벌어진 일을 기록한 귀중한 역사 기록이자 전쟁에 휘말려 삶을 잃어버린 한 청년이 비망록이다. 그가 남긴 글은 악마에게 영혼을 팔아버린 늙은 파우스트의 독백처럼 읽힌다.

악마의 혀, 대중을 장악한 선동술의 대가

— 히틀러의 대변인, 요제프 괴벨스

제1차 세계대전이 한창이던 1914년, 독일 라인란트 출신의 한 청년이 있었다. 애국심에 불타는 그는 군대에 자원했지만 참전할 수 없었다. 어린 시절 골수염을 앓아 다리가 굽고 왜소한 체격을 가져 현역 부적합 판정을 받은 탓에 그는 비전투 요원으로 복무했다. 독일이 전쟁에 패배하자 그는 조국의 몰락에 깊이 절망했다. 어린 시절부터 독서에 몰두해 어학과 역사 과목에 탁월한 재능을 보였고, 20대에 하이델베르크대학에서 문헌학 박사 학위를 받았다. 대학을 나온 후 저널리스트로 일하던 1925년, 조국의 미래를 책임질 위대한 지도자를 만나게 됐다. 그는 전쟁에서 전사한 친구의 삶과 자신의 관념을 뒤섞어 반자전적인 소설『미하엘』(1925)을 출간했다. 일기 형식의 소설『미하엘』에는 어느 왜소한 청년이 좌절감에서 벗어나 조국의 미래를 책임질 지도자에게 헌신하기까지의 과정이 감상적인 문체로 기록되었다. 육신이 온전하지 않은 청년은 말과 글의 힘을 신봉했다. 말과 글로 대중을 설득해 조국의 미래를 밝힐 지도자에게 보탬이 되고자 했다. 그는 바로 나치의 선전장관이자 히틀러의 '입'이었던 요제프 괴벨스(1897~1945)다.

미술학교 진학에 실패한 후 실업자로 지내다가 제1차 세계대전 당시 부사관으로 참전한 아돌프 히틀러는 그다지 뛰어난 언술을 지닌 인물이 아니었다. 만약 괴벨스와의 만남이 없었다면 히틀러의 집권은 불가능했을 것이다. 인간의 나약함과 감성을 파고드는 괴벨스의 언어는 패전 이후 절망에 빠진 독일인들의 심성을 자극했다. 괴벨스의 선전으로 1928년 5월 선거에서 3%에 불과했던 나치당의 득표율은 1930년 9월에 18%로 급등했다. 1932년 대통령 선거에서 히틀러는 결선 투표에 진출했고, 1932년 제국의회가 해산된 직후 실시한 7월 총선에서 나치당은 37%의 득

파울 요제프 괴벨스

표율로 제1당이 되었다. 마침내 1933년 1월, 총리에 취임한 히틀러는 그해 3월 독일 국민을 계몽할 '제국선진부'를 설립하고 그 책임자에 괴벨스를 임명했다.

괴벨스의 선전술 원칙은 명료했다. 그는 대중을 신뢰하지 않았다. "선전은 쉽게 학습될 수 있어야 하고, 간단한 용어나 슬로건으로 명명하는 것이 좋다", "대중은 이해력이 부족하고 잘 잊는다"는 소신을 지녔던 괴벨스는 간단한 언어로 연설문을 작성했다. 메시지를 가장 단순하게 가공하고, 이것을 끝없이 반복했다. 괴벨스는 민주주의의 치명적인 약점을 정확하게 파악했다. 최대 득표를 얻은 자가 권력을 잡는 민주주의 시스템에서 권력을 얻으려면 다수의 무지한 대중을 설득시켜야 한다는 사실을 잘 알고 있었다. 괴벨스는 비판적으로 판단할 능력을 지닌 지식인들을 고립시키고 대중들에게 증오심을 주입하는 교활한 방식을 이용했다. 당시 나치의 박해를 피해 프랑스로 망명한 독일 비평가 발터 벤야민

(1892~1940)은 영화, 확성기, 라디오, 활자 인쇄술 등 '복제 기술'이 정치 참여와 예술 향유의 장벽을 낮추어 계급의 격차를 허물 것이라 예견했지만, 아이러니하게도 복제 기술을 누구보다 유용하게 활용한 것은 괴벨스가 이끄는 나치 선전부였다. 괴벨스는 확성기 연설, 신문, 포스터, 유니폼, 음반, 라디오, 영화, 악단, 합창, 대규모 퍼레이드와 군중 집회를 활용해 군중 심리를 자극했다.

베르사유 조약으로 가혹한 배상금과 군비軍備가 제한되는 굴욕을 겪은 독일 국민은 괴벨스의 선전에 열광했다. 괴벨스는 "분노와 증오는 대중을 열광시키는 가장 강력한 힘"이라는 사실을 십분 활용했다. 감성에 물든 대중의 증오는 쉽게 증폭된다. 특정 집단을 증오하고 독일 '민족 공동체' 의식을 강화하는 과정에서 괴벨스는 유대인을 희생양으로 삼았다. 증오가 증폭될수록 대중이 영웅을 갈망한다는 것도 괴벨스는 잘 알고 있었다. 좌절을 겪은 자들은 아래로부터의 결정보다 위로부터의 지배를 더 편하게 느끼게 마련이다. 나치 선전부는 오로지 총통(히틀러)만이 유대인으로부터 민족을 구할 수 있는 영웅이라고 떠들었다. 괴벨스는 히틀러에 열광하는 대중을 보며 이렇게 적었다. "대중은 지배자를 기다릴 뿐 자유를 줘도 어찌할 바를 모른다."

괴벨스의 선전에 열광한 독일인들은 불과 몇 년 후 제2차 세계대전을 일으켰고, 그의 말과 글처럼 대규모 학살이 이어졌다. 전쟁 중에도 괴벨스의 선전은 독일인들의 사기 고양에 효과적이었다. 1943년 2월, 스탈린그라드 전투 패배로 공포감이 고조되자 괴벨스는 라디오에서 유명한 '총력전 연설'을 통해 소련과 맞서는 독일인들은 유럽의 자유를 수호하는 방파제라고 역설했다. 그 결과 독일군의 사기는 다시 높아졌고, 전쟁은 더욱 격렬해졌다. 1945년 4월, 소련군이 베를린을 완전히 장악하기 직전 괴벨스는 가족들과 함께 자살로 삶을 마감했다.

괴벨스의 탁월한 선전술은 종전 이후 많은 연구를 낳았다. 히틀러를

대중 앞에서 연설하는 괴벨스

대변한 '악마의 혀'라는 비판을 받았으나 괴벨스는 처음부터 '악마'가 아니었다. 그는 지적이고 가정적인 인물이었다. 위법으로 권력을 잡은 것도 아니었다. 나치를 연구한 사람들은 이 자명한 사실에 경악했다. 괴벨스의 선전술은 오늘날의 정부나 언론도 자주 활용한다. "선동은 문장 하나로도 가능하지만, 그것을 해명하려면 수십 장의 문서와 증거가 필요하다. 대중들은 해명보다 선동 내용을 더 잘 기억한다."

너무도 유명해진 이 말은 마치 오늘날 언론의 치부를 고백하는 것만 같다. 언론이 흑색선전과 폭로로 불리한 이슈를 바꾸며 특정한 내용을 반복 선전하면 대중들은 쉽게 그 논조를 답습하게 된다. 언론은 좌절한 사람들에게 희망을 주입하면서 증오할 대상을 은근히 지정하기도 한다. 괴벨스 시대와 달리 오늘날 디지털 시대의 대중들은 누구라도 선동의 주체가 될 수 있다. SNS에 올린 글이 사회적 파장을 낳을 때 정보를 생성한 주체는 강렬한 효능감을 느끼게 된다. 대다수 사람이 SNS와 블로

괴벨스,
대중 선동의 심리학

Joseph Goebbels

랄프 게오르크 로이트, 『괴벨스, 대중 선동의 심리학』

그, 카톡에 실제보다 나은 이미지를 올리고 만족감을 얻는다. 정치인들도 복잡한 설득보다는 간단명료한 메시지로 입장과 정책을 홍보한다. 괴벨스의 말처럼 그것을 논리적으로 반박하자면 몇 배의 노력이 요구된다. 그리고 반박과 재반박이 거듭될수록 상세한 내용보다는 간단한 단어와 강렬한 이미지만 남는다. 괴벨스를 연구한 독일 저널리스트 랄프 게오르크 로이트(1952~)는 저서 『괴벨스, 대중 선동의 심리학』(교양인, 2006)에서 오늘날 정치와 언론, 마케팅에서 활용하는 '효율적인 홍보' 대부분이 괴벨스의 선전술과 비슷하다고 지적했다. 괴벨스의 언어는 대상과 강도를 달리한 채 지금도 반복되고 있다. 괴벨스의 선동술을 읽을 때마다 여전히 냉전적 질서와 적대적 언어가 지배하는 우리 사회의 익숙한 풍경들을 떠올리게 된다.

현대적이고 합리적인 악의 민낯

— 홀로코스트 재판과 철학적 사유

1942년 1월 20일, 독일 베를린 근교 반제의 별장에서 나치 수뇌부의 비밀회의가 열렸다. 이 회의에서 나치 수뇌부는 유대인 문제의 '최종 해결'을 결의했다. 최종 해결이란 '절멸'을 의미했다. 나치가 설치한 수용소들은 효율적인 학살을 집행할 최적의 장소였다. 소련군 포로들을 대상으로 각종 독가스를 실험한 독일군은 1942년부터 전면적으로 유대인 학살에 나섰다. 유대인들을 분류해 수용소로 신속하게 이송하는 작업은 효율적인 공장 운영 작업과 흡사했다. 독일군 장교 아돌프 아이히만 (1906~1962)은 '해결 대상'인 유대인을 이송하는 책임을 맡았다. 전쟁이 시작되기 전 초급 장교였던 아이히만은 오스트리아에 거주하는 유대인들을 색출하고 추방하는 과정에서 능력을 인정받았다. 고속 승진한 아이히만은 '최종 해결' 과정에서 중추적인 역할을 맡았다. 자신의 임무에 완전히 몰입한 그는 모든 수단과 방법을 동원했다. 전쟁으로 군수품을 운송할 철도가 부족한 상황에서도 아이히만은 2년간 약 500만 명에 이르는 유대인들을 수용소로 옮겼다.

1945년 5월 전쟁이 끝나자 뉘른베르크에서 전범 재판이 열렸다. 당시 중령이었던 아이히만은 공군 이등병으로 신분을 속인 채 연합군 포로수용소에 있었다. 그러나 재판 과정에서 아이히만의 이름이 언급되자 연합군 정보부는 탐문을 시작했다. 궁지에 몰린 아이히만은 포로수용소를 탈출했다. 1950년, 아이히만은 나치 비밀 조직의 도움을 받아 이탈리아를 거쳐 아르헨티나로 도주했다. 대표적인 친독 국가인 아르헨티나에는 나치 이념을 신봉하는 독일계 이주민들이 많았다. 그들의 비호 아래 아이히만은 신분을 세탁했다. 아르헨티나에 정착한 아이히만은 오스트리아에 머물던 가족들까지 불러들였다. 아이히만의 평온한 삶은 1960년까지 이어졌다.

1957년, 독일 헤센주의 검찰총장 프리츠 바우어는 이스라엘 정보기관 '모사드'에 중요한 정보를 넘겼다. 아르헨티나 부에노스아이레스에 거주하는 '실비아 헤르만'이라는 여성이 제보한 정보였다. 실비아는 자신의 남자 친구 '니콜라스 아이히만'을 의심했다. 실비아가 유대인이라는 사실을 몰랐던 니콜라스는 유대인 학살을 주도한 자기 아버지의 업적을 자랑스럽게 떠벌렸다. 프리츠 바우어는 실비아가 제보한 정보를 서독이 아닌 이스라엘 정보부에 넘겼다. 나치 잔당들에게 정보가 누설될 것을 우려해서였다. 이듬해 모사드는 아르헨티나로 요원들을 파견했으나 그들은 클레멘트로 개명하고 외모를 바꾼 아이히만을 알아보지 못했다. 클레멘트가 아이히만이라는 사실을 확신한 프리츠 바우어는 계속 모사드를 설득했다. 마침내 모사드는 아이히만 체포 작전에 나섰다. 체포 임무를 맡은 모사드 요원들은 대부분 홀로코스트로 가족을 잃은 사람들이었다. 그들은 즉결 처형을 원했다. 하지만 이스라엘 총리 다비드 벤구리온(1886~1973)은 아이히만을 생포하라고 요원들을 거듭 설득했다. 벤구리온 총리는 아이히만을 이스라엘 법정에 세워 홀로코스트의 진실을 세계에 알려야 한다고 강조했다.

1960년 5월 11일, 모사드 요원들은 아이히만 검거에 성공했다. 모사드 요원들은 아르헨티나 독립 150주년 기념행사에 초청된 이스라엘 방문단이 타고 오는 전용기에 아이히만을 몰래 옮길 계획을 세웠다. 그러나 아르헨티나 정부의 요청으로 5월 11일로 예정된 이스라엘 방문단의 입국이 5월 19일로 늦춰지게 되었다. 모사드 요원들은 은신처에서 아이히만과 열흘간 동거하면서 출국일을 기다렸다. 5월 20일, 항공사 승무원으로 위장한 모사드 요원들은 마취시킨 아이히만을 이스라엘로 압송하는 데 성공했다. 크리스 와이츠 감독은 자신의 영화 〈오퍼레이션 피날레〉(2018)에 아이히만 검거 작전의 과정을 사실적으로 재현했다.

폴 애드루 윌리엄스 감독, 〈아이히만 쇼〉

1961년 4월 11일, 이스라엘에서는 세기의 재판이 열렸다. 폴 앤드루 윌리엄스 감독의 〈아이히만 쇼〉는 이 재판을 다큐멘터리 형식으로 다룬 영화다. 영화에서 영국 BBC를 비롯한 세계 각국의 방송국 PD들은 아이히만의 얼굴을 연신 클로즈업했다. PD들은 화면을 보면서 경악했다. 재판 내내 아이히만의 표정은 조금도 흔들리지 않았다. 수천 구의 유대인 시신을 불도저로 매장하는 화면을 보면서도 그는 무덤덤했다. 아이히만은 태연하게 자신의 무죄를 주장했다. 그는 전쟁 중 자신이 정책을 결정하거나 목표를 설정할 권한이 없었다는 사실을 강조하면서 "단지 상관의 명령에 복종했을 뿐"이라고 항변했다.

1961년 12월 11일, 법정은 아이히만에게 유죄 판결을 내리고 사형을 선고했다. 당시 법정에 앉아 재판을 지켜본 철학자 한나 아렌트(1906~1975)는 아이히만이 매우 정상적인 상태라고 생각했다. 아이히만의 정신을 감정한 정신과 의사들의 소견도 같았다. 아이히만을 악마로 묘사하는

지그문트 바우만

유럽 최고의 아말피 상 수상작

현대성과 홀로코스트
정일준 옮김

NEW DIRECTIONS

ZYGMUNT
BAUMAN
Modernity and the Holocaust

새물결

지그문트 바우만, 『현대성과 홀로코스트』

언론의 보도와는 달리 그와 상담한 의사들은 모두 아이히만이 긍정적이고 온화한 성품을 지녔다고 말했다. 한나 아렌트는 이 재판에서 드러난 아이히만의 모습을 '사유하지 않는 인간'의 전형이라고 분석하면서 '악의 평범성The banality of Evil'이라는 유명한 화두를 남겼다.

홀로코스트를 경험한 폴란드 철학자 지그문트 바우만(1925~2017)은 『현대성과 홀로코스트』(1989)에서 한나 아렌트의 사유를 구체적으로 확장시켰다. 지그문트 바우만은 홀로코스트는 독일인의 악마성에서 비롯된 비극이 아니라 합리성을 극단적으로 추구한 결과라고 역설했다. 홀로코스트는 현대적 합리성을 바탕으로 유대인들의 인격을 제거했기에 가능했다. 당시 독일인들은 유대인이 절멸한다면 보다 효율적이고 합리적인 세계를 구축할 수 있다고 착각했다. 마치 살충제를 뿌려 벌레를 제거하면 환경이 깨끗해진다는 생각과 흡사한 믿음이었다. 그러나 벌레는 결코 살충제로 박멸할 수 없다. 팬데믹을 겪으면서 우리가 자주 사용하는 단어 — '격리', '방역', '소독', '멸균', '정화', '검출' — 들은 어떠한가. 현대적이고 세련된 이 단어들을 사용하면서 사람들은 위험으로부터 멀어진다고 착각한다. 나치와 아이히만은 퇴출해야 할 벌레나 바이러스의 자리에 단지 유대인을 배치했을 뿐이다. 섬뜩한 진실이다.

약물에 중독된 '환자 A'

— 노르만 올러, 『마약 중독과 전쟁의 시대』

독일 저널리스트 노르만 올러의 논픽션 『마약 중독과 전쟁의 시대』(열린책들, 2022)는 모르핀의 등장으로 달라진 전쟁의 모습과 나치의 마약 남용 실태를 다룬 흥미로운 저서다. 이 책은 19세기 초 독일 베스트팔렌주 파더보른에서 21세의 젊은 약사 프리드리히 빌헬름 제르튀르너가 양귀비에서 모르핀을 분리 추출하는 데 성공하는 장면으로 시작한다. 양귀비의 걸쭉한 즙, 즉 아편은 통증을 널어주는 탁월한 효능이 있었다. 그러나 양귀비는 재배 조건에 따라 작용 물질의 농도가 천차만별이었다. 제르튀르너의 모르핀 분리 추출 성공은 인류 전체 역사에 한 획을 그은 중요한 사건 중 하나였다. 모르핀은 인간의 고통을 관리 가능한 것으로 바꿨고, 독일 제약업체는 비약적으로 성장했다. 1850년경 주사기가 개발되자 모르핀 진통제는 미국 남북전쟁(1861~1865)과 보불전쟁(1870~1871)의 전장에서 대량으로 활용됐다. 1920년대에 이르러 독일에서는 모르핀을 함유한 의약품 생산이 급격히 늘어났다. 독일은 또 다른 화학 물질에서도 선두를 달렸다. 제약업체 메르크사에서 생산된 코카인은 세계 코카인 시장의 80%를 장악했다. 우수한 품질로 정평이 난 이 제품은 중국에서 대량으로 무단 도용되기도 했다. 1차 세계대전 패전 이후 혹독한 경제난을 겪던 독일에서는 코카인을 복용하여 환각으로 도피하는 사람들이

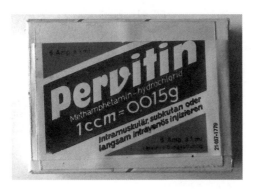

각성제 페르비틴. 처방전 없이도 약국에서 구매가 가능했다

폭증했다.

1933년 집권한 나치가 마약 퇴치 정책을 펼쳐 모르핀과 코카인 소비는 크게 줄어들었지만, 대신 새로운 합성 각성제가 등장했다. 헤로인, 코카인, 그리고 메스암페타민이 주성분인 '페르비틴'이 만병통치약으로 둔갑해 학생, 간호사, 배우, 작가, 노동자, 소방관, 미용사, 운전자 할 것 없이 모든 계층에서 소비됐다. 심지어 메스암페타민이 함유된, '프랄린'이라는 초콜릿 과자도 생산됐다. 베를린의 광고탑, 전철, 옴니버스, 도시 철도, 지하철 곳곳에 페르비틴 광고 포스터가 붙었다. 광고에는 순환기 장애, 무기력, 우울증 같은 증상을 완화해 준다고 적혀 있었다. 메스암페타민은 필로폰의 주원료로 중독성과 부작용이 심각해 오늘날 대표적인 금지 약물로 규정된 물질이다. 제2차 세계대전이 발발하자 독일 국방군은 제약업체에 페르비틴 3천5백만 정을 주문했다. 제약업체는 공장을 24시간 가동해 하루 80만 정이 넘는 페르비틴을 생산했다. 전쟁 초기 프랑스 침공 작전의 성공 여부는 신속한 진격에 달려 있었다. 독일 국방군은 전투 직전 병사들에게 페르비틴을 복용시켰다. 페르비틴의 각성 효과는 36시간 이상 유지됐다. 각성 효과에 힘입어 독일군은 일반적인 통념을 뛰어넘는 속도로 진격할 수 있었다.

야간 비행에 나서는 독일 공군의 조종사들도 페르비틴을 대량으로 복용한 후 출격했고, 페르비틴은 '폭격기 알약'이라는 별칭을 얻었다. 훗날 노벨문학상을 받은 독일 작가 하인리히 뵐(1917~1985)도 전쟁터에서 페르비틴 중독에 시달렸다. 저자는 부모님에게 페르비틴을 보내달라고 요구하는 하인리히 뵐의 편지들을 발굴했다. "기회가 되면 페르비틴을 다시 보내주세요. 보초를 설 때 아주 유용해요." "가능한 한 빨리 페르비틴을 보내주세요."

페르비틴 중독은 병사들에게만 국한되지 않았다. 저자는 광범위한 자료를 분석해 나치 이인자 헤르만 괴링, 친위 대장 하인리히 힘러, 항공국장 에른스트 우데트, 그리고 에르빈 롬멜 장군도 페르비틴을 즐겨 복용했음을 밝혀냈다. 히틀러 역시 각종 약물을 복용했다. 1941년 8월부터 1945년 4월까지 히틀러의 주치

노르만 올러, 『마약 중독과 전쟁의 시대』

의였던 테어도어 모렐(1886~1948)이 남긴 사적인 편지들은 히틀러가 마약에 의존했다는 사실을 입증하는 귀중한 자료다. 히틀러를 '환자 A'로 지칭한 모렐의 처방 기록에 따르면 히틀러는 전쟁 기간 중 1천1백 회 이상 약물을 복용하고, 8백 회 이상의 주사를 맞았다. 비타민, 포도당, 스테로이드, 페르비틴, 브롬화칼륨, 아트로핀, 코카인, 아드레날린 등 각종 약에 의존하면서 히틀러는 점차 판단력을 상실했다.

전쟁 말기 벙커 생활을 하며 마약에 빠진 히틀러는 모렐에게 더욱 의존했고, 마약을 맞지 않고는 작전 회의에 참여할 수 없는 지경에 이르렀다. 육체와 정신이 무너진 히틀러는 약에 절은 상태에서 무모한 명령을 남발했다. 그 결과 수십만 명의 병사들과 민간인들이 목숨을 잃었다. 패전이 목전에 다가온 1945년 3월 19일, 연합군과 소련군이 독일 국내로 진입하자 히틀러는 가스, 수도, 전기, 통신, 교통 시설을 모두 파괴하라는

파멸적인 명령(네로 명령)을 내렸다. 당시 히틀러는 약물 후유증이 극에 달한 상태였다. 다행히 지각이 있는 일선 지휘관들은 히틀러의 광기 어린 명령을 거부했다.

모렐은 히틀러의 주치의라는 지위를 이용해 노골적으로 사적인 이익을 취했다. '비타물틴'이라는 영양제를 출시해 엄청난 돈을 벌어들였고, 점령지에서 나치가 몰수한 기업을 싼값에 인수해 각종 약물을 생산했다. 우크라이나의 도축장에서는 고가의 도핑제와 스테로이드 생산 원료가 되는 동물들의 갑상선, 부신, 고환, 전립선, 난소, 쿠퍼샘, 담낭, 심장, 폐 등을 싹쓸이했다. 모렐이 제조한 약물 중 '오이코달'로 불리는 합성마약은 특히 심각한 부작용을 일으켰다. 오이코달의 각성 효과는 모르핀의 두 배에 달했다. 모렐은 오이코달의 부작용을 점검하고자 전쟁 포로와 유대인들을 대상으로 대규모 생체 실험을 진행했다. 모렐은 실험 대상자들에게 오이코달을 주사한 다음 죽을 때까지 걷도록 해 약물의 각성 효과를 관찰했다. 종전 후 모렐은 미군에 체포되었다. 전쟁 범죄에 직접 가담한 증거가 발견되지 않아 처벌을 면했으나 3년 후 건강 악화로 사망했다. 미군은 많은 독일 약사들을 미국으로 데려가서 각성제 개발을 계속하게 했다. 그 결과 페르비틴을 비롯한 각성제는 6·25전쟁과 베트남 전장에서도 활용됐다.

이 책은 순수 아리아인의 혈통을 강조하면서 인종 차별 정책을 펼쳤으나 내부에서는 온갖 마약성 물질에 의존했던 나치와 히틀러의 위선을 조명한다. 인간의 고통을 줄이려는 목적으로 만든 약물은 역설적으로 수많은 사람에게 고통을 안겼다. 물론 나치가 저지른 범죄의 결정적 요인을 약물에 있다고 단정할 수는 없다. 그러나 인류 역사상 최악의 범죄자이자 독재자였던 히틀러의 한 단면을 증명하는 퍼즐 조각의 하나로는 손색이 없다. 독일 문서 보관소를 뒤져서 페르비틴 지침서와 모렐의 처방 기록 등을 수집, 약물 부작용 묘사 등은 이 책의 압권이다. 저명한 전쟁 역사학자 앤터니 비버는 "히틀러의 마약 중독을 이보다 더 잘 입증해 주는 책은 없다"라는 찬사를 남겼다. 이 책은 영화 판권을 사들인 파라마 운트사에 의해 곧 영화로 제작될 예정이다.

'차악'이 없는, 가혹한 선택

— 블라소프 장군과 자유러시아군의 비극

영국의 역사가 리처드 오버리는 제2차 세계대전을 이렇게 정의한다. '스탈린과 히틀러의 전쟁'. 독일군의 사상자 80%가 소련과의 전쟁에서 발생했고, 소련은 2천만 명이 넘는 희생자를 승리의 대가로 치렀다. 리처드 오버리는 저서 『스탈린과 히틀러의 전쟁』(지식의풍경, 2003)에서 독소전쟁의 참상을 기록하면서 스탈린과 히틀러라는 희대 독재자의 아집과 편견으로 더 많은 희생자가 나왔다고 지적한다. 독소전쟁사를 살펴보면 눈길이 멈추게 하는 한 사람이 있다. 바로 소련의 안드레이 안드레예비치 블라소프Andrei Andreyevich Vlasov(1900~1946) 장군이다. 전쟁터에서 비극을 경험하지 않은 군인은 없지만 블라소프는 스탈린과 히틀러 모두에게 버림받은 비운의 군인이었다.

빈농의 자식으로 태어난 블라소프는 1919년 스무 살에 붉은 군대에 입대해 군인이 됐다. 이 당시 캅카스, 크림반도, 우크라이나에서 벌어진 적백내전 기간에 뛰어난 능력을 인정받은 블라소프는 장교로 임명됐다. 스탈린이 집권하자 제정 시대 러시아군 출신 엘리트 장교들은 대부분 숙청됐으나 블라소프는 출신 성분 덕분에 살아남았다. 그는 1930년 공산당원이 됐고, 1940년에는 레닌 훈장까지 받을 정도로 능력을 인정받아 장군으로 진급했다. 붉은 군대 내에서 그는 학구파 장교로 이름이 높았다.

1941년 독일의 침공 초기 소련군은 전면적으로 패퇴했지만, 블라소프가 이끄는 부대는 전열을 유지한 채 키예프를 빠져나왔다. 1941년 겨울, 스탈린은 블라소프에게 모스크바 전방을 수비하는 제20군의 지휘를 맡겼다. 겨울이 깊어지고 기온이 떨어지자 독일군의 진격이 멈췄다. 블라소프가 이끄는 부대는 모스크바 북쪽의 독일군을 몰아내는 데 성공했다. 모스크바는 위협에서 벗어났으나 스탈린은 여기에 만족하지 않

안드레이 안드레예비치 블라소프의 모습

고 무모한 공세를 명령했다. 그 와중에 병사들은 무수히 죽어 나갔다. 후퇴하거나 항명하는 지휘관은 바로 처형됐고 병사들은 사지로 내몰렸다. 1942년 3월, 블라소프의 부대는 레닌그라드를 포위한 독일군을 몰아내라는 명령을 받는다. 겨울에 쌓인 눈이 녹아 대지가 수렁으로 변해 원활한 기동이 어렵다는 블라소프의 건의는 무시됐다. 결국 늪지대에서 포위된 블라소프의 부대는 전멸했고 블라소프는 독일군의 포로가 되었다.

독소전쟁 초기 포로가 된 수백만 명의 소련군은 가혹한 대우를 받고 있었다. 블라소프는 거짓말과 속임수로 자국민을 살육하고 수많은 병사를 무의미한 전투에 몰아넣은 스탈린에게 염증을 느꼈고, 부하들을 살리지 못했다는 자책감에 시달렸다. 블라소프의 가족도 스탈린 체제 아래서 큰 고초를 겪었다. 그가 선물한 암소가 문제가 되어 블라소프의 부모는

리처드 오버리, 『스탈린과 히틀러의 전쟁』

부농으로 내몰려 처벌받았고, 적백내전 기간에는 친형이 반동으로 몰려 처벌받기도 했다. 그럼에도 블라소프는 군인으로서 임무에 충실했지만, 전선에서 목격한 것은 스탈린의 강요로 죽어 나가는 병사들이었다.

블라소프는 전향을 결심했다. 그는 독일 편에 서기로 한 반공 포로들로 구성된 '자유러시아군단'을 이끌게 됐다. 그들의 수는 약 100만에 이르렀지만, 히틀러는 그들에게 구식 무기만 지급하면서 이들을 불신했다. 전쟁 말기에 독일군의 병력 부족이 심각해지자 자유러시아군은 총알받이로 이용됐다. 스탈린이라는 독재자를 몰아내려고 히틀러라는 다른 독재자의 편에 섰던 자유러시아군의 기구한 선택은 전쟁이 빚어낸 잔혹한 아이러니였다.

한편 블라소프의 변절 소식을 들은 스탈린은 격노했다. 스탈린은 블라소프를 '인민의 적'으로 규정하면서 모든 부대에 체포 명령을 하달했고 포로로 잡힌 자유러시아군 병사들을 끔찍한 방법으로 살해했다. 1945년 3월 블라소프의 부대는 체코의 프라하로 이동해 체코인들의 봉기를 진압하는 작전에 투입됐다. 독일군 무장 친위대는 프라하의 시민들을 무차별 학살하고 있었다. 그 광경을 보고 블라소프는 다시 마음을 바꾸었다. 블라소프는 독일군을 향해 발포 명령을 내렸고, 프라하 시내에서는 같은 군복을 입은 자유러시아군과 독일군 사이에 치열한 전투가 벌어졌다.

독일 군복을 입은 자유러시아 군단을 사열하는 블라소프

그러나 자유러시아 군단은 어디에도 갈 곳이 없었다. 소련군은 그들에게 결코 자비를 베풀지 않을 터였다.

블라소프는 전쟁이 끝나면 미국과 소련이 필연적으로 대립하리라는 사실을 잘 알고 있었다. 그는 자유러시아군이 서쪽으로 탈출한다면 미군의 보호를 받을 수 있으리라고 기대했다. 하지만 소련군의 진격은 예상외로 빨랐고 블라소프는 소련군에 체포돼 모스크바로 압송됐다. 그는 극심한 고문을 당하면서도 끝까지 죄를 인정하지 않았고, 이듬해 대역죄로 처형됐다. 소련군은 전쟁이 끝난 후에도 정보기관을 동원해 자유러시아군 병사들을 집요하게 추적해 살해했다. 살아남은 병사들은 신분을 감추고 유럽 각지로 흩어졌다. 소련 정보기관은 그들을 찾아내서 사살했다. 그들에게 살해된 자유러시아군의 숫자는 아직도 명확하게 밝혀지지 않았다.

전쟁이 끝나고 소련은 블라소프를 '1급 반역자'로 규정했으나 블라소프의 지지자들은 그를 두 독재자 사이에서 다른 길을 모색한 애국자라고 주장했다. 1990년대에 소비에트 연방이 해체되자 블라소프의 명성은 다시 높아졌고, 그의 선택을 둘러싼 논쟁이 지속됐다. 블라소프의 부대가 독일군에 편입돼 소련인들에게 총을 겨눴다는 사실과 나치에 맞선 동유럽의 저항 운동을 진압했다는 사실은 부정할 수 없는 사실이다. 스탈린의 독재로부터 조국을 구한다는 명분을 내세웠지만, 조국을 침공한 히틀러 편에 붙었다는 사실 역시 변명의 여지가 없다. 전쟁이라는 극한 상황은 인간에게 비극적인 선택을 강요한다. 그렇지만 스탈린과 히틀러 사이에서 차악次惡을 선택하는 것은 블라소프가 아닌 그 누구에게도 가혹한 딜레마였을 것이다.

구국의 영웅과 '콜라보라시옹'의 거리
— 필리프 페탱

1916년 11월 베르됭 전투가 끝나갈 무렵 프랑스의 니벨 장군은 새로운 공세를 계획했다. 니벨은 보병의 전진 속도에 맞춰 포병의 탄막을 이동시키는 전술을 활용해 엔강 유역의 독일군을 일거에 몰아내고자 했다. '극적인 승리'를 내세운 니벨의 계획은 프랑스 병사들에게 자신감을 불어넣었고, 베르됭 전투의 승리로 낙관적인 분위기는 더욱 고조되었다. 반대했던 정치가들도 니벨의 공세에 기대를 걸기 시작했다. 하지만 1917년 4월에 전개된 프랑스군의 공세는 실패했다. 단 하루 만에 10만 이상의 사상자가 발생하자 프랑스군은 동요했다. 최전방의 병사들은 참호로 복귀하는 것을 거부했고, 명령 체계가 무너지기 시작했다. 항명한 병사들을 처형하고 유배를 보내도 항명과 폭동은 가라앉지 않았다. 스탠리 큐브릭 감독의 영화 〈영광의 길〉(1957)은 '니벨 공세'와 프랑스 병사들의 집단 항명을 소재로 한 작품이다.

이 시기에 '베르됭의 구원자' 필리프 페탱(1856~1951) 장군이 사태 수습에 나섰다. 페탱의 전략은 단순하지만 놀랍도록 효과적이었다. 그는 항명한 병사들의 사형을 최소화했고, 휴가 제도와 병사들의 보급 문제를 개선했다. 페탱은 최전방 병사들이 겪는 불만이 무엇인지 잘 알고 있었다. 그는 전방 부대에 직접 방문해 병사들을 설득하면서 미군이 도착할 때까

엘리스터 혼, 『베르됭 전투』

지 기다리는 전략을 고수했다. 페탱의 노력으로 프랑스군은 1917년의 붕괴 위기를 넘겼다. 이것은 베르됭을 구원한 것보다 훨씬 탁월한 업적이었다.

1918년 봄, 독일군은 미군이 도착하기 전에 전쟁을 끝내고자 최후의 공세에 나섰다. 그러나 페탱의 지휘 아래 전열을 수습한 프랑스군은 미군이 도착할 때까지 독일군의 공세를 견뎌냈다. 1918년 가을, 연합군이 최후의 반격에 나설 때 공세를 지휘한 것은 페탱의 후임 포슈 원수였다. 페탱은 연합군 전체 총사령관을 맡는 방식으로 좌천되었다. 프랑스군 지휘부에는 페탱을 질시하는 자들이 많았다. 페탱은 가장 위험한 순간에 일종의 '소방수'로 투입되었다가 밀려났다. 베르됭 전투 때와 비슷한 결말이었다. 제1차 세계대전이 끝난 후 페탱은 프랑스의 국부로 칭송되었고 국방장관을 거쳐 스페인 대사로 활동했다.

제1차 세계대전의 기억은 전쟁에 참전한 프랑스 청년들에게 지울 수 없는 상처로 남았고, 그들이 장년에 이를 때까지 영향을 미쳤다. 젊은 시절 끔찍한 참호전을 겪은 프랑스의 40~50대는 히틀러가 체코와 오스트리아를 병합할 때 독일과의 충돌을 꺼렸다. 1939년 폴란드가 침공당했을 때도 프랑스 군대는 국경 지역에 구축한 마지노^{Maginot} 요새에 웅크린 채 공격에 나서지 않았다. 제2차 세계대전 초기 독일이 폴란드를 침공했을 때 만약 프랑스군이 독일로 진격했더라면 전쟁은 국지전으로 끝났을

스탠리 큐브릭 감독의 영화 〈영광의 길〉 스틸 컷. 니벨의 무모한 공세로 프랑스군은 엄청난 피해를 입었다. 베르됭 전투 직후에 벌어진 이 참사로 병사들의 집단 항명 사태가 발생했다.

지도 모른다. 그러나 제1차 세계대전 참전했던 프랑스의 기성세대는 전면전을 극도로 두려워했다.

그토록 무기력했던 프랑스는 패전이 임박하자 다시 페탱을 소환했다. 페탱은 패전이 다가온 1940년 5월 프랑스 총리에 임명되었다. 당시 고위 지휘관들과 정치인들은 패전에 책임지지 않았다. 그들은 80대 고령에 접어든 페탱을 앞세워 항복 문서에 서명하도록 했다. 페탱은 독일에 협력을 선언하고 나치의 괴뢰 정부인 '비시 정부Vichy France'를 구성하여 국가 원수가 되었다. 페탱은 프랑스 청년들의 희생을 막는다는 명분을 내세웠지만, 한때 그의 부관이었던 드골 장군은 페탱을 따르지 않고 영국으로 망명해 항쟁을 지속했다. 비시 정부는 독일이 노동력을 요구하자 프랑스인들이 동원되도록 허용했고, 레지스탕스와 유대인들을 독일에 넘겼다. 비시 정부가 적발한 프랑스 내 유대인 7만여 명이 아우슈비츠로 끌려갔고, 그들 중 생존자는 3%에 불과했다. 레지스탕스 조직도 비시 정부의 탄압으로 궁지에 몰렸다. 페탱은 프랑스의 구원자에서 순식간에 배신자로 전락했다.

전쟁이 끝나자 프랑스에서는 대대적인 '콜라보라시옹Collaboration·나치 부역자' 처벌 작업이 벌어졌다. 페탱도 반역죄로 법정에 서게 되었다. 법정에서 검사들은 비시 정부의 반역 행위를 낱낱이 파헤치면서 사형을 구형했다. 그러나 페탱을 옹호하는 여론도 만만치 않았다. 옹호론자들은 비록 나치에 협력했지만 페탱이 독일에 끌려간 프랑스군 포로들의 목숨을 구하려고 노력한 사실을 강조했다. 또 페탱이 나치에 군사적인 협력을 거부하여 프랑스의 해외 식민지가 유지되었고 그 덕분에 북아프리카 지역에서 자유프랑스군이 전력을 키울 수 있었다고 주장했다. 육군 원수 제복을 입고 법정에 선 페탱은 "나는 언제나 조국이 부르면 응했다. 프랑스는 역사상 가장 비극적인 순간마다 나에게 의지했다"라고 스스로 변호했다.

재판부는 곤란한 입장에 처했다. 페탱에게 무죄를 선고하면 나치를 청산하는 작업에 찬물을 끼얹게 되고, 법대로 처벌한다면 옹호론자들의 반발과 함께 전쟁 초기 패전의 책임을 외면한다는 비판을 받을 상황이었다. 고심하던 재판부는 사형 판결을 내렸다. 그러나 90세가 넘은 나이와 베르됭 전투의 공적을 참작하여 얼마 후 종신형으로 감형되었다. 페탱은 일드외섬에 수용되었다가 1951년 7월 23일 사망했다.

영웅과 반역자라는 상반된 평가를 동시에 받는 페탱은 지금도 프랑스에서 뜨거운 논쟁 거리가 되고 있다. 1970년대 퐁피두 대통령 시절 베르됭 전몰자 기념관에 그의 유해를 옮겨야 한다고 주장하는 극우파들이 페탱의 유해가 든 관을 절도하는 일이 발생했고, 2018년에는 마크롱 대통령이 페탱을 "위대한 군인"이라고 평가하자 드골을 신봉하는 자들과 유대인 단체가 비판 성명을 내기도 했다.

과연 페탱은 영웅인가 반역자인가. 이 논쟁 과정에서 지워진 것은 프랑스가 위기에 몰렸을 때마다 책임을 회피한 기득권자들의 행태다. 베르됭 전투와 니벨 공세에서 페탱은 위기를 수습했지만, 곧바로 뒷전으로 밀려났다. 또 제2차 세계대전 초반 어이없게 나치에 패했던 프랑스군 지휘부의 무능은 페탱을 처벌하고, 레지스탕스 활동을 신화로 만드는 과정에서 은폐되었다. 특정인을 평가하고 낙인찍기는 쉽다. 그러나 한 사람의 삶과 고뇌를 제대로 이해하는 것은 너무도 어려운 일이다.

'전후 일본'과 두 사람의 죽음

― 다자이 오사무와 미시마 유키오

"부끄러움 많은 생애를 보내왔습니다. 저는 인간 생활이라는 것을, 도무지 종잡을 수가 없습니다." 일본 전후문학을 상징하는 작가 다자이 오사무(1909~1948)의 소설 『인간 실격』(1948)의 유명한 첫 문장이다. 다자이 오사무는 이 소설을 문예지에 3회에 걸쳐 발표했는데 1부가 게재된 후 자신의 정부^{情婦}와 함께 자살했다. 2부와 3부는 그의 유작이 되었다. 소설의 주인공 '요조'는 세상 사람들의 가식과 위선에 극도로 혐오감을 지닌 청년이다. 요조는 '익살'이라는 가면을 쓰고 사람들을 대하지만, 그때마다 번번이 상처를 받는다. 군국주의에 억눌린 1940년대 일본 사회에서 요조와 같은 개인주의자들은 설 곳이 없었다. 요조는 다자이 오사무의 비극적인 삶과 허무주의를 대변하는 인물이다.

다자이 오사무는 일본 동북부 쓰시마 가문의 부유한 집안에서 열 번째 자녀로 태어났다. 중의원까지 지낸 아버지는 늘 바빴고, 어머니가 10명이 넘는 아이들을 모두 키울 수 없었기에 다자이는 유모의 손에 길러졌다. 다자이는 학창 시절 줄곧 수석을 놓치지 않았다. 아버지는 명석한 아들이 법학이나 정치학을 공부하길 원했지만 프랑스 문학을 동경한 다자이는 도쿄대 불문학과에 진학했다. 다자이는 고리대금업으로 부를 쌓은 집안을 부끄러워했다. 그래서 그는 대학 시절 마르크스주의 사상에 심취했다.

사상 공부 모임을 주도할 정도로 적극적이었지만 그는 자신의 사상을 실천으로 옮기는 지식인은 되지 못했다. 동생의 소식을 듣고 분노한 첫째 형이 모든 금전적인 지원을 끊겠다고 선언하자 다자이는 마르크스주의 모임을 접었다.

자신의 나약함을 자각하고 실의에 빠진 다자이는 소설 쓰

〈다자이 오사무 전집〉

기에 몰두했다. 개인주의 색채가 짙은 다자이의 소설은 대중들에게 큰 인기를 끌었으나 일본 최고 문학상인 아쿠타가와상은 받지 못했다. 심사위원들은 그의 소설 전반에 깔린 허무와 절망을 문제 삼았다. 다자이는 심사위원들에게 이를 갈면서도 한편으로는 상을 받아서 세상으로부터 인정받기를 갈망했다.

1945년, 전쟁이 끝나자 전쟁에 앞장섰던 자들이 미국식 민주주의를 떠들어대는 현실을 보면서 다자이는 더욱 세상을 혐오하게 되었다. 아쿠타가와상 수상 실패, 전후 일본 기득권들의 뻔뻔함을 겪으면서 다자이는 자신의 삶을 적극적으로 '탕진'하기 시작했다. 타락한 세상에 맞서 타락한 방식으로 저항한다는 다자이의 방식은 점차 도를 넘어섰다. 급기야 주변인들이 파비날 중독 치료를 위해 다자이를 한 달 넘게 정신 병원에 입원시켰다. 정신 병원에서 한 달을 보낸 후 다자이는 "나는 인간으로서 가치를 상실했다"고 말할 정도로 깊은 충격을 받았다. 이 경험은 『인간 실격』에도 묘사되었다. 1938년, 다자이는 고교 교사인 이시하라 미치코와 결혼했으나 두 사람의 행복은 길지 않았다. 다자이는 심각한 알코올 의존증을 앓았고, 계속 불륜 행각을 벌였다. 『사양』(1947)으로 베스트셀

러 작가 반열에 오른 다자이는 다음 해 『인간 실격』을 발표한 후 정부 도미에와 함께 자살했다. 그의 죽음은 전후 일본의 가치관 전복을 상징하는 사건으로 지금까지 자주 거론된다.

당시 다자이 오사무의 행태와 죽음을 보면서 치를 떨던 한 작가가 있었다. 그는 미시마 유키오(1925~1970)다. 미시마 유키오는 다자이의 방탕한 생활을 두고 '나약한 정신'의 산물이라고 비판했다. 그는 다자이를 향해 "냉수 목욕이나 맨손 체조 같은 규칙적인 운동만으로 충분히 치유될 질병을 이기지 못한 자에 불과하다"고 일갈했다. 미시마 유키오도 다자이 오사무와 마찬가지로 조상 대대로 부와 권력을 누리던 집안의 후손이었다. 미시마는 어릴 때부터 왜소하고 병약했다. 전쟁 막바지에 미시마는 징병 통지서를 받았으나 오진으로 병역을 면제받았다.

그 후 미시마는 도쿄대 법학부에 입학해 관료로서 도약할 기회를 잡았

미시마 유키오, 『금각사』

다. 그러나 법학보다 문학에 더 관심이 있었다. 그는 고등문관시험에 통과했으나 1949년 발표한 소설 『가면의 고백』이 성공하자 본격적으로 작가의 길에 들어섰다. 소설 『금각사』(1956)로 세계적인 명성을 얻은 미시마는 노벨문학상 후보로 자주 거론됐다. 작가로서는 성공했으나 미시마 유키오는 심한 결핍감과 열등감을 안고 있었다. 병역 면제, 성적 정체성, 나약한 신체 탓이었다.

선배 작가 다자이 오사무의 방탕한 생활과 개인성을 강조한 소

다자이 오사무

미시마 유키오

설을 읽으면서 미시마는 기이한 불쾌감을 느꼈다. 아마도 자신의 치부를 타인이 들춰내는 것과 비슷한 심리를 느꼈을 것이다. 미시마는 그것을 부정하면서 육체를 단련했다. 미시마는 천황을 섬기는 무사도에서 자신의 정체성을 찾았다. 그리고 사비를 털어 천황을 보필한다는 명목으로 우익 대학생들과 실업자들을 모아 '방패회'라는 조직을 결성했다. 태평양 전쟁 시기 일본 해군 제복을 입고, 군국주의를 신봉하는 일본 장교들이 일으킨 2·26 사건을 조명한 영화도 제작했다. 일본 사람들은 노벨문학상 후보로 오르내리는 천재 작가의 시대착오적이고 우스꽝스러운 기행에 조롱과 야유를 퍼부었다. 미시마 유키오의 행보는 소심한 청년이 천황을 신봉하는 우익 집회에 참가해 자존감을 회복하는 과정을 그린 오에 겐자부로의 우익 풍자소설 『세븐틴』의 주인공과 흡사했다.

당시 일본 사회는 베트남전 반전 시위와 오키나와 반납 문제로 시위가 끊이지 않았다. 일본 대학생들은 반전과 평화를 외치면서 연일 격렬한 투쟁을 벌였다. 1969년, 미시마는 도쿄대 강당에서 900여 명의 학생들과 벌인 난상토론에서 천황을 찬양하고 군국주의를 옹호하는 발언을 거듭했다. 이듬해 미시마는 '방패회' 멤버들을 이끌고 일본 자위대 본관에 난입해 자위대 총감을 결박하고, 자위대의 궐기를 주장하면서 공개적으로 할복했다. 천재로 칭송받았던 작가의 충격적인 죽음이었다.

사람들은 1948년과 1970년에 벌어진 두 사람의 자살을 완전히 상반된 죽음이라고 말한다. 그러나 두 사람의 자살은 그리 다르지 않다. 두 사람의 자살은 전후 일본을 상징하는 강렬한 이미지다. 다자이 오사무는 전후의 현실에 회의를 품으며 스스로 망가지는 타락으로 대응했다. 반면 미시마 유키오는 전후의 혼란 속에서 시대착오적인 군국주의와 천황주의를 신봉하며 자신의 정체성을 찾고자 했다. 두 사람의 죽음은 자신의 나약한 내면을 감추려 한 극단적인 선택이라는 점에서 비슷했다. 다자이는 과거(역사)를 외면하고 개인의 삶에만 몰두했다. 그를 비판하던 미시마는 이미 몰락한 허상에 자신을 이입하여 자긍심을 회복하고자 했다. 그토록 다르면서도 비슷했던 두 사람의 죽음은 전후 일본의 일그러진 내면을 상징하는 강렬한 이미지로 남았다.

나약한 육체와 인간의 불안

― 에곤 실레의 삶과 예술

    오랜 세월 동안 사람들은 그림이 아름다워야 한다고 생각했다. 풍경화와 초상화, 모두 아름다움^美을 추구했고, 유럽 사회에서 미술의 고정관념은 좀처럼 깨지지 않았다. '벨 에포크'(1871~1913) 말기 한 청년 작가가 당대의 보수적인 미의식에 반기를 들었다. 그 작가는 바로 에곤 실레(1890~1918)다. 실레는 벌거벗은 육체, 퀭한 눈동자, 비틀린 구도의 자화상을 집요하게 그렸다. 세상은 미치광이의 그림이라고 손가락질하고 풍기문란의 죄목을 덧씌웠지만, 기묘한 실레의 그림들은 점차 사람들의 주목을 받았다. 죽음과 몰락의 정서가 가득한 실레의 그림은 그가 살아간 시대와 닮았다. 긴 번영 끝에 발발한 전혀 상상하지 못했던 잔인한 전쟁 ― 제1차 세계대전 ― 은 인간의 미의식을 완전히 바꿔 놓았다. 미국 작가 로렌스 샌더스는 실레의 그림을 보며 이렇게 자문자답했다. "의문은 있으나 대답은 없다. 문제는 있으나 해결은 없다."

    에곤 실레는 1890년 오스트리아 수도 빈 인근의 툴른에서 출생했다. 실레는 셋째이자 외아들이었다. 실레의 집은 극도로 빈곤했다. 철도역장으로 근무하던 아버지 아돌프 실레는 매독성 질환을 앓고 있었는데 치료를 거부하는 바람에 어머니 마리 실레 역시 감염되어 세 아이를 사산했고, 장녀 엘비라는 10세에 사망했다. 아버지로 인한 암울한 집안 분위기,

에곤 실레, 〈꽈리와 열매가 있는 자화상〉

병약한 여자 형제들에 둘러싸인 가정환경은 실레의 인격 형성에 큰 영향을 미쳤다. 실레는 어린 시절부터 혼자 그림을 그리며 시간을 보냈다. 실레는 학교 공부에 흥미를 느끼지 못했다.

1906년, 실레는 가족들의 반대를 무릅쓰고 빈 미술 아카데미에 진학했다. 당대 유럽 미술을 대표하는 빈 미술 아카데미는 화가로서 성장할 수 있는 최적의 발판이었다. 그러나 실레는 곧 빈 미술 아카데미의 권위적인 교수들에게 실망했다. 특히 크리스티안 그리펜케를이라는 노교수는 실레의 그림을 보고 "사탄의 자식"이라고 호통을 쳤다. 그리펜케를 교수에게 찍히면 졸업까지 심각한 타격을 받을 수밖에 없었다. 1909년, 실레를 중심으로 뭉친 학생들이 크리펜케를 교수의 수업을 거부하고 13개 항목에 이르는 아카데미 개혁 요구안을 학교에 제출했다. 학교는 개혁안을 거부했고, 이 사건을 계기로 실레는 퇴학당했다. 학교를 떠난 실레는 새로운 스승 구스타프 클림트(1862~1918)를 만났다. 당시 파리에서는 보수적인 화풍에 반발한 아르누보 화풍이 새롭게 유행하고 있었다. 그 열기는 뮌헨과 베를린, 빈으로 번졌다. 빈에서는 클림트를 중심으로 '빈 분리파'라는 그룹이 결성되었다.

클림트의 그림을 본 에곤 실레는 커다란 자극을 받았고, 두 사람은 곧 절친한 사이가 되었다. 학교를 떠난 해에 실레는 클림트의 도움으로 빈에서 열린 '국제 미술전'에 작품 4점을 출품했다. 같은 해 동료들과 결성한 '새로운 예술가 그룹'의 전시회도 열렸다. 2년 후 실레는 마침내 첫 개인전(1911)을 열었다. 이 시기에 실레는 클림트의 모델이자 제자인 '발리 노이찔'이라는 여성과 만나 사랑에 빠졌고, 두 사람은 동거에 들어 갔다. 실레는 누이동생과 발리를 모델로 삼아 거침없이 다양한 누드화를 그렸다. 실레가 그린 거칠고 뒤틀린 터치의 누드화를 본 사람들은 조용히 열광했다. 그의 누드화는 당시 부르주아 계층의 타락과 위선, 이중성을 우회적으로 고발하는 역할을 했다. 온갖 악소문에 휘말린 실레는 미성년 자를 유괴하여 그림을 그린다는 의혹을 받고 경찰에 연행되었다.(1912년 노이렌바흐 사건') 미성년자 유괴라는 누명은 벗었지만, 압수한 누드화를 본 경찰은 실레를 풍기 문란 죄목으로 구류 처분했다. 구치소에 갇힌 3주간 실레는 자기 작업의 의미를 더욱 확신했다. 인간은 누구나 늙고, 병들어 죽는다. 인간의 육체는 마냥 아름답지 않다. 그런데도 사람들은 '정상'이라는 기준을 정하여 미美와 추醜를 구분한다. 그러면서 교육으로 고정된 지식을 답습하면서 서로를 기만한다. 소멸이라는 운명을 피하지 못하는 나약한 육체야말로 인간의 본모습이다. 한 자화상 말미에 실레는 이렇게 적었다. "나는 인간이다. 나는 죽음을 사랑하고, 삶을 사랑한다."

실레는 자기 자신을 모델로 줄기차게 자화상을 그렸다. 실레의 그림은 빈 미술계에서 확고하게 인정받았고, 그의 명성도 높아졌다. 1914년 제1차 세계대전이 발발했지만, 실레는 허약 체질 판정을 받아 병역을 면제받았다. 다음 해에 실레는 돌연 결혼을 결심했다. 그는 부르주아의 보수성과 이중성을 그토록 싫어하면서도 결혼만은 교양 있는 부르주아 여성과 해야겠다는 생각을 끝내 버리지 못했다. 실레는 철도청 공무원의 딸 에디트 하름스에게 청혼하면서 자신과 4년 동안 동거한 발리에게 일방적으로 결별을 선언했다. 실의에 빠진 발리는 적십자 종군 간호사로 지원하여 전선으로 떠났다.

전황이 악화하자 실레에게도 징집영장이 날아왔다. 1915년 5월 31일, 결혼을 불과 2주 앞둔 시점이었다. 결혼식 4일 후 실레는 프라하의 훈련소로 떠났다. 갓 결혼한 아내 에디트는 남편을 따라 프라하의 호텔에 방을 잡았다. 두 사람은 병영의 담 너머로 겨우 몇 마디씩 대화할 수 있었다. 실레의 명성을 접한 지휘관은 그를 러시아군 포로수용소에 배치했다. 덕분에 실레는 복무 중에도 계속 그림을 그릴 수 있었다. 행운은 오래가지 못했다. 1917년, 발칸반도 달마티아 전선에서 발리가 성홍열에 걸려 사망한 것이 전조였다. 이듬해 1918년 1월에는 스승이자 선배, 친구이자 아버지 같은 존재였던 클림트가 뇌졸중으로 사망했다. 그 해에 실레는 아내의 초상화와 '가족'을 소재로 한 그림을 여러 장 그렸다. 1918년 3월에 열린 빈 분리파 정기 전시회에서 19점의 회화와 29점의 수채 드로잉이 모두 팔려 나갔다. 실레는 전쟁이 끝난 후 제대로 된 가정을 꾸릴 수 있으리라는 기대에 부풀었다. 그러나 전쟁 말기 스페인 독감이 유럽을 강타했다. 1918년 10월 28일, 임신 6개월이었던 아내 에디트가 스페인 독감에 걸려 사망했다. 실레 역시 스페인 독감에 걸렸다. 그는 죽기 직전 매제인 안톤 페슈카에게 이렇게 말했다. "내 앞에 큰 무언가가 있는데 나는 그것이 무엇인지 모르겠어." 종전을 목전에 두고, 3일 만에 실레와 아내, 태아는

에곤 실레, 말년의 작품 〈가족〉. 이 그림을 그린 후 실레는 스페인 독감에 걸렸다

모두 사망했다.

28년의 짧은 생애에 실레는 3백여 점의 유화와 2천 점이 넘는 데생을 남겼다. 실레는 나치 정권 시기에 '퇴폐 작가'로 분류되어 미술사에서 지워졌으나 1970년대부터 다시 복원되기 시작했다. 불안한 시대, 가치관 과 정체성의 혼란, 고독, 욕망, 모순이 뒤섞인 실레의 그림은 현재까지도

큰 울림을 준다. 오늘날 무수히 '셀카'를 찍어대는 우리의 모습은 자화상
으로 일기를 대신한 에곤 실레의 불안과 혼동, 나르시시즘과 겹쳐진다.

어떤 시대에는 무지도 죄가 된다

— 베른하르트 슐링크, 『책 읽어주는 남자』

"나는 그 여자의 이름을 알지 못했다." 독일의 법대 교수이자 소설가 베른하르트 슐링크의 대표작 『책 읽어주는 남자』(1995)는 10대 소년과 30대 여인의 파격적인 사랑을 다룬 소설이다. 1958년 서독 노이슈타트, 비 오는 어느 날 마이클이라는 15세 소년이 길거리에서 쓰러진다. 전쟁으로 국가 전체가 폐허로 변했고, 전상자가 넘치는 시기였기에 사람들은 쓰러진 소년을 보고도 무심하게 지나간다. 한 여자가 그를 일으켜 자신의 집으로 데려가 돌봐준다. 마이클은 이름도 모르는 여자에게 마음을 빼앗긴다. 얼마 지나지 않아 두 사람은 육체관계를 맺고 연인이 된다. 두 사람 사이에는 기이한 질서가 생긴다. 여자는 마이클과 사랑을 나누기 전 책을 읽어 달라고 말한다. "네가 읽어줘. 잘하더라, 책 읽는 거."

처음엔 장난처럼 시작된 소설 낭독은 곧 하나의 통과 의례가 되었다. 호메로스, 안톤 체호프, 프리드리히 실러, D. H. 로렌스, 톨스토이…. 마이클은 여자에게 날마다 책을 읽어준다. 여자는 마이클의 낭독에 웃고, 흥분하고, 눈물을 흘린다. 마이클은 낭독을 좋아하는 이유를 물었으나 그녀는 답하지 않는다. 마이클이 알게 된 것은 그녀의 이름이 '한나'라는 사실뿐이다. 책을 함께 읽으면서 두 사람의 관계는 점점 깊어진다. 소심했던 마이클은 한나와 지내면서 적극적인 성격으로 변해간다. 그러던 어느

스티븐 달드리 감독, 〈더 리더: 책 읽어주는 남자〉 스틸컷

날, 그녀가 갑자기 사라진다. 마이클은 한없이 기다렸지만 그녀는 나타나지 않는다.

"나는 한나를 다시 보았다. 그것은 법정에서였다." 몇 년 후 마이클은 법대에 진학한다. 한나와의 경험 탓에 마이클은 또래 여학생들에게 별다른 매력을 느끼지 못한다. 마이클은 법정 견학을 갔다가 그곳에서 한나를 다시 보게 된다. 그녀는 피고인석에 앉아 있었다. 당시 독일 사회에서는 나치 협력자 처벌 문제로 연일 격렬한 논쟁이 벌어지고 있었다. 한나는 수용소에서 감시원으로 일한 죄목으로 검사의 심문을 받았다. 그녀가 맡았던 업무는 수용자들을 선별해 아우슈비츠로 보내는 일이었다. 한나는 자신이 어떤 일을 했는지 정확히 알지 못했다. 그녀는 판사에게 단지 생계 때문에 감시원으로 자원했다고 답한다. 마이클은 날마다 재판을 보러 법정에 나갔다. 한나는 검사들의 질문에 솔직하게 답변하면서 자신의 형량을 늘리는 일을 반복했다.

며칠 후 검사는 감시원들이 수 감자들을 교회에 가둔 채 불을 지른 사건을 파헤쳤다. 피의자들 은 마치 입을 맞춘 듯 한나가 명 령서를 수령했고, 모든 지시를 내렸다고 진술했다. 한나는 자신 의 죄를 쉽게 인정했다. 마이클 은 그런 한나의 모습을 보며 순식 간에 진실을 파악한다. 그녀는 문맹이었던 것이다. 마이클은 그 녀가 자신이 책을 읽어주는 것을 그토록 좋아했던 이유를 깨닫는 다. 그녀가 명령조의 말투를 자 주 구사했던 이유도 깨닫는다. 그녀는 철저하게 통제와 명령의

베른하르트 슐링크, 『책 읽어주는 남자』

언어에 길들어진 사람이었다. 한나는 자신의 문맹을 치욕스러워했고, 그 비밀을 들키지 않으려고 침묵을 선택했다. 들을 줄은 알지만 읽을 줄 몰랐던 그녀는 자신의 의지로 사유하는 방법을 몰랐다. 마이클은 교수에게 조언을 구했지만, 법정에서 그녀가 범죄를 인정한 이상 도울 길은 없었다. 결국 마이클은 그녀의 비밀을 지켜 주기로 결심한다.

한나를 다시 떠나보낸 후 마이클은 평범한 삶을 살고자 노력한다. 하지만 그는 타인에게 마음을 열지 못하는 사람이 되었다. 아내와 이혼하 고 짐을 정리하던 중 마이클은 한나에게 읽어줬던 책 『오디세이』를 발견 한다. 그는 책을 낭독한 녹음테이프를 교도소로 보낸다. 한나는 마이클이 보낸 테이프를 들으며 글을 배우고, 마침내 직접 편지를 쓸 수 있는 수준에 이른다. 문맹에서 깨어난 한나는 자신이 어떤 죄를 저질렀는지

뒤늦게 깨닫는다. 그녀는 교도소에서 스스로 목숨을 끊는다. 한나는 자신의 예금과 노역으로 번 돈을 피해자들에게 전달해 달라는 유서를 남긴다.

작가 베른하르트 슐링크는 이 소설에서 나이를 뛰어넘은 사랑에만 초점을 맞추지 않는다. 한나와 마이클은 각기 독일의 기성세대와 전후세대를 상징한다. 소설에서 마이클이 한나의 재판을 참관한 시기는 1960년대 초반이다. 1961년 예루살렘에서 아돌프 아이히만의 재판이 열린 시기와 맞물린다. "단지 맡은 업무에 충실했을 뿐"이라는 한나의 대답은 당시 아이히만이 재판 때 했던 말과 흡사하다. '문맹'은 전쟁에 가담했던 자들의 '자발적 무지'를 상징하고, '한나'라는 이름은 아이히만 재판을 참관한 후 『예루살렘의 아이히만』(1963)을 저술하여 '악의 평범성'을 널리 알린 철학자 '한나 아렌트'를 연상케 한다.

작가는 한 인터뷰에서 소설에 얽힌 개인적 기억을 털어났다. 고등학교 시절, 그는 한 선생님을 진심으로 존경했었다. 그러나 나치 청산 작업으로 밝혀진 선생님의 과거는 충격이었다. 그 선생님은 전쟁 중 게슈타포 요원으로 활동했었다. "우리 세대는 아버지나 삼촌, 목사, 교수처럼 가까운 사람들이 홀로코스트와 제2차 세계대전 당시 책임질 만한 일을 했다는 경험을 거의 모두가 공통적으로 지니고 있다. 그런 이질감을 어떻게 받아들이고 소화할 것이냐 하는 문제는 상당한 정신적 에너지를 요하는 작업이다." 법학과 문학을 공부한 작가는 가해자이자 피해자였던 기성세대의 죄악과 상처를 동시에 응시한다. 어떤 시대에는 무지도 죄가 된다. 법은 인간의 죄를 묻지만, 문학은 스스로 사유할 수 있는 능력을 묻는다.

전쟁이 강요한 딜레마
— 윌리엄 스타이런, 『소피의 선택』

　무엇을 선택해도 고통을 피할 수 없다. 전쟁은 인간에게 가혹한 선택을 강요한다. 미국 작가 윌리엄 스타이런의 『소피의 선택』(1979)은 전쟁이라는 극한 상황에 내몰린 자의 딜레마와 후유증을 그린 소설이다. 1947년, 미국 남부 출신 청년 스팅고는 꿈에 그리던 뉴욕에 입성한다. 스팅고는 출판사에서 잡일을 하면서 소설을 쓰기 시작한다. 스팅고는 증조할아버지의 유산 덕분에 뉴욕에서 거주할 수 있었다. 스팅고의 증조할아버지는 어린 노예 아리스테를 팔아 마련한 485달러를 은행에 저축했다. 시간이 흐르면서 저축한 돈에 엄청난 이자가 붙었고, 스팅고는 그것을 상속받는다. 그는 좋은 작가가 되어 돈에 얽힌 부채감을 덜고자 했다. 스팅고는 노예 제도에 반대한 흑인 반란 지도자 '터너'라는 인물을 소재로 소설로 쓰기 시작했다(실제로 윌리엄 스타이런은 『냇 터너의 고백』이라는 소설로 퓰리처상을 받았다).

　그러나 스팅고의 평온한 삶은 곧 흔들린다. 그가 사는 아파트에는 이상한 이웃이 살고 있었다. 그들은 유대인 남성 '네이선'과 폴란드 출신의 아름다운 여성 '소피'였다. 두 남녀는 날마다 심각하게 다퉜다. 밤마다 욕설과 고함이 오갔고, 가구가 부서지는 소리가 들렸다. 그러다가 두 사람은 이내 화해하고 요란하게 섹스를 했다. 스팅고는 두 커플에 흥미를

윌리엄 스타이런, 『소피의 선택』

느꼈다. 얼마 후 그들은 가까워진다. 스팅고는 소피에게 한눈에 반했고, 지적인 네이선에게도 호감을 느꼈다. 그러다가 소피의 억눌린 과거가 밝혀지면서 세 사람 사이에는 이상한 기류가 형성된다.

독일이 폴란드를 점령했을 때 대학교수였던 소피의 아버지는 나치의 유대인 학살 정책에 협력했다. 소피는 아버지의 제자인 남편에게 신물을 느꼈고, 나치와 싸우는 레지스탕스 대원과 불륜에 빠진다. 소피의 애인은 독일군에 잡혀 처형되고 소피의 가족들은 아우슈비츠수용소로 끌려갔다. 어린 자식들과 함께 수용소로 끌려가는 소피를 보고 한 독일군 장교가 흑심을 품는다. 독일군 장교는 그녀에게 두 아이 중 한 아이를 고르라는 명령을 내린다. 그 선택을 거부하면 두 아이 모두 가스실로 보낸다는 협박을 받은 소피는 망설이다가 어린 아들을 선택한다. 그녀는 가스실로 끌려가는 딸의 비명을 들으면서 오열한다.

소피는 남은 아들이라도 살리고자 수용소장 헤스를 성적으로 유혹했고 수용소 업무에 협조한다. 하지만 그녀는 끝내 아들의 생사를 알지 못한 채 종전을 맞이한다. 미국으로 이주한 소피는 유대인 과학자 네이선을 만나 함께 살게 된다. 네이선은 소피와 마찬가지로 전쟁을 겪으며 커다란 충격을 받았다. 심각한 조울증을 앓는 네이선은 마약을 복용하며 버텼다. 네이선은 평범한 다수의 사람들이 전쟁 중 나치의 학살에 협력했

앨런 J. 파쿨러 감독, 〈소피의 선택〉

다는 사실에 절망했다. 그는 자신의 핏줄을 저주하면서 자해한다. 전쟁은
끝났지만 여전히 유럽과 미국에는 유대인 차별 정서가 남아 있었다.
유대인 학살은 단지 나치의 의지로 벌어진 일이 아니었다.

　전쟁의 기억은 집요하고 복잡했다. 두 사람은 처절한 피해자이자 냉혹
한 가해자이기도 했다. 네이선과 소피는 틈만 나면 서로의 과거를 들춰냈
고, 그럴 때마다 전쟁의 기억이 생생하게 되살아났다. 그들은 서로를
저주하고 학대했다. 그러다가 가학적인 섹스를 하면서 화해했다. 가학적
인 섹스는 그들이 살아 있음을 확인하는 유일한 행위였다. 그것이 스팅고
가 밤마다 들었던 격렬한 소음의 정체였다. 스팅고는 사랑을 고백하면서
소피에게 자신과 새로운 삶을 시작하자고 말한다. 하지만 소피는 스팅고

의 사랑을 받아들이지 못한다. 행복을 꿈꿀수록 그녀의 죄책감은 더욱 깊어진다. 결국 소피는 자신을 학대하는 네이선과 함께 자살을 선택한다.

1979년, 『소피의 선택』은 출간되자마자 엄청난 판매 부수를 올렸다. 이 소설은 비유대인 여성 소피의 시선으로 홀로코스트를 다루어 화제가 됐다. 특히 폴란드에서는 딸을 죽음으로 내몬 소피가 독일군 장교와 동침하는 장면이 문제가 되어 판매 금지 처분을 받았다. 소설 속의 세 인물이 처한 아이러니는 가해자가 명확할수록 피해자의 선함이 부각되는 착시를 걷어낸다. 소피는 잔혹한 학살의 피해자였지만, 결과적으로 살아남고자 나치에 협력한 전범(가해자)이었다. 네이선은 유대인이 아닌 소피를 괴롭히면서 자신이 증오하는 인종주의자들과 비슷한 가해자가 된다. 스팅고 가장 정상적인 인물로 그려지지만, 그의 풍족함은 흑인 노예를 팔아 축적한 증조할아버지의 재산 덕분이다. 윌리엄 스타이런은 피해자이자 가해자인 세 인물을 교차시키면서 '순백의 피해자'라는 환상을 해체한다.

『소피의 선택』을 출간한 이후 윌리엄 스타이런은 심각한 우울증에 빠졌고, 정신 병원에 입원하기에 이르렀다. 이 시기의 경험을 바탕으로 그는 우울증 보고서 『보이는 어둠』(1985)을 썼다. 이 책에서 작가는 '불충분한 애도Incomplete Mourning'에 대해 말한다. 슬픔을 해소하는 과정을 충분히 겪지 못한 사람은 내면에 분노와 죄책감을 쌓아두게 되고, 그것은 자기 파괴의 씨앗이 된다. "나는 자기 살해자인 동시에 희생자였으며, 고독한 배우인 동시에 외로운 관객이었다." 이 문장은 마치 '소피'와 '네이선'의 내면을 대변하는 것만 같다.

비극적인 현실을 마주할 때 우리는 먼저 자신이 그 비극의 주인공이 아니라는 사실에 안도한다. 그리고 완전히 이해할 수 없다는 이유로 고통받는 자의 목소리를 껄끄럽게 여긴다. 그러면서 우리는 조금씩 슬픔에 무지한 사람이 되어간다. 서울 한복판에서 150명이 넘는 사람이 죽고,

수학여행을 가던 학생들이 떼죽음을 당해도, 사람들은 고통을 호소하는 유가족의 목소리를 외면한다. 그리고 어쩔 수 없는 사고로 치부하면서 쉽게 망각하기를 원한다. 인간은 타인의 고통을 완벽히 이해할 수 없다. '나는 당신의 고통을 모른다'는 사실은 방관의 명분이 된다. 정신의학은 서로를 학대하는 소피와 네이선을 절망과 피해 의식이라는 틀로 분석할 것이다. 하지만 문학의 시선으로 보면 두 사람의 몸부림은 살아 있는 한 슬픔에 무뎌지지 않겠다는 '다짐'으로 읽힌다.

선율에 담긴 시대의 고통

— 드미트리 쇼스타코비치와 『시대의 소음』

1941년 9월부터 소련의 레닌그라드(현재 상트페테르부르크)를 포위한 독일군은 시가전을 피해 도시를 고사枯死시키는 전술을 구사했다. 봉쇄된 도시에는 식량이 떨어졌고 독일군의 포격은 밤낮으로 이어졌다. 독일군의 봉쇄는 1944년까지 계속됐다. 레닌그라드의 시민들은 400만에 가까운 사상자를 내면서도 끝내 포위를 견뎌냈다.

전쟁이 한창이던 1942년 8월 9일 밤 수만 명의 레닌그라드 시민들이 필하모니 홀에 모여들었다. 그곳에서는 세계적인 작곡가 드미트리 쇼스타코비치(1906~1975)의 '교향곡 7번'이 초연되고 있었다. 소련군은 대형 스피커를 설치해 도시를 포위한 독일군에게도 음악이 들리도록 했다. 이 기묘한 연주회는 레닌그라드의 항전 의지를 대변하는 강렬한 풍경으로 각인됐다. 쇼스타코비치의 음악과 레닌그라드 연주회 소식은 영국과 미국에도 알려졌고 나치와 싸우는 연합국 국민에게 큰 용기를 불어넣었다. 쇼스타코비치는 애국심을 음악으로 표현한 국민 영웅이었지만 그는 훗날 육성 회고록 『증언』에서 자신이 "전쟁 기간에 더 안전하다고 느꼈다"고 술회했다. 그는 전쟁보다 스탈린 체제의 억압으로 더 큰 고통을 받았다.

어린 시절부터 음악에 재능을 보인 쇼스타코비치는 1919년 페테르부르크 음악원에 입학하면서 젊은 작곡가로 명성을 쌓기 시작했다. 제정 러시아가 무너졌으나 청년 쇼스타코비치는 '인민을 위한 혁명'에 수긍했다. 그는 서민들의 애환을 음악에 담고자 노력했고, 혁명으로 희생된 사람들을 위한 장송곡을 만들었다. 하지만 스탈린이 집권하자 상황은 완전히 달라졌다. 스탈린은 의심 많은 독재자였다. 모든 독재자가 그러하듯이 스탈린도 인간의 감정을 자극하는 예술 텍스트에 예민하게 반응했다. 음악, 미술, 영화·연극, 문학 등 예술 텍스트를 집요하게 감시했고, 마치 공장에서 생산량을 할당하는 것처럼 예술 작업을 지시했다. 조금이라도 실험적인 시도를 하는 예술가들은 '형식주의자'로 몰렸다.

쇼스타코비치가 작업한 오페라 '므첸스크의 맥베스 부인'이 상연되자 공산당 기관지 〈프라우다〉의 문예 면에 신랄한 비평문이 게재됐다. 쇼스타코비치의 음악이 미국 음악인 '재즈'와 비슷하고 '날카로운 비명'을 연상케 한다는 것이 비판의 근거였다. 당시 미국으로 망명한 음악가 세르게이 라흐마니노프가 흑인 재즈 음악에서 영감을 받아 숱한 명곡을 발표하자 스탈린 정부는 재즈 음악을 경계했다. 쇼스타코비치는 자신의 작품이 난도질당하는 현실에 분개했으나 〈프라우다〉에 맞서는 것은 자살 행위였다. 쇼스타코비치는 고민 끝에 자신의 음악을 아끼는 투하쳅스키 원수에게 도움을 요청했다. 그러나 투하쳅스키는 반역에 가담했다는 이유로 숙청됐고, 곧바로 쇼스타코비치도 심문을 받았다.

투하쳅스키가 어떤 정치인과 연루됐느냐는 질문에 쇼스타코비치가 "정말 모른다"고 답하자 심문관 자크렙스키는 "무조건 기억해야 한다"고 강요했다. 없는 기억을 자백하라는 황당한 강요였지만 불복하는 자의 운명은 정해져 있었다. 자크렙스키의 심문을 받은 날부터 몇 달간 쇼스타코비치에겐 밤마다 가방을 들고 아파트 계단에 앉아 자신을 체포하러 오는 비밀경찰을 기다리는 습관이 생겼다. 끌려가는 모습을 가족에게 보이기 싫은 마음에서 비롯된 습관이었다. 이 장면은 쇼스타코비치의

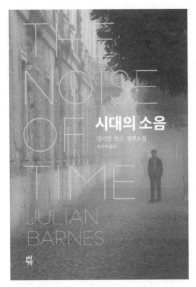

줄리언 반스, 『시대의 소음』

회고록을 바탕으로 쓴 줄리언 반스의 소설 『시대의 소음』(2017)에 생생하게 그려져 있다. 자포자기한 쇼스타코비치는 처벌을 요청하려고 스스로 내무부를 찾아갔다. 그런데 뜻밖의 행운이 찾아왔다. 그 사이에 심문관 자크렙스키도 숙청된 것이다. 이 겹겹의 감시 체제에 걸려 투하쳅스키를 비롯해 부하린, 마야코프스키 등 수많은 지식인, 장교, 예술가들이 죽임을 당했다.

몇 년 후 독일과 전쟁이 시작되자 쇼스타코비치는 애국심을 담은 곡과 죽은 자를 애도하는 협주곡을 만들었다. "궁지에 몰린 조국의 이미지와 인민의 항전을 음악으로 새기고 싶었다"는 뜻이 반영된 작업이었다. 종전 후 모스크바음악원 교수로 임명된 후에도 당의 기계적인 검열은 계속됐다. 당시 문화부장관 즈다노프는 예술 창작의 가이드라인('즈다노프 선언')을 만들었다. 그것은 모든 예술 작품은 정부가 제시한 주제만을 다루어야 한다는 일종의 경고문이었다.

1949년 4월 미국 뉴욕에서 열린 '세계 평화를 위한 문화와 과학 대회'에 소련 대표로 참가한 쇼스타코비치에게 미국 언론들은 비상한 관심을 보였다. 미국에는 니콜라스 나보코프, 스트라빈스키 등 망명한 러시아 음악가들이 있었다. 미국 기자들은 쇼스타코비치에게 집중적인 질문을 퍼부었다. 질문의 핵심은 간단했다. '당신은 스탈린 체제를 어떻게 생각하는가.' 기자들이 '즈다노프 선언'과 〈프라우다〉의 비평을 어떻게 생각하느냐고 묻자 쇼스타코비치는 잠시 머뭇거리다가 "당의 견해에 전적으로 동의한다"고 답하면서 망명한 스트라빈스키를 "자본주의의 하수인"이라고 비판했다. 쇼스타코비치가 미국에서 겪을 상황을 예측한 소련 정부는 이미 예상 질문과 답변을 적어줬고, 쇼스타코비치는 앵무새처럼 답변해야 했다.

쇼스타코비치는 이 기억을 떠올리며 이렇게 적었다. "인간은 젊은 시절 자신이 가장 경멸하는 모습으로 늙는다." 그가 음악 속에서 표현하고자 한 것은 '당의 영광'이 아니라 '인간의 슬픔'이었다. 그것이야말로 쇼스타코비치의 음악이 '시대의 소음'을 이기고 살아남은 원동력이었다.

전쟁의 비극과 너무 늦어버린 사과

— 이언 매큐언, 『속죄』

"우리는 매일 서로의 죄를 목격하면서 살고 있다. 아무도 죽이지 않았다고? 그렇다면 죽게 내버려 둔 적도 없는가? 얼마나 많은 사람을 죽게 내버려 뒀나." 모든 인간은 먹고 배설하고 어김없이 죄를 짓고 살아간다. 살아갈수록 인간은 점차 타인에게 준 상처에 둔감해진다. 우리는 상처를 준 다음 곧 상대에게 사과할 수 있다고 여기면서 속죄할 기회를 쉽게 놓치고 만다. 이런 '나'처럼 당신도 역시 그렇지 않은가. 모두 죄를 짓고 살아간다는 사실은 기이한 안도감을 선사한다. 하지만 어떤 상처는 누군가의 삶을 완전히 바꿔 놓기도 한다. 영국 작가 이언 매큐언(1948~)의 대표작 『속죄』(2001)는 타인에게 속죄할 기회를 놓친 어느 작가의 이야기다.

『속죄』의 주인공은 13세 소녀 '브리오니 탈리스'다. 그녀는 자신이 직접 쓴 동화와 희곡을 친척과 이웃들에게 자랑하는 것을 낙으로 삼고 있다. 상상력이 풍부하고 감수성이 예민한 브리오니는 일종의 결벽증이 있다. 브리오니는 자신을 둘러싼 세계가 질서정연해야만 직성이 풀리는 소녀였다. 1935년, 제2차 세계대전이 발발하기 직전 영국 상류 귀족들은 마지막 좋은 시기를 보내고 있었다. 그들은 날마다 연회를 즐겼다. 브리오니의 부모도 마찬가지였다. 연회에서 교양을 과시하는 어른들은 브리오

니가 쓴 글과 연극을 보면서 덕담을
주고받는다.

대학을 졸업하고 집으로 돌아온
브리오니의 언니 '세실리아'는 뭔지
모를 답답함에 시달렸다. 자신의 소
꿉친구이자 탈리스 집안에서 오랫
동안 일한 가정부의 아들인 '로비
터너' 때문이다. 세실리아는 로비를
사랑하고 있었다. 영민한 로비는 런
던의 의과대학에 합격해 곧 떠날 예
정이었다. 학비는 탈리스 집안에서
대주기로 했다. 로비도 세실리아를
사랑했지만, 신분적 차이 때문에 거

어언 매큐언, 『속죄』

리를 둔다. 어느 여름날, 자신을 피하는 로비를 마주친 세실리아는 그동안
쌓아 온 감정이 폭발해 옷을 벗고 정원의 분수대에 뛰어든다. 브리오니는
건물 위층 창문에서 언니의 '이상한 행동'을 훔쳐본다.

그날 저녁 탈리스가에서 연회가 벌어진다. 어른들이 모두 응접실에
모이자 세실리아는 아버지의 서재로 로비를 불러낸다. 두 사람은 서로의
마음을 확인하고 뜨겁게 포옹한다. 서재 구석에서 책을 보던 브리오니는
언니와 로비의 행동을 보고 다시 놀란다. 그날 연회가 끝날 무렵 친척
아이가 사라지고, 브리오니의 사촌 언니인 롤라가 아이들을 찾으러 나갔
다가 누군가에게 강간당한다. 탈리스가는 발칵 뒤집힌다. 어두운 밤이어
서 경찰은 목격자를 찾지 못했다. 그때 브리오니가 나선다. 언니와 이상한
행동을 했던 로비를 범인으로 지목한 것이다. 브리오니는 두 사람의
알 수 없는 행동에 자신의 상상력을 덧붙여 진술한다. 이 사건으로 로비는
구속되고, 의과대학 입학도 취소된다. 세실리아는 로비의 무죄를 주장했

지만 법원의 판결은 바뀌지 않는다. 당시 계급적인 편견은 그토록 견고했다. 그리고 "진실은 허구만큼이나 붙잡을 수 없는 유령 같은 것이 돼버렸다."

　소설의 2부에서는 프랑스 북부 해안에서 위기에 몰린 영국군 부대가 등장한다. 제2차 세계대전이 발발하자 지상군이 부족한 영국 정부는 감형을 조건으로 죄수들을 입대시켰다. 하루빨리 세실리아를 만나고 싶었던 로비는 원정군에 자원한다. 그러나 로비가 소속된 부대는 전투에서 크게 패하고, 영국군은 프랑스 북부 해안 지대에 고립된다. 로비와 동료들이 겨우 도달한 해안에는 수십만 명의 패잔병이 탈출할 배를 기다리고 있었다. 로비에게 유일한 희망은 세실리아의 마지막 말이었다. 수갑을 차고 경찰차에 오르던 로비에게 세실리아는 말했다. "기다릴게, 돌아와."

　한편 18세가 된 브리오니는 자신이 어떤 짓을 저질렀는지 뒤늦게 깨닫는다. 그녀는 부상한 군인들을 돌보는 자원봉사를 하면서 자신이 저지른 잘못을 속죄하려 애쓴다. 브리오니는 잘못을 빌기 위해 언니를 찾아간다. 세실리아는 자신을 기다리라는 로비의 편지를 간직한 채 병원에서 일하고 있었다. 얼마 후 덩케르크에서 무사히 탈출한 로비는 세실리아와 재회한다. 두 사람의 재회를 보고 브리오니는 안도한다. 참혹한 전쟁도, 어이없는 거짓말도 두 사람의 사랑을 갈라놓지 못했다.

　그러나 이 행복한 결말은 3부에서 처절하게 뒤집힌다. 2부의 내용은 훗날 작가가 된 브리오니의 소설이었다. 진실은 가혹했다. 로비는 덩케르크로 후퇴하던 중 총상을 입고 프랑스 북부 브레이 듄스에서 전사한다. 로비를 기다리던 세실리아도 독일군의 폭격으로 사망한다. 두 연인은 다시 만나지 못했다. 브리오니는 몇 번이나 '속죄'라는 소설을 다시 쓰면서 두 연인을 애도한다. 그녀는 교과서에 작품이 실릴 정도로 유명한 작가가 됐지만 끝내 그들에게 사과할 시기를 놓쳤고, 진실도 밝혀지지 않았다. "사람을 불행에 빠뜨리는 것은 사악함과 음모만이 아니었다.

조 라이트 감독, 〈어톤먼트〉 스틸 컷

혼동과 오해, 그리고 무엇보다도 다른 사람들 역시 우리 자신과 마찬가지로 똑같은 존재라는 단순한 진리를 이해하지 못하는 것이 불행을 부른다. 그리고 오직 소설 속에서만 타인의 마음속으로 들어가 모든 마음이 똑같이 소중하다는 사실을 보여줄 수 있었다. 이것이 소설이 지녀야 할 유일한 교훈이었다."

인간은 자신이 저지른 죄를 속죄할 시간을 스스로 정할 수 없다. 모든 세계는 갑자기 붕괴되고, 시간은 인간을 기다려주지 않는다. 전쟁은 사람의 인생을 송두리째 바꾼다. 전쟁에 휘말린 인간들은 집단으로 죄를 짓고, 그것을 국가·민족·이데올로기·종교 등으로 합리화한다. 가혹한 각자도생의 시대, 전쟁과 광기가 여전히 휘몰아치는 시대에 이 소설이 주는 울림은 여전히 크다. 이 소설은 자신이 타인에게 준 상처와 속죄의 어려움을 생각하게 한다. 모든 속죄가 용서받을 수는 없다. "인생이라는 이야기는 얼마나 빨리 끝나 버리는가. 압도되지도 않고 허무하지도 않았다. 다만 너무 빨리 지나가는 것이 잔인하다는 생각뿐이었다."

아사한 식물학자

— 니콜라이 바빌로프의 삶과 비극적 최후

1941년 독일군이 소련의 제2 도시 레닌그라드로 접근하자 소련군은 레닌그라드 '에르미타시박물관'에 소장된 200만 점의 미술품들을 후방으로 옮기려고 애썼다. 그러나 독일군이 노린 것은 에르미타시박물관이 아니라 '종자 연구소'였다. 종자 연구소에는 러시아의 세계적인 식물학자 니콜라이 이바노비치 바빌로프(1887~1943)가 1894년부터 수집한 38만 개가 넘는 발아 가능한 씨앗과 뿌리, 열매가 보관돼 있었다. 소련을 점령해 게르만족의 '레벤스라움Lebensraum·생활권'을 확보하는 것을 목적으로 삼았던 히틀러는 유전학에 무척 관심이 많았다. 게르만족의 생활권을 유지할 때 가장 중요한 것은 식량을 비롯한 생태 자료였다. 그러나 히틀러는 끝내 종자 연구소를 차지하지 못했다. 레닌그라드는 900일 동안 이어진 포위에도 항전을 포기하지 않았고 종자 연구소를 지켜냈다.

가난한 소작농의 아들로 태어난 바빌로프는 제1차 세계대전을 계기로 유전학에 관심을 갖게 되었다. 당시 러시아 북부 농지에 퍼진 '흰가루병'으로 농작물 작황이 크게 나빠졌고 전선의 병사들이 굶주리게 됐다. 식량 부족으로 러시아 국민의 민심은 극도로 악화했고, 이것은 1917년 공산주의 혁명의 도화선이 됐다. 페트롭스키농업학교에 재학 중이던 바빌로프는 흰가루병에 저항성을 가진 밀 종자를 찾는 데 성공하여 서른

살의 나이에 농업학교 교수로 임용됐다.

바빌로프는 1920년대부터 전 세계를 돌아다니면서 각 지역의 풍토에 적응하여 살아남은 식물들의 씨앗을 수집했다. 그는 파미르고원, 남미의 열대우림, 사막과 고원지대까지 샅샅이 조사하면서 각 지역에서 자라는 생물들과 음식 문화를 조사했다. 그의 발길은 식민지 조선까지 닿았다. 바빌로프의 자료에는 한국의 인삼과 콩에 관한 언급도 담겨 있다. 또한

니콜라이 이바노비치 바빌로프

수분이 없는 모래언덕에서 자급자족하며 살아가는 호피족과 나바호족, 변화하는 기후에 탄력적으로 대응하여 작물을 돌려 심는 농부들의 지혜를 자료로 남겼다. 종자 연구소를 세운 바빌로프는 천재지변이나 큰 전쟁 이후에도 살아남으려면 식량의 안정적 확보가 최우선이라고 생각했다. 세계의 과학자들과 지식을 공유해 미래의 식량 위기에 대비할 '세계종자연구소'를 세우는 것이 바빌로프의 원대한 꿈이었다.

그러나 스탈린이 집권하자 모든 것이 틀어지기 시작했다. 스탈린은 부모에게 물려받은 형질이 유전된다는 생물학의 기본 전제가 마음에 들지 않았다. 그것은 마치 귀족의 자녀가 부모의 계급을 그대로 물려받는 것과 비슷하다고 생각했다. 때마침 스탈린의 성향에 부합하는 생물학자가 등장했다. 트로핌 리센코(1898~1976)였다. 리센코는 어떤 종자의 고유 특성이 중요한 것이 아니라 어떻게 자라느냐가 더 중요하다는 '획득형질유전'을 주장했다. 이런 리센코의 학설에 스탈린은 큰 관심을 보였다.

게리 폴 나브한, 『지상의 모든 음식은 어디에서 오는가』

바빌로프는 유전학에서 환경적 요인이 중요하다는 사실을 인정하면서도 리센코의 주장이 실제 종자 연구에 적용되려면 훨씬 더 많은 자료와 시간이 필요하다고 지적했다. 중요한 것은 리센코의 주장이 '과학'이 아니라 '계급의식'의 영향을 받았다는 사실이었다. 스탈린의 총애 아래 리센코가 학계를 장악하자 바빌로프는 1937년 모스크바에서 국제유전학회를 열어 리센코의 오류를 입증하고자 했다. 그렇지만 스탈린은 학문적인 논쟁과 자료의 과학적인 검토조차 반역 행위로 규정했다. 소련 정부는 학회를 취소하고 바빌로프를 체포했다. 자료 수집을 핑계로 해외를 돌면서 국가 기밀을 빼돌린 스파이 행위를 했다는 죄목이었다.

당시 소련은 농촌의 식량을 징발해 도시 노동자에게 공급하고 있었다. 농촌에는 식량 부족이 만성화됐으나 리센코의 학문은 전혀 도움이 되지 않았다. 그래도 스탈린은 리센코를 옹호하면서 바빌로프와 동료들에게 책임을 전가했다. 체포된 바빌로프는 400여 회에 이르는 고문을 받은 후 사형 선고를 받았다. 혹독한 고문에도 바빌로프는 자신의 과학적 신념을 굽히지 않았다. 국제 사회의 비판이 높아지자 부담을 느낀 스탈린은 바빌로프의 사형을 집행하지 않고 바빌로프를 사라토프 지역의 감옥에 가뒀다. 1943년 바빌로프는 사라토프의 감옥에서 굶주림으로 사망했다. 인류의 식량 문제를 해결하려던 과학자가 아사餓死한 것이다. 바빌로

스발바르 국제 종자 저장고

프의 사망 소식을 접한 미국의 진화생물학자 스티븐 제이 굴드는 '과학 역사 최악의 사기극'이라고 개탄했다.

바빌로프의 동료들도 레닌그라드에서 종자 연구소를 지키다가 대부분 전사했다. 반면 리센코는 자신의 학문적 승리를 선언하며 승승장구했고 소련의 과학계에서는 바빌로프의 이름을 언급하는 것조차 금지됐다. 바빌로프의 업적이 다시 빛을 보게 된 것은 스탈린이 사망한 이후였다. 바빌로프의 연구소는 'N. I 바빌로프 식물산업연구소'라는 이름으로 개칭 됐고, 1987년에는 그의 탄생 100주년 기념행사도 열렸다.

지금 세계는 바빌로프가 우려했던 파국을 향해 브레이크 없이 질주하고 있다. 바빌로프가 평생 연구하면서 찾아낸 식량 위기의 유일한 해결책은 '다양성의 존중'이다. 다양성이 소멸한 세계는 작은 타격에도 위기를 겪게 된다. 이것은 식물과 동물만이 아니라 인간에게도 적용되는 진리다. 오늘날 기업들은 더 많은 수익을 내려고 다양성을 무시하면서 유전자 변형 곡물을 판매한다. 기후 변화로 식량 가격 폭등하면서 인류의 공존은 심각하게 위협받고 있다. 지금도 바빌로프의 연구를 이어받은 학자들은 전 세계 식물의 유전적 다양성을 지키려고 고군분투하고 있다. 2008년 노르웨이에 들어선 '스발바르 국제 종자 저장고'가 대표적 사례다. 전 세계 모든 재래 식물의 종자가 영하 18도 상태에서 보존된 이곳은 '현대판 노아의 방주'로 꼽힌다. 아마도 우리의 다음 세대는 그 방주의 문을 열게 될지도 모른다.

제II부
통과한 자들

70년 만에 진실을 밝힌 '스구로'

— 엔도오 슈우사꾸, 『바다와 독약』

    1945년 6월, 미군의 B-29 폭격기 한 대가 일본 규슈九州 상공에서 격추되어 12명의 승무원이 포로로 잡혔다. 미군의 공습으로 큰 피해를 입은 일본인들의 분노는 극에 달해 있었다. 일본 군부는 재판도 없이 미군 8명의 처형을 결정했다. 그때 규슈대학 의학부는 미군 포로를 생체 실험에 이용하게 해달라고 요구했다. 그 요구는 즉각 수락되었다. 규슈 의대 교수들은 미군 포로들의 폐를 절제하고, 혈관에 바닷물을 주입하는 생체 실험을 진행했다. 사망한 시신의 장기는 조리되어 육군 고위 장교들의 연회에 제공되었다. 태평양전쟁이 끝난 후 생체 실험에 연루된 전범 23명이 유죄 판결을 받았고, 9명이 처형되었다. 그러나 한국전쟁 발발로 미국이 일본에 유화 정책을 펼치는 과정에서 나머지 전범들은 대부분 석방되었다. 만주 지역에서 생체 실험을 진행했던 악명 높은 '731부대' 관련자 다수도 처벌을 면했다. 전후 냉전 질서에 편승한 일본은 태평양전쟁 시기에 저지른 범죄를 서서히 망각했고, 한국전쟁과 베트남전쟁을 기회로 벌어들인 '피 묻은 달러'로 경제적 번영을 이루었다.

    일본 작가 엔도오 슈우사꾸의 『바다와 독약』(1958)은 규슈대학 생체 해부 사건을 모티브로 삼은 소설이다. 평범한 샐러리맨인 '나'는 도쿄 인근 '니시마쯔바라'라는 신흥 주택지로 이사한다. 처제의 결혼식을 앞두

엔도오 슈우사꾸, 『바다와 독약』

고 '나'는 기흉 치료를 받으려고 동네 의원에 방문한다. 원장은 '스구로'라는 의사였다. 스구로를 보고 왠지 모를 불안을 느낀 '나'는 치료 받기를 주저한다. '나'는 결혼식에서 만난 지인에게서 스구로의 과거 얘기를 듣게 된다. 스구로는 의대 재학 시절 미군 포로 생체 실험에 참가한 전력이 있는 자였다. 전쟁과 연루된 사람들은 동네 어디에나 있었다. 주유소 주인은 중국에서 학살에 가담한 사실을 자랑삼아 떠들고, 헌병으로 복무했던 양복점 주인도 전쟁 포로들을 가혹하게 다룬 경험을 토로한다. 전쟁이 끝난 지 10년 정도밖에 지나지 않았지만, 그들은 과거의 기억을 잊고 평화롭게 살고 있다. 스구로는 '나'의 가슴에 주삿바늘을 찔러 넣으면서 낮은 소리로 중얼거린다. "어쩔 도리가 없었으니까. 그때도 그랬지만 앞으로도 자신이 없어. 앞으로도 같은 상황에 처한다면 난 또 그렇게 할지 몰라……. 그 짓을 말이야."

의대 재학 시절 스구로와 친구 '토다'는 교수의 갑작스러운 호출을 받는다. 교수는 그들에게 생체 실험에 참여할 것을 지시한다. 두 사람은 생체 실험이 의학을 빙자한 살인 행위임을 알고 있지만, 선택의 여지가 없다. 스구로는 집도하는 교수의 메스를 뺏고 싶은 충동에 사로잡히지만 결국 어떤 행동도 하지 못한다. 그 후로 스구로는 깊은 죄의식에 사로잡힌다. 반면 토다는 생체 실험에 능동적으로 가담한다. 토다는 어린 시절부터 어른들이 자신에게 기대하는 것이 무엇인지 간파한 영악한 아이였다.

그는 도둑질과 거짓말도 마다하지 않으면서 성장한다. 토다는 사촌 누나와 간통을 저지르고, 의대에 진학한 후에는 식모와 관계를 맺어 아이까지 갖게 한다. 토다는 자신이 나쁜 짓을 했다는 사실을 알면서도 마음의 통증은 느끼지 못한다. 그가 두려워하는 것은 오직 '타인의 시선'과 '타인의 평가'였다. 토다가 생체 실험에 참여한 것도 자신이 양심의 가책을 느낄 수 있는가를 알아보기 위해서다. "지금 토다가 원하는 것은 가책이었다. 가슴의 격렬한 통증이었다. 가슴을 찢는 듯한 후회였다. 그러나 이 수술실에 들어와서도 그런 감정은 역시 일어나지 않았다."

간호사 우에다는 아이를 사산하고 남편과 이혼한 후 감정이 마비된 상태에서 생체 실험에 참여한다. 그녀는 병원 업무를 기계적으로 수행하며 적막감과 고독을 느낀다. 그녀는 하루하루 맡겨진 일을 기계적으로 처리할 뿐이다. 이렇듯 생체 실험에 가담한 세 사람은 무기력하게 순응(스구로)하고 타인의 시선과 평가에 집착(토다)하거나 기계적으로 업무를 처리(우에다)하면서 광란의 시기를 통과한다. 그러면서 자신의 입장이라면 누구라도 그렇게 했으리라고 자위한다. 시간이 흐를수록 죄의식은

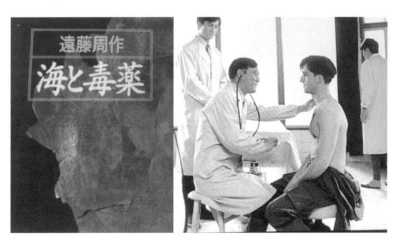

쿠마이 케이 감독, 영화 〈바다와 독약〉

점차 희미해졌다. 또한 타인의 죽음과 고통도 무덤덤하게 받아들이게 되었다.

엔도오 슈우사꾸는 죄를 짓고도 무뎌지는 이 과정을 '독약'에 비유했다. 그렇다면 '바다'는 어떤 의미를 지니는가. 그것은 용서, 사랑, 운명 등으로 다양하게 해석된다. 인간은 비겁하게 순응하고, 타인의 평가를 의식하며 자기 앞의 현실에 얽매인다. 굳이 전쟁이라는 극한 상황을 상정하지 않아도 된다. 이미 당신과 나 역시 그렇게 살아가고 있지 않은가. 자기합리화에 익숙한 나약한 인간들은 무력감과 피로감에 지쳐 쉽게 망각을 선택한다. '스구로', '토다', '우에다'는 현재 우리의 모습이기도 하다. 평범한 사람들이 만든 잔혹한 풍경을 제시하며 작가는 기억의 의미를 다시 묻는다. 기억하기를 멈출 때 인간은 어리석은 실수를 거듭한다. 기억은 필연적으로 고통을 동반한다. 그래서 인간은 기억을 아프지 않을 정도로 가공한다. 여기서 엔도오 슈우사꾸가 실제 사건을 모티브로 소설을 쓴 이유를 깨닫게 된다. 그는 이 소설로 과거의 사건을 기억할 토대를 닦은 것이다. 쉽게 소비되는 뉴스와는 달리 문학은 이야기의 형태로 과거를 박제한다.

2015년, 종전 70주년을 맞아 규슈대학 의학부는 의학역사관을 개관하면서 생체 실험 도구와 자료를 전시하기로 결정했다. 이 결정을 끌어낸 것은 당시 19세 의대생이었던 89세 노인이었다. 나약한 순응자 '스구로'는 70년이 지나서야 입을 열었다. 아마도 그 노인은 1958년에 출간된 『바다와 독약』을 읽었을 것이다. 기억하는 자만이 비로소 용서받을 수 있다. 불편한 과거를 응시하는 이 소설의 메시지는 간명하다. 그래서 더 아프게 읽힌다.

과거는 앞에 있지만 미래는 등 뒤에 있다
─ 난징 대학살과 훗타 요시에의 소설 『시간』

1982년 일본 정부는 중일전쟁과 태평양전쟁에서 자행된 일본군의 범죄를 교과서에서 삭제했다. 아시아를 들끓게 한 '일본 역사 교과서 파동'이다. 일본의 침략을 받았던 아시아 국가들이 격렬하게 항의했지만 일본 정부는 아랑곳하지 않았다. 특히 중국이 격렬히 반발한 부분은 '난징 학살'을 둘러싼 기록이었다. 중일전쟁이 한창이던 1937년 12월, 일본군은 국민정부 수도인 난징을 점령하고 30만 명에 이르는 민간인을 학살했다. 일본군이 난징에서 자행한 학살은 각종 증언과 사진으로 기록됐고, 현재까지 두 국가 사이에 해결되지 않은 앙금으로 남았다. 일본 정부는 교과서를 수정해 민간인 피해를 전투 중의 우발적인 사고로 치부했고, 수정주의 역사학자들은 30만 명이라는 숫자가 과장됐음을 지적하면서 "학살 같은 것은 존재하지 않았다"고 주장했다.

그러나 전쟁이 끝난 직후 1950년대의 일본 소설들은 전쟁을 생생하게 증언하고 있다. 1955년에 발표됐으나 최근 번역된 일본 작가 훗타 요시에의 소설 『시간』(글항아리, 2020)은 일본 작가가 난징 학살을 정면으로 다룬 거의 유일한 작품이다. 해군성 직원인 주인공 '천잉디'는 타락한 사법관인 형에게 버림받는다. 형 '천잉창'은 동생의 가족을 외면하고 한커우로 탈출하는 배에 먼저 승선한다. 그러면서 동생 천잉디에게 무슨

귀스타브 쿠르베, 〈보들레르의 초상〉. 훗타 요시에는 이 그림을 보고 소설을 구상했다

일이 있어도 집과 재산을 지키라고 명한다. 난징을 탈출하는 배는 고위
관료들과 식솔들만 탑승할 수 있었고, 시민들 대다수는 도시에 남겨진다.
천잉디는 외국인 조계 지역으로 피신했으나 거기까지 들이닥친 일본군
은 중국인들을 선별해 100명씩 짝을 지은 다음 강가에 파놓은 구덩이
앞에서 기관총으로 학살한다. 임신한 아내 모처우, 다섯 살 아들 잉우,
사촌 여동생 양양과 격리된 천잉디는 시체를 정리하는 노역에 동원된다.
아직 죽지 않은 사람을 강가에 버리면서 천잉디는 엄청난 죄책감에 휩싸
여 머뭇거린다. 하지만 처리할 시신은 끊이지 않고 밀려온다. 마침내
시신을 처리하는 사람들까지 기관총 사격을 받고 쓰러진다. 천잉디는
시체 더미에 묻혀 살아남는다.
  학살 현장에서 도주한 천잉디는 자신의 집을 숙소로 삼은 일본군 장교

기리노 중위의 하인으로 일하게 된다. 점령 이후 난징은 스파이와 친일파, 비밀경찰들이 뒤섞인 또 하나의 전장이었다. 소수 기득권자들은 친일파가 됐고 대부분은 은밀한 저항의 길을 택한다. 천잉디는 지하실에 설치된 무전기로 일본군의 동향을 한커우의 중국군 정보부에 알리는 일을 하게 된다. 과거에 대학교수였던 기리노 중위는 천잉디가 영어를 구사할 줄 아는 지식인임을 알자 친근하게 대한다. 천잉디는 기리노 중위에게 잠시 호감이 생기기도 했지

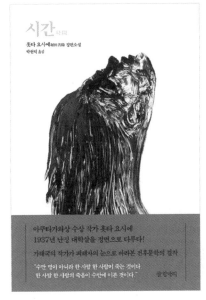

홋타 요시에, 『시간』

만 둘은 도저히 가까워질 수 없다. 천잉니의 아내와 아들은 살해됐고, 겨우 살아남은 사촌 여동생 양양은 일본군에게 강간당하고 마약에 중독된 상태다. 밤마다 천잉디는 지하실에 앉아 무전을 송신하고 우두커니 책상에 앉아 일기를 쓴다.

그를 더욱 절망하게 만든 건 타인의 고통에 무뎌지는 인간의 모습이었다. 위생부에 근무하는 천잉디의 백부는 일본군과 결탁해 마약을 팔고, 병원의 의약품을 암시장으로 빼돌린다. 한커우로 피신한 형은 그곳에서도 부정 축재를 일삼았다. 일본군의 정보를 캐내는 첩자들은 쉽게 회유돼 서로를 감시하는 이중간첩이 됐다. 천잉디는 화가 쿠르베의 그림 〈보들레르의 초상〉을 응시하며 계속 글을 쓴다. "수백 명의 사람이 죽었다. 하지만 얼마나 무의미한 말인가. 숫자는 관념을 지워버리는 건지도 모른다. 이 사실을 색안경을 끼고 봐서는 안 된다. 그리고 사람이 이만큼이나 죽어야

만 하는 수단을 사용해야 하는 목적이 불가피하게 존재할 수도 있다고 생각해서는 안 된다. 죽은 사람은, 그리고 앞으로 계속해서 죽을 사람은, 수만 명이 아니라 한 사람 한 사람이 죽는 것이다."

자신이 속한 집단이 저지른 범죄의 가책을 견디지 못해 최전선에 자원한 기리노 중위를 보고 천잉디는 일기에 이렇게 기록한다. "교수임을 견디지 못하고, 장교임을 견디지 못하고, 고독함을 견디지 못한다. 흠칫하며 뒤로 빠지려고 한다. 그래서 구석에 몰리면 폭발한다. 이것이 위험한 것이다. 도망과 폭발. 이것이 난징 폭행의 잠재적 이유였던 게 아닐까."

양양은 상하이에서 치료받도록 해주겠다는 제의를 거절하고 난징에 남는다. 그녀는 "같은 자리에 남아 열심히 뿌리를 움직이는 나무처럼" 고통을 피하지 않고 난징에 머물고자 한다. 기리노 중위는 파국을 향해 갔던 일본의 불행한 역사를 상징하는 인물이다. 그리고 양양과 천잉디는 각기 '기억의 윤리'와 '역사'를 대변한다.

패전 이후 중국에 억류됐다가 1947년에야 풀려나 귀국한 홋타 요시에는 자신의 경험을 그대로 기록하는 것에 머물지 않고, 중국 지식인의 시점으로 이 소설을 썼다. 극우파들의 비난에 직면한 홋타 요시에는 1974년부터 1977년까지 칩거하면서 화가 고야의 일대기를 다룬 4부작 평전 『고야』를 발표했다. 나폴레옹의 에스파냐 침공과 에스파냐 인민들의 처절한 저항, 그리고 인간이 인간을 죽이는 비극적인 시대를 기록했던 화가 고야의 생애를 다룬 이 작품은 『시간』의 주제 의식을 확장한 것이다. 1998년, 작고하기 전 홋타 요시에는 호메로스의 『오디세이아』를 인용하여 말했다.

"과거와 현재는 자기 앞쪽에 있는 것이므로 보는 것이 가능하지만, 보는 것이 불가능한 미래는 등 뒤에 있다"라고. 그러므로 과거를 부정하는 사람에게 등 뒤의 미래는 없다. 인간은 암담한 미래를 향해 뒷걸음으로 걸어가는 존재이므로.

살아남은 자의 슬픔

— 망명한 독일의 지식인들

    1933년, 히틀러가 집권하자 독일의 지식인들은 위기에 몰렸다. 생명의 위협을 느낀 많은 이들이 독일에서 탈출해 해외로 망명했다. 특히 유럽을 벗어나 미국으로 건너간 지식인들이 많았다. 테어도어 아도르노, 에리히 프롬, 막스 호르크하이머, 빌헬름 라이히, 베르톨트 브레히트 등 많은 지식인이 1930년대 중반부터 미국으로 이주했고, 그들은 불안한 눈으로 유럽을 바라보았다. 곧 인류는 전쟁에 휘말렸고, 나치는 유대인 박멸 작업을 실행에 옮겼다. 미국으로 망명한 독일 지식인들은 깊은 슬픔에 잠겼다. 독일은 19세기 이래 가장 많은 대학이 존재하는 국가였다. 철학과 예술이 그토록 발전한 독일에서 히틀러가 합법적인 선거를 통해 집권하고, 고등교육을 받은 독일인들이 나치가 내세운 인종 박멸과 게르만 민족주의에 열광하는 '비합리적인 광경'을 보고 망명한 지식인들은 경악을 금치 못했다. 그들은 합리적인 인간이 히틀러에 열광하는 이유를 끈질기게 탐구했고, 그들의 연구는 오늘날까지 파시즘의 메커니즘과 인간의 나약한 정신을 규명한 기념비적인 업적으로 남았다.

    아도르노와 호르크하이머는 『계몽의 변증법』(1944)에서 계몽주의가 인간을 사물화시키는 과정을 규명하고, 사물화된 인간이 도구적 합리성의 늪에 빠지는 아이러니를 응시했다. 나치의 집권과 제2차 세계대전은 계몽과 합리성에 집착한 인간이 역설적으로 '새로운 야만 상태'에 빠져드는 것을 증명하는 적실한 예시였다. 에리히 프롬은 『자유로부터의 도피』(1941)를 집필하면서 불안에 빠진 인간이 스스로 자유를 반납하고 독재자에게 순응하며 정서적인 안정감을 느끼게 되는 과정을 응시했다. 인간은 자유를 원하는 것 같지만, 실은 적극적으로 자유로부터 도망치는 존재임을 역설하면서 프롬은 나치에 열광하는 독일인들의 무의식을 사회심리학적으로 파헤쳤다. 프롬은 독재자에 복종하면서 만족을 느끼는 사람들의 심리가 마조히즘(타인에게 육체적·정신적으로 학대를 받으면서 성적 만족을 느끼는 병리적인 상태)의 작동 원리와 흡사하다고 기록했다. 빌헬름 라이히는 『파시즘과 대중심리』(1933)에서 '지배당하고자 하는 대중의 심리'를 탐구했다. 라이히는 군중이 지도자의 신념을 자신의 것으로 착각하면서 거짓된 만족감을 얻는 과정과 나치에 열광한 독일인의 무의식을 교차적으로 응시했다.

시인이자 극작가인 베르톨트 브레히트는 '신발보다 더 자주 나라를 바꾼' 망명자였다. 그는 나치가 집권하자 스위스, 체코, 핀란드, 스웨덴 등으로 계속 이주했으나 모든 국가에 독일의 영향력이 미치자 결국 대서양 건너 미국으로 향했다. 연극을 창작하고 연출했던 브레히트가 특히 문제적으로 바라본 것은 나치의 선전술이었다. 나치는 베를린 도심에 게르만 신화에 등장하는 영웅들의 조각상을 배치했고, 영화와 라디오 등의 매체를 적극적으로 활용했다. 나치에 고용된 영화감독 레니 리펜슈탈은 나치의 정당 대회를 기록한 다큐멘터리 〈의지의 승리〉와 베를린 올림픽과 영웅 신화를 결합한 다큐멘터리 〈올림피아〉를 연출했는데 이것은 영상물이 정치 선전에 활용된 대표적인 사례였다. 사람들은 나치의 연출에 열광했고, 나치가 조작한 '위대한 게르만족'의 서사에 쉽게 동화됐다. 브레히트는 관객들의 감정 이입을 교묘하게 활용하는 파시즘의 선전술에 맞서 '서사극'을 고안했다.

레니 리펜슈탈의 다큐멘터리 〈의지의 승리〉 스틸컷. 치밀하게 배치된 군중을 여러 대의 카메라로 기록해 관객을 압도한다. 미술학도 출신의 히틀러는 대중을 선동하고 계몽하기에 언론과 예술만큼 좋은 도구가 없다는 사실을 잘 알고 있었다.

서사극은 관객들이 극에 몰입하는 감정 이입을 가로막으면서 지금 보는 극이 허구임을 상기시키는 연극 양식이다. 이를테면 배우가 관객이나 카메라를 향해 말을 걸거나, 서술자가 따로 등장해 극을 설명하기도 한다. 서사극은 관객이 무대에 몰입하지 않고, 극의 주제나 의도를 스스로 생각하게 한다. 브레히트의 새로운 연극 실험은 '정치를 예술화시키는 파시즘'에 맞서 '예술을 정치화'하는 작업이었다. 그러나 브레히트의 서사극은 흥미를 추구하는 할리우드에서 환영받지 못했고, 종전 후 브레히트는 미국에서 간첩으로 몰려 추방당했다. 동독으로 귀환한 브레히트는 경직된 사회주의 체제를 비판하는 연극을 집필하다가 1956년 심장마비로 사망했다.

물론 나는 알고 있다 / 오로지 운이 좋았던 덕택에 / 나는 그 많은 친구들보다 / 오래 살아남았다는 것을 / 그러자 지난밤 꿈속에서 / 친구들이 나에 대해 / 이야기하는 목소리가 들려왔다 / "강한 자는 살아남는다" / 나는 자신이 미워졌다

— 브레히트, 「살아남은 자의 슬픔」

미국으로 망명한 독일 지식인 중 다수는 전쟁이 끝나고 서독으로 귀환해 비판이론 연구를 계속했다. 그들은 독일의 대학을 비판적 사회 이론이 숙성되는 장소로 만드는 데 헌신했으며 과거 청산에 앞장섰다. 살아남은 지식인들이 던진 질문은 명료했다. "왜 우리는 히틀러를 막지 못했는가?" 이 질문은 전후 독일 철학과 역사 교육의 중심 화두가 됐다. 살아남은 자들이 외면하지 않은 '부끄러움'은 독일이 과거의 오명을 씻고 유럽의 중심 국가로 나아가도록 만든 원동력이었다.

웃음과 광기의 대결
―『채플린과 히틀러의 세계대전』

희극배우 찰리 채플린과 독재자 아돌프 히틀러. 채플린은 1889년 4월 16일에 태어났고 히틀러는 나흘 후에 태어났다. 두 사람은 비슷한 콧수염을 길렀고 모두 예술가를 꿈꿨다. 또한 두 사람은 모두 쇼펜하우어의 애독자였다. 두 사람의 결정적인 공통점은 미디어를 이용하여 자신의 생각을 전달했다는 사실이다. 그리고 두 사람은 완전히 다른 삶을 살았다. 일본의 채플린 연구가이자 영화 프로듀서인 오노 히로유키의 저서 『채플린과 히틀러의 세계대전』(사계절, 2017)은 두 사람의 엇갈린 삶을 탐구한 명저다.

채플린의 부모는 가난한 뮤직홀 배우였다. 아버지는 알코올 중독에 시달리다가 38살의 나이로 사망했다. 어머니는 홀로 채플린을 키우면서 정신 질환에 걸렸다. 채플린은 이복형과 함께 비좁은 다락방과 구빈원을 전전했다. 히틀러는 세관원인 아버지 밑에서 비교적 유복한 어린 시절을 보냈다. 히틀러는 훗날 자서전 『나의 투쟁』에서 불우한 어린 시절을 이겨내고 자수성가했다고 적었지만, 그것은 과장된 진술이었다. 극빈한 성장기를 보낸 채플린은 아이러니하게도 '웃음'을 전하는 희극배우가 되었다. 채플린의 어머니는 때때로 무대 의상을 입고 춤을 추거나 재미있는 이야기를 들려주면서 어린 아들을 웃게 했다. 채플린은 훗날 자서전에

오노 히로유키, 『채플린과 히틀러의 세계대전』

서 날마다 이야기를 들려주고 춤추던 어머니를 이렇게 회상했다. "어두운 지하 단칸방에서 어머니는 이 세상의 가장 찬란한 빛을 내게 비춰 주었다. 그것은 문학과 연극의 소재로 가장 많이 쓰이는 사랑과 자비 그리고 인간애에 관한 것이었다."

한편 히틀러는 18살에 응시한 빈 조형미술 아카데미 입학시험에 2년 연속 낙방했다. 이 시기의 열패감은 히틀러의 성격 형성에 지대한 영향을 미쳤다. 은둔한 채 외톨이로 지내던 히틀러는 1914년 제1차 세계대전이 발발하자 애국주의와 영웅주의에 심취하여 자원입대했다. 전쟁을 겪으면서 히틀러는 인종주의를 신봉하고 유대인을 혐오하게 되었다. 반대로 1914년 소속 극단 '카노'의 미국 순회공연 도중 스크린에 데뷔한 채플린은 세상에 저항하는 유머에 눈을 떴다.

제1차 세계대전 이후 세계의 정치·경제·문화의 중심은 유럽에서 신대륙으로 이동했다. 구시대 미디어인 연극은 새로운 미디어인 영화로 빠르게 대체되었다. 채플린의 재능과 유머는 이 시기에 빛을 보았다. 채플린은 미국에서 특유의 콧수염과 '방랑자' 캐릭터로 엄청난 인기를 끌었다. 그의 연기는 경제 대공황으로 고통받는 서민들에게 큰 웃음을 안겨 주었다. 예술가의 꿈이 좌절된 후 히틀러는 나치에 입당했다. 나치는 선전 수단으로 미디어를 적극 활용했다. 그들은 전국의 영화관에서 선전 영화를 상영하고 연설을 녹음한 레코드를 배포했다.

1931년 채플린이 베를린을 방문하자 수많은 사람들이 열광했다. 나치는 채플린을 극도로 경계했다. 나치는 미디어가 웃음을 전파하는 강력한 수단이라는 사실을 잘 알고 있었다. 앙리 베르그송이 지적했듯이 웃음은 집단적으로 공범 의식을 교환하는 고차원적인 행위다. 실제로 다음 해 선거 때 히틀러에 반대하는 사람들 일부가 투표용지에 '채플린'을 적어내는 일이 발생했다. 이것은 적발하기 어려운 사보타주sabotage였다.

권력을 잡은 히틀러는 미디어를 강력히 통제했다. 나치는 채플린이 유대인이라는 소문을 퍼뜨렸다. 나치 선전부는 채플린이 출연한 영화의 상영을 방해하고 채플린이 나오는 우편엽서의 판매도 금지했다. 히틀러는 특히 채플린의 '콧수염'을 싫어했다. 콧수염은 독일 지도자들에게 특별한 의미를 지닌다. 빌헬름 2세, 비스마르크, 힌덴부르크 등 독일 지도자들은 수염을 길러 지도자의 위엄을 과시했다. 채플린의 사진은 콧수염이 없는 것만 허용되었다.

제2차 세계대전 초반 독일이 서유럽을 유린할 때 미국에서는 채플린 주연의 영화 〈위대한 독재자〉(1940)가 개봉되었다. 영화에는 힝켈이라는 독재자를 닮은 유대인 이발사가 등장한다. 두 사람의 외모는 측근들도 구분하지 못할 정도로 흡사했다. 두 사람을 구분하지 못한 돌격대가 힝켈을 체포하자 이발사가 힝켈의 자리에 오르게 된다. 권력자가 된 이발사는 이웃 나라 오스테를리히를 정복하는 기념식에서 '반독재, 민주주의, 세계 평화'를 외치는 연설을 한다. 히틀러가 연설할 때마다 이 영화는 화제에 올랐다. 채플린의 인기가 높아질수록 히틀러는 웃음거리로 전락했다. 견디다 못한 히틀러는 카메라 앞에서 연설하기를 기피하고 라디오 연설에 치중했다. 예나 지금이나 억압적인 권력자들이 가장 두려워하는 것은 풍자와 웃음이다. 그들은 질문과 토론을 기피하면서 풍자와 웃음의 재료를 줄이려고 발버둥 친다. 웃음이 견고한 권위를 쉽게 무너뜨리는 수단임을 잘 알기 때문이다.

채플린이 영화에서 외쳤던 평화는 쉽게 이루어지지 않았다. 제2차 세계대전 이후에도 냉전으로 세계는 양분되었고 곳곳에서 전쟁이 벌어졌다. 채플린은 소련에 우호적 발언을 했다는 이유로 미국 연방수사국FBI의 감시를 받게 되었다. 매카시즘의 광풍을 피해 채플린은 유럽으로 돌아왔다. 이후 채플린은 세계 평화와 영화 발전에 이바지한 공로로 1972년 아카데미상 공로상을 받았다.

히틀러가 미술학교에 입학했더라면, 혹은 채플린에게 활기찬 어머니가 없었더라면 두 사람의 인생은 완전히 달라졌을 것이다. 인간의 내면에는 선과 악이 공존한다. 경험과 환경에 따라 선과 악은 다르게 발현된다. 인간은 서로 영향을 주고받는다. 그러므로 우리는 모두 타인의 거울이다. 채플린의 삶은 긍정과 사랑의 놀라운 힘을 입증한다. 반면 히틀러의 삶은 열등감과 혐오에서 비롯된 폭력이 한 개인과 세계를 어디까지 파괴할 수 있는지를 극단적으로 보여준다. 비슷하지만 너무도 달랐던 두 사람의 대결은 채플린의 완승으로 끝났다.

어른들의 세계에서 도피한 반항아

—J. D. 샐린저

미국 작가 J. D. 샐린저(1919~2010)의 장편소설 『호밀밭의 파수꾼』 (1951)은 1950년대 미국 청년들의 의식을 뒤흔들었다. 소설의 주인공 '홀든 콜필드'는 타락한 세계의 일부가 돼야 하는 어른의 세계를 거부한 다. 1950년대 미국 젊은이들은 기성세대의 엄격한 순응주의에 불만이 가득했다. 미국 청년들은 『호밀밭의 파수꾼』의 주인공 홀든을 자신들의 대변인으로 여겼다. 작품 안에서 홀든이 썼던 '빨간 모자'는 기성의 질서 에 반항하는 청년들의 상징이 됐다. 교육 당국은 주인공 홀든이 학교를 거부한 낙제생이자 문제아라는 이유로 중·고교에서 금서로 지정했으나 오히려 판매 부수가 폭발적으로 늘었다. 『호밀밭의 파수꾼』이 성공하자 샐린저에게는 인터뷰 요청이 쇄도했고, 수많은 출판사 편집자들이 원고 를 청탁하려고 법석을 떨었다. 하지만 그는 자신의 책에 열광하는 사람들 을 반기지 않았다. 샐린저는 줄곧 살아왔던 뉴욕을 떠나 시골로 도피했고, 죽을 때까지 은둔 생활을 이어갔다.

비평가들은 샐린저가 은둔한 이유를 분석하면서 온갖 억측을 쏟아냈 으나, 샐린저는 세상의 호기심에 일절 응답하지 않았다. 샐린저가 사망한 직후 전기 작가 케니스 슬라웬스키는 샐린저가 남긴 기록과 지인들의 증언을 바탕으로 저술한 『샐린저 평전』(2011)에서 전쟁과 사랑이 그의

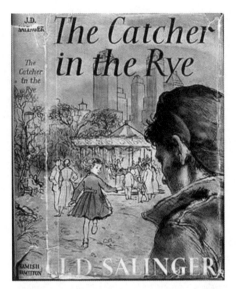

『호밀밭의 파수꾼』 영문판 표지

삶과 글에 미친 영향을 조명
했다.

1919년 샐린저는 폴란드
계 유대인 아버지와 아일랜
드계 어머니 사이에서 둘째
아들로 태어났다. 아버지가
육류와 치즈 사업으로 많은
돈을 번 덕분에 그의 가족은
뉴욕 고급 주택가에 살며 경
제 대공황 시대에도 풍족한
생활을 유지할 수 있었다.
1932년에 샐린저는 맨해튼
의 유명 사립학교에 진학했

으나 성적 부진으로 1년 만에 자퇴했다. 아버지는 그를 펜실베이니아의
군사학교로 보냈다. 질서를 혐오하는 소설 속 인물과는 달리 군사학교에
잘 적응한 샐린저는 긍정적인 성격으로 바뀌었다. 각기 다른 사회적
배경을 지닌 인물들이 뒤섞인 용광로 같은 군대에서 그는 좋은 친구들을
만났다. 새로운 동료들을 만날 때마다 인간을 향한 그의 시각은 조금씩
바뀌었다. 어시너스 칼리지와 컬럼비아대학에 진학한 샐린저는 문예
창작 수업을 받으면서 습작을 시작했다.

이 시절 샐린저는 유명 극작가 유진 오닐(1888~1953)의 딸 '우나 오닐'
과 연인이 됐지만 두 사람은 곧 결별했다. 우나 오닐은 전설적인 배우
찰리 채플린(1889~1977)과 사랑에 빠졌다. 우나 오닐이 자신과 헤어진
후 찰리 채플린과 교제한 사건은 샐린저에게 큰 상처로 남았다. 1942년
4월, 군에 입대한 샐린저는 예비 장교학교에 입소했다. 샐린저는 훈련소
교관으로 근무하면서 소설을 쓰기 시작했다. 교관 생활은 금방 끝났다.

샐린저가 독일어와 프랑스어를 구사할 줄 알고, 전쟁이 터지기 전 독일에 방문했던 사실을 주시한 군 수뇌부는 그를 정보부대에 배치했다.

1944년 6월, 샐린저가 소속된 제4사단은 노르망디에 상륙했다. 프랑스에서 제4사단은 연일 격전에 휘말렸다. 전쟁을 색다른 모험 정도로 여겼던 샐린저의 기대는 여지없이 무너졌다. 노르망디 상륙 이후 두 달 동안 샐린저의 연대는 3,080명의 병력 중 장교 76%, 병사 63%가 사망했다. 제4사단은

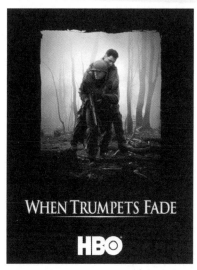

샐린저가 겪은 휘르트겐 숲 전투를 다룬 영화 〈When Trumpets Fade〉 스틸 컷. 한국에서는 〈햄버거 힐 2〉라는 제목으로 개봉됐다

파리에 입성한 첫 미군 부대라는 영예를 얻었으나 그 대가는 가혹했다. 1944년 9월 중순 미군은 독일로 진입하는 길목에 위치한 '휘르트겐 숲'에서 독일군의 강력한 저항에 부딪혔다. 숲에 설치된 부비트랩과 독일군의 포격으로 미군은 수만 명의 사상자를 냈다. 휘르트겐 숲에서 샐린저 소속 연대에서만 무려 2,517명이 전사했고, 샐린저와 절친했던 동료들은 여기서 대부분 사망했다. 휘르트겐 숲 전투의 가장 큰 비극은 그 작전이 무의미했다는 사실이다. 방심한 연합군은 숲을 우회하지 않고 정면으로 관통하는 최단 거리를 선택했던 것이다. 전투가 끝날 무렵 샐린저는 종군기자로 휘르트겐 숲에 방문한 작가 어니스트 헤밍웨이(1899~1961)를 만났다. 두 사람은 핏빛 숲에서 밤새 술잔을 기울이면서 문학에 관해 토론했다. 이 만남은 샐린저가 계속 글을 쓸 수 있는 힘이 됐다.

혹독한 타격을 입은 제4사단은 휴식을 위해 네덜란드-룩셈부르크 접

경 지역으로 이동했다. 그러나 불과 일주일 후 그들의 휴양 지역은 독일군 최후의 반격 작전으로 벌어진 '벌지 전투'의 무대가 됐다. 휴양지에서 그들은 다시 악전고투를 벌였다. 벌지 전투에서 승리한 미군은 독일로 진입했다. 온갖 전투를 겪은 샐린저는 심각한 우울증에 시달렸으나 전쟁이 끝날 무렵 그는 전투보다 가혹한 임무를 맡게 됐다. 독일을 점령한 연합군은 곳곳에서 강제 수용소를 발견했다. 유대인, 집시족, 정치범, 전쟁 포로 등을 감금했던 수용소에는 학살의 흔적이 뚜렷하게 남아 있었다.

정보부대 장교인 샐린저는 악명 높은 '다하우수용소'의 생존자들을 심문하는 임무를 맡았다. 전쟁에서 최악의 순간들은 이미 다 겪었다고 확신했던 샐린저는 수용소의 참상에 형언할 수 없는 충격을 받았다. 전쟁이 끝난 후에도 샐린저는 독일에 남아 방첩대 임무를 수행했다. 그 과정에서 마주한 '과학적인 학살'을 마주한 경험은 인간성을 회의하게 만들었다. 뉘른베르크의 미군 병원에서 전투 피로증 진단을 받은 샐린저는 병상에서 헤밍웨이에게 자주 편지를 보냈다. 그는 편지에 자신이 겪은 끔찍한 광경, 종전 이후 피폐한 독일의 상황, 자신이 쓸 글의 구상을 상세히 적었다. 헤밍웨이와의 대화는 샐린저의 유일한 위안이 되었다.

1945년 12월, 샐린저는 병원에서 근무하는 독일인 안과의사 '실비아'와 사랑에 빠졌다. 당시 미군과 독일 국적 배우자의 결혼은 법적으로 금지돼 있었다. 샐린저는 위조 여권을 만들어 그녀가 프랑스 시민권을 받도록 해줬다. 1946년 샐린저는 실비아와 함께 귀국했지만, 그들은 3개월 만에 이혼했다. 두 사람을 강하게 결합했던 열정은 갈등으로 바뀌었다. 고집이 센 두 사람은 다툴 때마다 조금도 물러서지 않았다. 더구나 샐린저의 가족은 유대인이었다. 샐린저의 부모는 아들이 독일 여자와 사는 것을 반기지 않았다. 실비아는 결국 샐린저와 헤어진 후 유럽으로 돌아갔다.

샐린저는 전쟁과 실연의 고통을 창작으로 극복했다. 1950년 12월, 마침내 그는 전장에서 구상한 소설 『호밀밭의 파수꾼』을 탈고했다. 동생의 죽음 이후 삶의 가치를 상실한 소설의 주인공 홀든은 전쟁을 겪으면서 인간을 향한 신뢰를 상실한 샐린저를 대변하는 페르소나였다. 그는 어른들의 사회를 경멸하고 거기에 타협하지 않겠다는 결심으로 자신의 소외를 정당화한다. 홀든이 직면한 도전은 살아 있는 사람들의 세상에서 자신의 자리를 찾기 위해 스스로 가치 체계를 다시 세우는 일이었다. 자신이 무시해 온 것들에게서 상처받은 홀든은 도피 혹은 환상으로써 위안을 얻으려고 한다. 동생 '앨리'의 유령을 마주하는 홀든처럼 샐린저 역시 곁에서 쓰러져 간 전우들의 망령에 오랫동안 시달렸다. 세상의 갈채는 그에게 부담으로 다가왔고, 자신만 살아남았다는 죄책감을 자극했다. 샐린저는 절필을 선언하고 은둔에 들어갔다. 50여 년간 세상을 등진 샐린저는 어른이 되기를 거부한 '홀든 콜필드'의 삶을 스스로 완성했다.

'잃어버린 세대'의 치열한 방황
— 어니스트 헤밍웨이의 삶과 문학

　제1차 세계대전에 휘말리기 전 미국은 거대한 농업 국가에 불과했다. 그러나 전쟁이 모든 것을 바꾸었다. 군수 물자 수요를 감당할 수 없었던 유럽 국가들은 미국의 생산력에 기대야 했다. 미국의 공장들은 엄청난 양의 물건을 쏟아내기 시작했다. 전쟁 말기 200만에 이르는 미군이 연합군에 합류하자 물량의 격차를 감당하지 못한 독일은 곧 항복했다. 미군의 피해는 다른 연합국에 비해 훨씬 적었다. 전쟁이 끝난 후 미국의 국제적 지위는 급상승했고 호황이 이어졌다. 그러나 경제적 호황에 편승하여 상류층을 중심으로 소비향락주의와 비도덕이 기승을 부렸다. 한편에서는 유럽 전선에서 돌아온 병사들이 환멸과 허무에 시달렸다. 스콧 피츠제럴드의 소설 『위대한 개츠비』에 묘사되었듯이 전후 미국은 화려한 파티와 무질서, 허무와 혼란이 뒤섞인 공간이었다. 반면 미국 문학은 1920년대에 황금기를 맞이했다. 물질적 풍요는 새로운 사회로 도약하는 토대가 되었고, 1920년대 후반 경제 대공황을 겪으면서 그동안 은폐되었던 갈등 요소들이 도출되었다. 인종, 성, 계급, 지역 등 수많은 갈등이 불거지면서 그것을 반영한 다양한 문학 작품들이 쏟아졌다.

　이 시기 미국 작가들은 물질 만능주의와 실업, 금주령 등에 환멸을 느끼고 파리로 향했다. 그들은 파리에서 유럽의 예술가들과 교류하며 쾌락과 허무를 즐겼다. 미국 시인 거트루드 스타인은 그들을 '잃어버린 세대Lost Generation'라고 명명했고 이것은 1차 대전 이후 활동한 미국 작가들을 상징하는 명칭이 되었다. '잃어버린 세대'를 대표

청년 시절의 헤밍웨이

하는 작가는 바로 1954년 노벨문학상을 수상한 작가 어니스트 헤밍웨이 (1899~1961)다. 1899년 일리노이주 오크 파크에서 태어난 헤밍웨이는 아버지의 영향을 받아 사냥과 낚시, 권투를 즐기는 청년으로 성장했다. 유럽에서 벌어진 전쟁은 헤밍웨이 세대의 청년들에게 새로운 세계를 향한 모험심을 자극했다. 1917년, 헤밍웨이는 고등학교를 졸업하자마자 군대에 자원했으나 나쁜 시력 탓에 입대할 수 없었다. 그러자 그는 적십자사의 앰뷸런스 부대에 지원하여 이탈리아의 격전지 '카포레토'로 떠났다. 1918년 7월, 그는 포탄 파편에 맞아 밀라노 병원에 입원하여 무려 237개의 파편을 제거하는 대수술을 받았다. 헤밍웨이는 병원에서 6개월을 지내면서 일곱 살 연상의 간호사 아그네스 쿠로브스키와 사랑에 빠졌지만, 이듬해 헤밍웨이가 귀국한 후 두 사람은 결별했다. 이 시절의 경험은 훗날 그의 대표작 『무기여 잘 있거라』(1929)의 모티브가 되었다.

1921년, 헤밍웨이는 정신적 상처를 앓는 미국 청년들의 도피처인 파리로 건너갔다. 카포레토 전투에서 부상을 입은 헤밍웨이에게도 전쟁의 기억은 문학적 영감이자 상처의 근원이었다. 슈테판 츠바이크를 비롯한 유럽 작가들이 전쟁을 겪으면서 문명의 소멸을 예감하고 은둔에 빠졌던 것과는 달리 헤밍웨이는 '파괴되기 쉬운 생명'과 '불확실한 미래'를 모티브로 삼아 활발한 창작을 이어갔다. 공포에 맞서 용기를 내고, 패배를

두려워하면서 승리를 꿈꾸는 소설 속 인물들은 그의 간결한 문장으로 생기를 얻었다. 첫 장편소설 『태양은 다시 떠오른다』(1926)에서는 스페인 여행 중 매료된 '투우'를 소재로 삼았고, 에세이 『아프리카의 푸른 언덕』(1935)에서는 '사냥'을 다루었다. 투우와 사냥은 모두 삶과 죽음이 빠르게 교차한다는 공통점을 지녔다. 그것은 죽음과 폭력의 문제를 응시하는 헤밍웨이의 소설과 더없이 어울리는 소재였다.

무엇보다도 헤밍웨이는 직접 경험한 것을 쓰고자 노력했다. "작가가 관찰을 멈추면 끝장이다. 눈에 보이는 모든 게 알고 있고 보아 온 것들이 모인 커다란 저장고로 들어간다." 그는 누구보다도 새로운 경험 쌓기를 주저하지 않았다. 1935년에는 '북아메리카신문연맹'의 특파원으로 스페인 내전에 참여했고, 그곳에서 저널리스트 '마사 겔혼'이라는 여성과 사랑에 빠졌다. 스페인 내전 경험과 마사와의 사랑은 소설 『누구를 위하여 종은 울리나』(1940)의 토대가 되었다. 제2차 세계대전이 발발하자 그는 중국을 침략한 일본을 취재하러 가는 마사를 따라나섰고, 미국이 참전하자 자기 소유의 배 '팔라호'를 타고 독일 잠수함이 출몰하는 동부 해안 순찰에 직접 나섰다. 1944년 연합군이 노르망디에 상륙하자 헤밍웨이는 〈콜리어〉지의 특파원 자격으로 참가하여 많은 기사를 썼다. 1945년 헤밍웨이는 마사와의 관계를 정리하고 〈타임〉지의 기자 '메리 웰시'와 새로운 사랑을 시작했다.

제2차 세계대전이 끝난 후 헤밍웨이는 쿠바로 건너가 아바나에 묵으면서 대작 『노인과 바다』(1952)를 집필했다. 1953년에는 메리와 아프리카로 사파리 여행을 떠났다. 헤밍웨이는 아프리카에서 두 번이나 비행기 사고를 당해 중상을 입었다. 사고 소식이 언론에 보도되자 그가 사망했다는 소문이 퍼졌다. 미국 신문들은 앞다퉈 헤밍웨이의 부고 기사를 게재했다. 그러나 며칠 뒤 그는 구조되었고, 자신의 사망 기사를 읽으면서 유쾌하게 웃는 여유를 과시했다. 이듬해 노벨문학상을 받게 되었지만, 아프리카에서 입은 부상으로 시상식에는 참가하지 못했다. 각종 질병에 시달리던 헤밍웨이는 쿠바로 이주해 회복을 도모했다. 그렇지만 그에게는 말년의 휴식조차 허락되지 않았다. 1956년 피델 카스트로의 혁명으로 쿠바는 공산화되었다. 쿠바 정부가 사유 재산 국유화를 선언하자 헤밍웨이는 쿠바를 떠나야만 했다. 쿠바를 떠난 후 헤밍웨이는 심각한 악몽과 우울증에 시달렸다. 1961년, 그는 엽총을 입에 물고 방아쇠를 당겼다.

헤밍웨이는 삶이 지나치게 문학적인 작가의 문학은 가난하다는 진실을 간단하게 무력화시킨다. 그는 마치 위험을 즐기듯이 세계의 모든 분쟁 지역에 뛰어들었다. 4차례나 결혼했고 3번 이혼했다. 게다가 사냥, 권투, 투우, 낚시 등 온갖 취미 활동을 지속했다. 그는 열정으로 자신을 치유했고, 삶을 스스로 마감했다. 위험을 향해 기꺼이 뛰어들면서 그는 삶의 한계를 극복하고자 했다. 인간은 어디까지 강인해질 수 있는가. 그의 삶과 작품들은 인생에 장식이나 포장 따위는 필요 없다고 외치는 깃만 같다.

훼손된 육체와 죽음이 만든 시

— 고트프리트 벤의 삶과 문학

인체 해부는 생명을 다루는 의학도의 필수 과정이다. 카데바cadaver·해부용 시신 앞에서 인간의 정신과 관념은 사라지고 오직 뼈와 근육, 신경과 혈관만 남는다. 의학도는 인간의 육신을 냉정하게 관찰하면서 비로소 의사가 된다. 그러나 아무리 익숙해진다 해도 인간의 뼈와 살과 피를 보는 일은 결코 쉬운 일이 아니다. 전장에서 의사는 이중의 고통을 겪는다. 인간의 육신은 허무하게 훼손되고, 아무리 최선을 다해도 살릴 수 없는 부상병이 넘쳐난다. 생명을 살려야 하는 소명과는 달리 전장의 의사는 인간이 얼마나 하찮게 무너지는가를 거듭 확인해야만 한다.

의사이자 시인, 극작가였던 고트프리트 벤(1886~1956)은 두 차례 세계 대전에 모두 군의관으로 참전했다. 전장에서 숱한 죽음을 겪으면서 그는 필사적으로 시를 썼다. 벤의 시에서 자연과 인간은 아름답게 묘사되지 않는다. 특히 인간의 육신은 한없이 나약하고 허무하게 그려진다. 그의 시는, 불결하고, 참혹하고, 아프다.

갈대밭에 길게 누워 있는 처녀의 입이 / 무엇엔가 갉아 먹힌 듯했다 / 가슴을 풀어헤치자 식도에 구멍이 숭숭 나 있었다 / 급기야 횡경막 아래 으슥한 곳에서 새끼 쥐들의 둥지가 나왔다 / 거기 한 작은 암컷이

죽어 나자빠져 있네 / 다른 쥐들은 간과 콩팥을 먹고 살며 / 찬 피를
빨아 마시고 / 여기서 아름다운 청춘을 보냈지 / 시원스럽게 후다닥
그들도 죽어갔다 / 그들 모두 물속에 던져졌는데 / 아, 그 작은 주둥이
들의 찍찍거리는 소리라니

— 「아름다운 청춘」

고트프리트 벤은 1886년 5월 2일, 독일 만스펠트의 목사 집안에서
태어났다. 아버지는 아들이 자신의 뒤를 이어 목사가 되기를 원했다.
하지만 벤은 아버지의 뜻을 거슬러 베를린의 카이저 빌헬름 군의학교에
들어갔다. 그곳에서 의학과 문학, 문헌학 등을 배우며 시인의 자질을
싹틔웠다. 베를린대학 의학부로 적을 옮긴 후 그는 의과대학을 수석
졸업했다. 군의관이 된 직후 벤은 딱딱한 질서를 거부하는 성품 탓에
복무 부적합 판정을 받고 군에서 쫓겨났다. 고트프리트는 베를린에서
피부비뇨기과 병원을 열었다. 당시 베를린은 급격히 팽창하는 젊은 도시
였다. 극장, 술집, 공장, 사창가가 어지럽게 들어섰고, 각종 범죄가 만연했
다. 피부비뇨기과를 전공한 탓에 벤의 주요 고객들은 베를린 사창가에서
일하는 여성들이었다. 이 시기의 진료 기록은 전장의 경험과 함께 그의
시에 큰 영향을 주었다.

1912년, 벤은 첫 번째 시집 『시체공시장·기타』를 500부로 한정 출간했
다. 시체의 이미지가 가득한 이 시집은 19세기 합리주의와 실증주의에
반기를 든 '표현주의'[1]적인 관념을 반영한 작품들로 가득했다. 수록된
시들은 평론가들의 혹평을 받았다. 그는 인간의 육신, 특히 남녀의 생식기
를 상처와 부패의 진원지로 묘사했다. 이 시집은 다가올 전쟁의 풍경을

---

1. 과학 문명의 진보에 따른 낙천주의, 세속화, 공업화, 평준화를 거부하는 문예사조.
   자연의 모방을 거부하고 색채와 형태를 과장, 왜곡하는 미술 작품이 중심이 됐다.

고트프리트 벤

예고하는 하나의 징후였다. 제1차 세계대전이 발발하자 벤은 군의관으로
징집돼 벨기에 전선에 배치됐다. 벤의 시는 전쟁을 거치면서 더욱 조명을
받게 됐다. 격렬한 참호전이 벌어지면서 헤아릴 수 없는 시신이 넘쳐났고,
거듭 떨어지는 포탄에 산산조각이 난 시신들은 수습할 수조차 없었다.
토막 난 병사들의 시신은 쥐 떼들의 먹이가 됐다. 과학 기술은 효율적인
살육의 도구가 됐고, 전장에서 인간의 이성과 합리주의는 아무런 힘이
없었다. 아무런 희망이 없고, 오직 파멸만이 가득한 전장이었기에 역설적
으로 벤은 글에 집중할 수 있었다. 전장에서 그가 쓴 시들은 『살肉』(1917)
이라는 제목으로 출간됐다.

　종전 후 벤은 베를린으로 돌아와 다시 피부비뇨기과를 개업했다. 병원
은 번창했으나, 전쟁을 겪으면서 그는 인생을 즐기는 능력을 잃어버린
사람이 됐다. 거리에는 부상병과 실업자가 넘쳐났다. 아내는 사망(1922)
했고, 벤은 니힐리즘에 깊이 빠져들었다. 1933년, 히틀러가 집권하자
벤은 국가 사회주의에 잠시 경도돼 군대에 들어갔다. 벤은 나치 치하에서

정치적인 활동도 하지 않았으나, 훗날 이 시기의 입대 결정이 '돌이킬 수 없는 과오'였다고 스스로 인정했다. 제2차 세계대전이 발발하자 벤은 57세의 나이에 다시 군의관으로 전선에 투입됐다.

벤의 주요 진료 대상은 전쟁 중 군인을 상대하는 창녀들이었다. 여성의 성병 여부를 검사하여 '쓸모'를 판정하는 것이 그의 주요 업무였다. 두 차례 전쟁 경험은 그를 지독한 비관주의자로 만들었다. 벤에게 인간이란 곧 '병에 걸린 동물'에 불과했다. 성욕을 가진 인간은 사랑하고, 아이를 낳는다. 그리고 아이들은 성인이 되기 무섭게 전장에서 무의미하게 죽는다. 전장에서 여자들은 일시적인 쾌락의 대상일 뿐이다. 수십 년에 걸쳐 이런 악순환을 목격한 벤은, 전장에서 강박적으로 시와 편지를 썼다. 전쟁이 끝날 무렵에는 두 번째 아내 헤르타마저 폭격으로 사망했다.

전쟁이 끝나고, 벤은 다시 베를린에서 병원을 개업했다. 그는 망명을 가지 않았고, 체포되지도 않았다. 이듬해에는 치과의사 카울 박사와 세 번째 결혼을 했다. 벤이 쓴 시들은 두 차례 세계대전을 겪으면서 20세기 독일을 대표하는 작품으로 떠올랐다. 1951년 벤은 독일의 대표적인 문학상인 '뷔히너 상'을 수상했다. 5년 후 벤은 암 진단을 받은 지 하루 만에 사망했다. 벤은 죽기 전 친구 빌헬름 올체에게 자살을 암시하는 편지를 보냈다. 사람들은 그가 치과의사인 아내에게 극약을 얻었으리라고 짐작하지만, 정확한 진실은 밝혀지지 않았다. 사람은 단 한 번의 생^{生}을 산다. 두 차례 세계대전을 의사로서 겪은 사람은 거의 없다. "모든 것은 고통스럽게 머물며 / 영원한 질문을 던진다. 무엇 때문에?"(고트프리트 벤, 「다만 두 가지뿐」) '죽음의 시인' 벤의 작품은 인간의 나약함과 인생의 허망함을 적나라하게 보여준다.

이름 모르게 죽어간
한 창녀의 외로운 어금니는

금니였다.
나머지 치아는 가만히 약속한 듯
모두 빠져 있었고
금니는 시체 관리인이 뽑아서
저당잡히고 춤추러 갔다.
왜 그랬느냐고? 그의 말을 빌리자면
흙인 것만 흙으로 돌아가야 한다고.

— 「순환」

내가 누구인지 말할 수 있는 자는 누구인가

─ 이창래, 『척하는 삶』

여기 한 사람이 있다. 이름은 프랭클린 구로하타. 재미작가 이창래의 소설 『척하는 삶A Gesture Life』(1999)의 주인공인 그는 미국의 한 도시에 사는 은퇴한 노인이다. 이웃들은 그에게 친절하다. 사람들은 의료기기를 취급하는 일을 했던 그를 '닥Doc 하타'라고 부른다. 그의 삶은 누가 보기에도 모자랄 것이 없다. 그러나 생이 얼마 남지 않았다는 사실을 자각한 그는 아무에게도 털어놓지 않았던 자신의 과거를 회상하기 시작한다. 회상의 서두에 그는 이렇게 적는다. "과거란 매우 불안정한 거울이다. 사람들이 믿고 싶어 하는 것과는 달리 결코 진실을 말해주지 않는다." 프랭클린 구로하타. 그는 원래 한국인이었다. 일제 강점기에 태어난 그는 가난에서 벗어나고자 어린 나이에 일본으로 건너갔다. 영민한 그는 일본 학교에서 두각을 나타냈다. 그는 우연히 자식 없는 일본인 부부의 집에 얹혀살게 되고, 부부는 그를 자식처럼 대해준다. 그 가정에서 구로하타는 일본인으로 성장한다.

의과대학에 진학한 그는 태평양전쟁이 발발하자 위생병으로 징집된다. 전선에서 그가 맡은 임무는 한국인 위안부를 관리하는 일이었다. 구로하타는 한국인 위안부인 '끝애'와 가까워 지지만 그들의 관계는 곧 파국에 이른다. 전쟁 말기에 이르자 일본군은 후퇴할 때마다 증거를 인멸하고자 위안부들을 잔혹하게 살해했다. '끝애'는 일본군에게 죽기 싫다면서 구로하타에게 자신을 죽여 달라고 부탁하지만, 그는 그녀의 부탁을 외면한다. 부탁을 들어주지 않은 이유는 죄책감을 감당할 자신이 없기 때문이었다. 결국 '끝애'를 비롯한 전선의 위안부들은 일본군에게 사살된다. 일본군의 만행에 질린 구로하타는 미군에 투항하고 전쟁이 끝난 후 미국으로 이주한다.

미국에 정착한 구로하타는 비상한 두뇌로 의료기기를 다루는 사업에서 성공해 많은 돈을 벌고 '프랭클린'이라는 미국식 이름도 얻는다. 한국인으로 태어나 일본인으로 살다가 미국인이 됐지만 그는 전혀 개의치 않는다. 생존이야말로 그가 직면한 유일한 문제였기 때문이다. 부를 축적한 구로하타는 한 아이를 입양한다. '서니'라는 이름을 가진 그 아이는 한국인이었다. 한국에서 벌어진 전쟁으로 수십만 명의 전쟁고아가 생겼고 그들 중 상당수가 해외로 입양됐는데 공교롭게도 구로하타가 입양을 신청한 시기와 맞물린 것이다. 구로하타에게 한국은 처절한 가난의 기억으로 점철된 곳이었다. 그는 입양한 딸 '서니'에게 풍족한 삶을 보장해주고 그녀를 우아하고 고상한 피아니스트로 키우고자 마음먹는다. 그러나 '서니'는 자신의 삶에 결정권을 행사하려는 구로하타와 사사건건 충돌하고, 구로하타는 입양한 딸과 갈등을 겪으면서 미국인이면서도 미국식 개인주의를 제대로 내면화하지 못한 자신을 자각한다. 자신은 어디에서나 이방인에 불과했다. 가족이 생기자 자신도 모르게 동양식 사고에 갇힌다. 일본 가정의 순종주의, 일본 군대의 권위주의, 한국의 가부장제가 교묘하게 뒤섞인 것이었다.

구로하타는 스스로 묻는다. 나는 일본인인가? 아니다, 단지 살기 위해 일본인이 됐을 뿐이다. 그렇다면 나는 한국인인가? 그것도 아니다. 고향은 흐릿한 기억으로만 남아 있을 뿐이다. 여태까지 내 삶은 그저 '척하는 삶'에 불과하지 않은가? 자기 삶을 스스로 결정하겠다고 반기를 드는

'서니'를 보면서 구로하타는 뒤늦게 혼란을 느낀다. 그렇지만 그는 끝내 자신의 정체성을 찾지 못한다. 삶의 막바지에 이르러서도 그는 주체적인 결정을 하지 못한다. 그는 온 생애를 통틀어 생존을 위한 선택 외에는 해본 적이 없었다. 일시적으로 썼던 가면을 그는 평생 벗지 못한다. 잠시 썼던 가면은 이미 그의 살갗이 돼버렸다. 구로하타는 평생 독신으로 살겠다는 자신의 결심을 뒤흔든 여성 '메리'

이창래, 『척하는 삶』

를 만나지만 그녀와의 미래를 선택하지 못하고 머뭇거린다. 그녀가 자신을 사랑한다는 사실을 알면서도 구로하타는 그녀에게 삶을 함께하자고 말하지 못한다. 타인과 정상적인 관계를 맺거나 자신의 선택에 책임지는 것을 외면한 삶의 관성에서 그는 마지막까지 벗어나지 못한다.

　미국에서 매년 노벨문학상 후보로 거론되는 작가 이창래는 1965년, 3살 때 의사인 아버지를 따라 미국으로 이민한 재미교포 2세다. 예일대 영문학과를 졸업한 작가는 현재 프린스턴대학에서 문예 창작을 가르치고 있다. 어린 시절부터 미국에 정착한 작가는 줄곧 미국식 교육을 받고 영어로 창작을 하고 있지만 미국에서 많은 차별을 겪었음을 토로했다. 고등교육을 받고 명문대에 진학했어도 차별은 집요했다. 작가의 첫 소설 『영원한 이방인』과 두 번째 소설 『척하는 삶』은 작가의 개인적인 경험이 바탕이 됐다. 한국인으로 태어나 일본인으로 성장하고, 미국인으로 살아가는 '프랭클린 구로하타'라는 남자의 삶은 한국 현대사의 알레고리로 확장된다. 그의 회상을 따라가다 보면 우리는 자연스럽게 식민지, 분단, 전쟁의 시기를 통과한 수많은 사람들을 떠올리게 된다. 삶의 막바지에 이르러서도 자신이 누구인지 답하지 못하는 '프랭클린 구로하타'의 모습은 현대사를 아프게 통과했던 다양한 실존 인물들이 투영된 페르소나다. 그리고 이 소설은 '척하는 삶'에 길들어진 사람들에 대한 비판적인 메시지를 담고 있다. 지금 한국 사회에는 미국인(일본인)보다 더 미국인(일본인) 같은 사람들은 너무도 많다. 구로하타의 회상이 진행될수록 '나'라는 일인칭 서술은 종종 '그'라는 삼인칭 서술과 혼용된다. 인칭의 변화와 함께 이 소설은 곤혹스러운 질문을 던지는 것만 같다. 어쩌면 당신도 지금 타인의 삶을 연기하고 있지 않느냐고 말이다.

저항과 폭력의 변증법

— 바르샤바 게토 봉기와 역사적 아이러니

    1939년 9월, 폴란드를 점령한 독일군은 수도 바르샤바에 거주하는 유대인들을 분류하여 별도의 거주 공간을 만들었다. 독일군은 1940년 10월 12일, 35만 명에 이르는 유대인들을 3.3㎢ 규모로 조성된 좁은 지역으로 강제 이주시켰다. 이 지역은 '바르샤바 게토'로 명명되었다. 유대인들은 가슴에 표식을 달고, 정해진 지역을 벗어나는 것이 금지되었다. 좁은 면적에 35만이 넘는 인원이 수용되자 위생 문제와 식량 문제가 심각해졌다. 게토를 탈출하는 유대인들은 즉각 사살되었고 체포된 자들은 극심한 고문을 당했다.

    바르샤바 게토의 행정을 담당한 '유대인 평의회Judenrat'는 허울뿐인 자치 기구에 불과했다. 유대인 평의회 의장인 랍비 '아담 체르니코프' (1880~1942)는 독일군에 협조하면서 게토에 거주하는 유대인들의 생존을 도모했다. 그렇지만 독일군은 유대인 평의회에 무리한 요구를 거듭했다. 여자와 아이들을 풀어주겠다는 명목으로 평의회에 그들의 몸값을 요구했고, 소량의 식량과 의약품을 제공하면서 거액을 챙겼다. 독일군은 유대인 경찰에게 게토의 치안을 맡겨 동족들끼리 서로 감시하게 만들고 불신을 조장했다. 게토 지역과 외부를 분리하는 장벽을 건설하는 막대한 비용도 유대인들에게 전가했다. 장벽을 쌓는 강제 노역에 동원된 유대인들에게 제공되는 식량은 일반 시민들의 10%에 불과했다. 이런 처우에 분노하면서 저항 조직을 결성한 유대인 청년들은 체르니코프에게 무기를 구해달라고 요청했다. 그러나 체르니코프는 독일군을 공격하는 것은 자살 행위일 뿐만 아니라 게토의 모든 유대인이 죽임을 당할 것이라는 이유로 거절한다. 그는 다소 고통을 겪더라도 무고한 희생을 줄여야 한다고 생각했다.

1942년이 되자 상황이 급변했다. 독일 친위대 사령관 하인리히 힘러는 '절멸 정책'을 실행에 옮기라고 명령했다. 매주 분류된 수천 명의 여자·아이·노인들은 트레블링카 강제 수용소로 이송되었다. 그들은 곧바로 가스실로 보내졌다. 친위대는 독가스를 주입한 후 나이·성별에 따라 사망에 이르는 평균 시간을 측정했다. 게토의 유대인들은 단지 학살의 효율성을 높이기 위한 도구로 취급되었다. 평의회 의장 체르니코프는 가스실로 끌려가는 동포들을 보면서 자책하다가 스스로 목숨을 끊었다. 얼마 지나지 않아 게토에는 노동이 가능한 청년층만 남게 되었다. 모데카이 아니레비츠(1919~1943)라는 청년을 중심으로 결성된 유대인 무장 투쟁 조직ZOB ·Zydowska Organizacja Bojowa은 나치에 맞서 싸울 것을 천명했다. 그들은 다양한 방법으로 무기를 게토에 반입했고, 지하실과 하수도를 잇는 비밀 통로를 만들었다.

1943년 4월 19일, 마침내 봉기가 시작되었다. 화염병과 소총으로 무장한 유대인들은 게토 내의 독일군을 공격했다. 기습에 놀란 독일군은 게토 외부로 퇴각했고, 유대인들은 건물 지붕에 올라 환호했다. 바르샤바 시민들은 그 모습을 보고 동요했다. 그러자 다음 날 위르겐 슈트루프 장군이 지휘하는 독일군 친위대는 전차와 야포를 동원하여 반격에 나섰다. 독일군은 화염 방사기로 건물을 불태우고 지하실에 독가스를 살포했다. 하수구에도 대량의 물을 주입하여 유대인들의 탈출을 막았다. 1개월에 걸친 격전 끝에 봉기는 진압되었다. 모데카이 아니레비츠를 비롯한

1만 3천 명의 유대인 청년들이 사망했다. 독일군의 피해도 컸다. 슈트루프는 게토 봉기에 대한 보복으로 유대인 3만 6천여 명을 절멸수용소로 보내 살해했다. 그러나 탈출에 성공한 극소수의 생존자들은 폴란드 레지스탕스에 합류하여 저항을 계속했다. 그들의 장렬한 희생은 바르샤바 시민들이 떨치고 일어난 '1944년 바르샤바 봉기'의 도화선이 되었다.

전쟁이 끝난 후 게토 봉기의 생존자이자 저항 조직의 핵심

게토 봉기를 주도한 마릭 에델만

이었던 '마릭 에델만'(1919~2009)은 책을 저술하여 모데카이 아니레비츠를 비롯한 유대인 청년들의 활동을 생생하게 기록했다. 그의 저서는 존 애브닛 감독의 게토 봉기를 다룬 영화 〈업 라이징〉(2001)의 토대가 되었다. 의학도였던 마릭 에델만은 폴란드에 남아 심장 전문의가 되었고, 1989년 폴란드 공산 체제 붕괴를 이끈 자유노조 연대Solidarity 활동에도 참여했다. 2009년, 에델만이 90세의 나이로 사망했을 때 이스라엘 외무부는 성명을 통해 "유대 민족과 이스라엘 국가는 바르샤바 게토 봉기에서 생존했던 마지막 지도자의 죽음을 슬퍼한다"며 "게토 봉기는 홀로코스트 시대에 인간의 존엄성을 알린 투쟁이었다"라고 논평했다. 프랑스 정부는 에델만에게 '레지옹 도뇌르' 훈장을, 폴란드 정부는 '흰 독수리 훈장'을 추서했다. 바르샤바 게토에서 결성되었던 유대인 무장 투쟁 조직ZOB은 훗날 이스라엘 국방군의 모태가 되었다.

2017년 유네스코 세계기록유산에 등재된 친위대 지휘관
위르겐 슈트루프의 게토 보고서. 홀로코스트를 증명하는 기록이다

　그러나 이스라엘은 현재 팔레스타인 가자 지구를 폭격하면서 국제적인
비판을 받고 있다. 유대계 미국 정치학자 노르만 핀켈슈타인(1953~)은
『홀로코스트 산업』(2001)이라는 저서에서 홀로코스트의 비극이 악용되
는 모습을 비판했다. 핀켈슈타인의 부모는 바르샤바 게토와 아우슈비츠

의 생존자였다. 그는 부모 세대가 겪었던 전무후무한 비극이 정치적으로 이용되는 것에 분노하면서 『홀로코스트 산업』을 저술했다. 미국에 이주한 유대인들은 홀로코스트에 줄곧 침묵하다가 1967년 아랍-이스라엘 전쟁(6일 전쟁)에서 이스라엘이 승리하자 갑자기 홀로코스트의 기억을 신화로 만들었다. "언제든 다시 홀로코스트를 당할지도 모를 고립무원의 피해자 집단"의 이미지로 이스라엘을 미화하는 과정에서 이스라엘이 아랍인들에게 행사한 폭력은 희석되었다.

폭력의 피해자는 쉽게 가해자로 변모한다. 가해자들은 자신이 겪었던 고통을 면죄부로 삼는다. 가자 지구에서 팔레스타인을 탄압하는 이스라엘 국방군의 모습은 과거 유대인들을 핍박했던 독일군 친위대의 모습과 그리 다르지 않다. 이 데칼코마니적인 풍경의 저변에는 "나는 상처받았으므로 (타인에게) 상처를 줄 수 있다"라는 기이한 합리화가 존재한다. 전쟁의 폭력이 유발한 후유증이다.

언어로 치른 전쟁

― 한국전쟁과 프랑스 지식인들

　　한국전쟁이 발발하자 프랑스는 유엔의 결의에 따라 한국에 지원군을 파병했다. 그러나 당시 프랑스는 대규모 파병을 하기 어려웠다. 제2차 세계대전이 끝난 후에도 프랑스는 해외 식민지들을 포기하지 않았고, 프랑스 식민지에서는 저항 운동이 끊이지 않았다. 대표적인 곳이 인도차이나반도와 알제리였다. 주요 병력이 식민지에 주둔한 상황이었기에 프랑스는 1개 대대 남짓한 병력만 한국에 보낼 수 있었다. 소수 병력의 프랑스군은 한국에서 용명勇名을 떨쳤다. 랄프 몽클라르 장군은 자진해서 중령(대대장)으로 계급을 낮추고 파병된 프랑스군을 지휘했다. 프랑스군은 지평리 전투(1951)에서 중국군의 진격을 저지했고, 화살머리 고지 전투 등에서 뛰어난 전과를 올렸다. 그러나 프랑스는 베트남 국경 부근에 주둔한 2백만이 넘는 중국군을 의식할 수밖에 없었다. 영국 역시 중국의 홍콩 침공을 우려했다. 따라서 프랑스와 영국은 맥아더가 주장하는 확전에 쉽게 동의하지 않았다.

　　정작 프랑스에서 전장의 열기보다 뜨거웠던 것은 한국전쟁을 둘러싼 지식인들의 논쟁이었다. 드레퓌스 사건(1894)을 계기로 프랑스 지식인들에게 사회 참여는 일종의 의무로 굳어졌고 한국전쟁이 벌어지자, 사르트르, 아롱, 메를로 퐁티, 카뮈 등 프랑스 지식인들은 각자의 방식으로

이 의무에 충실했다. 제2차 세계대전 때 반독일 저항 운동을 선도한 프랑스 공산당은 종전 후 제1당이 됐고 프랑스 공산당은 파병에 소극적이었다.

당대 프랑스를 대표하는 철학자이자 작가인 장 폴 사르트르(1905~1980)는 프랑스 공산당 기관지 〈뤼마니테〉의 보도를 신뢰하면서 남한이 먼저 북한을 침공했다고 주장했다. 미국의 팽창 정책에 반대하는 사르트르는 한국전쟁을 편향적으로 해석했다. 당시 프랑스에서는 1947년에 출판된 영국 작가 아서 케스틀러의 소설 『한낮의 어

정명환, 변광배, 유기환, 장 프랑수와 시리넬리 공저, 『프랑스 지식인들과 한국전쟁』

둠』을 둘러싼 논쟁이 지속되고 있었다. 『한낮의 어둠』은 정적을 잔혹하게 제거했던 스탈린의 폭력과 소련 정치범 수용소의 참상을 폭로한 작품이었다. 독자들은 소련의 실상에 경악했다. 그러나 철학자 메를로 퐁티(1908~1961)는 공산주의의 폭력을 '더 나은 세계를 지향하는 진보적인 폭력'으로 규정하면서 두둔했다. 사르트르와 메를로 퐁티는 유엔군 사령관 리지웨이 장군이 프랑스를 방문했을 때 반대 시위를 주도하기도 했다.

반면 사회학자 레몽 아롱(1905~1983)은 스탈린의 계획적인 도발로 한국전쟁이 발발했다고 주장하면서 사르트르와 메를로 퐁티의 주장을 반박했다. 레몽 아롱과 함께 사르트르에게 반기를 든 사람은 작가 알베르 카뮈(1913~1960)였다. 카뮈는 사르트르와 메를로 퐁티보다 앞서 1934년에 이미 공산당에 가입한 전력이 있었다. 그러나 알제리 출신인 카뮈는

스탈린이 프랑스 공산당에 이슬람교 지지를 철회할 것을 강요한 것을 계기로 공산당에서 탈퇴했다. 전후 카뮈가 발표한『페스트』(1947)와 희곡『계엄령』(1948)은 전체주의의 폭력을 경고하는 텍스트였다. 카뮈에게 공산주의와 파시즘은 그리 다르지 않았다. 그는 소련 정치범 수용소에서 벌어지는 폭력과 공산주의의 종교관에 동조할 수 없었다.

"나는 직접적이든 간접적이든 사람들을 죽이거나 혹은 사람에 의한 사람의 살해를 정당화하는 모든 것을 거부하기로 결심했다." 카뮈는『페스트』의 등장인물 타루의 입을 빌려 전체주의의 폭력에 반대하는 입장을 선명하게 드러냈다. 논쟁을 거치면서 반독일 저항 운동 동지였던 카뮈와 사르트르의 관계는 돌이킬 수 없이 틀어졌다. 스탈린 사망 후 소련에서 벌어진 참상이 드러나자, 메를로 퐁티도 자신의 입장을 철회하고 사르트르와 결별을 선언했다. 그럼에도 사르트르는 자신의 이상주의를 끝까지 포기하지 않았다.

한편 프랑스는 반동적인 식민지 정책을 유지하면서 혹독한 대가를 치렀다. 한국전쟁이 휴전된 이듬해 프랑스의 주력 부대는 베트남 북부 '디엔비엔푸'에서 호찌민의 베트민군에게 패배(1954)했다. 인도차이나를 상실한 후에도 프랑스는 해외 식민지를 포기하지 않았고, 곧바로 알제리전쟁(1954~1962)에 휘말렸다. 전후에 태어난 프랑스 청년들은 냉전 질서를 신봉하는 기성세대를 향해 격렬한 반감을 갖게 되었다. 이세대 갈등은 훗날 베트남전쟁 반전 운동과 1968년 5월 혁명의 도화선이 됐다.

한국전쟁을 겪은 당사자인 우리에게 사르트르와 메를로 퐁티의 견해는 낯설고 불편하다. 그러나 20세기 지성사의 중심을 차지한 프랑스 철학의 저력은 비판적인 지식인들이 존재했기에 가능했다. 무엇보다도 그들은 자유롭게 사유하고 발언할 수 있었다. 격렬한 논쟁이 벌어져도 '말할 수 있는 자유' 자체는 존중됐다. 프랑스에서 한국전쟁을 둘러싸고

1968년 5월 혁명

전개된 '사상과 언어의 전쟁'이 지닌 의미는 무엇인가. 이 논쟁을 거치면서 서유럽의 지식인들은 소련의 실상을 정확히 알게 되었다. 사르트르와 메를로 퐁티의 견해에 다른 지식인들이 반박하는 과정에서 역설적으로 소련 수용소의 실상이 드러난 것이다. 또한 프랑스 사회와 대학에는 다른 견해를 지닌 상대를 존중하는 풍토가 견고하게 뿌리내렸다. 그 결과 프랑스는 냉전 초기 미국이 빠진 '매카시즘'이라는 늪을 비켜 갈 수 있었다. 타인을 존중하고 다른 생각을 가진 사람과 토론하기는 정말 어렵다. 그것은 오랜 갈등과 교육의 과정을 거쳐야만 가능하다. 정부에 항의하는 정치인, 의사, 학생의 입이 틀어 막히는 지금-여기에서 프랑스 지식인들의 논쟁을 다시 읽는다.

유령과 함께 한 생애

─ 바오닌의 『전쟁의 슬픔』

작가는 자신의 경험을 바탕으로 글을 쓴다. 하지만 '전쟁'이 유일한 경험이라면, 그보다 가혹한 운명은 없을 것이다. 베트남 작가 바오닌(본명 호앙 어우 프엉, 1952~)의 경우가 그러하다. 1952년, 바오닌이 태어날 때 이미 베트남은 프랑스와 전쟁 중이었다. 디엔비엔푸 전투(1954)에서 패배한 프랑스가 베트남에서 철수한 후에도 전쟁은 계속되었다. 베트남은 남북으로 분단되었고, 북베트남의 공세가 계속되자 미국은 '도미노이론'(한 국가가 공산화되면 주변의 국가들까지 공산화가 된다는, 냉전시대 미국에서 제기한 이론)에 입각하여 베트남에 개입했다. 작가가 되기까지 바오닌의 삶은 오직 전쟁으로 점철되었다. 그가 소설에 적은 이 문장은 상상이 아니라 고통스러운 경험에서 비롯된 것이다.

"결국 사람은 아무것도 잊을 수 없다. 어린 시절부터 전쟁을 거치며 인생은 커다란 고통의 덩어리가 되어버렸기 때문이다. 우리는 어쩌면 고통을 견뎌내기 위해 이 세상에 태어나고 이 고통 때문에 살아가는지도 모른다."

1969년, 17세의 '바오닌'은 북베트남 군대에 자원입대했다. 바오닌과

고엽제로 폐허가 된 베트남 삼림 지대

또래 청년들은 3개월간 훈련받고 '호치민 루트'를 거쳐 남베트남에 침투했다. 그러나 첫 전투에서 소대원 대부분이 사망했다. 불과 몇 달이 지나자 바오닌은 고참병이 되었다. 수많은 격전에 휘말렸지만 그는 종전까지 운 좋게 살아남았다. 1975년 4월, 전쟁이 끝났을 때 바오닌이 속한 대대의 생존자는 단 2명에 불과했다. 바오닌은 종전 후 8개월간 '유해발굴단'에 참가하여 정글에 흩어진 동료들의 시신을 수습했다. 미국에 맞서 승리했다는 기쁨에 베트남 전역이 들썩거렸지만, 종전 이후 전역병들의 삶은 비참했다. 전쟁으로 국토는 심각하게 훼손되었고, '해방 전사'에서 '잉여 인력'으로 전락한 전역병들은 빈곤에 시달렸다. 전역병들과 함께 식량 밀수로 생계를 이어가던 바오닌은 뒤늦게 문학학교에 입학하여 글을 쓰기 시작했다.

문학학교에서는 사회주의의 낙관적인 전망을 강조하는 '사회주의 리얼리즘'에 입각한 글쓰기를 강조했다. 그러나 바오닌은 거기에 동조하지 않았다. 1991년, 바오닌은 자신의 참전 경험을 바탕으로 『전쟁의 슬픔』이

NÔI BUÔN CHIÊN TRANH

전쟁의 슬픔

바오닌, 『전쟁의 슬픔』

라는 소설을 발표했다. 이 소설은 17세 청년 '끼엔'과 그의 연인 '프엉'의 사랑이 전쟁으로 파괴되는 과정을 그린 작품이었다. 바오닌은 자신이 직접 겪은 전쟁을 사실적으로 묘사했다. 소설 속에 그려진 북베트남의 어린 병사들은 정부가 선전하는 '위대한 사회주의 전사'와는 거리가 멀었다. 병사들은 죽음을 두려워하고, 고향과 가족을 그리워했다. 동료의 죽음을 보고 겁에 질려 탈영하는 자도 있었고, 어떤 병사들은 공포를 이기려고 도박과 마약에 빠졌다.

바오닌의 첫 소설 『전쟁의 슬픔』은 출간되자마자 큰 인기를 끌었고, 베트남 작가협회는 이 소설에 '최고 작품상'을 수여했다. 그러나 베트남 공산당은 이 소설의 제목을 '사랑의 숙명'으로 변경한 다음 판매 금지 처분을 내렸다. 베트남 정부는 미국에 맞서 '위대한 승리'를 쟁취한 '조국 해방전쟁'을 부정적으로 묘사한 바오닌의 소설을 불편하게 여겼다. 베트남에서 금지된 이 소설은 해외에서 더욱 유명해졌다. 이 소설은 16개 언어로 번역되었고 노벨문학상 후보로 거론되었다. 프랑스의 〈르몽드〉지는 "바오닌과 더불어 베트남은 전쟁의 악몽에서 벗어날 수 있었다"라고 극찬했다. 1995년 영국에서 인디펜던스 번역 문학상을 받았고, 1997년 덴마크에서도 외국문학상을 수상하는 등 바오닌은 베트남을 상징하는 작가로 떠올랐다. 결국 베트남 정부는 해외 언론의 압박에 못 이겨 소설의 판금 조치를 풀었고, 원래 제목인 『전쟁의 슬픔』으로 다시 출간되었다.

1990년대에 이르러 한국에서는 고엽제 후유증 문제와 베트남전 국군 포로 문제가 사회적 이슈가 되었다. 1999년에 국내에 번역된 바오닌의 소설은 베트남 문학과 역사에 대한 관심을 불러일으켰고 다음 해 한국 작가회의와 베트남 작가회의가 결연을 맺는 데 크게 기여했다. 현재 베트남은 미국과 중국에 이어 한국의 3번째 교역국이다. 한국군의 베트남전 참전으로 서로 총을 겨누었던 과거가 무색할 정도다. 하지만 두 나라가 더욱 가까워지기 위해서는 물적 교류만이 아니라 역사와 문화의 이해가 병행되어야 한다. 한국과 베트남은 역사적 기억과 상처는 매우 닮았다. 두 나라는 오랜 기간 외침에 시달렸고, 식민 지배와 전쟁을 겪었다. 바오닌의 소설은 안정효의 『하얀전쟁』 박영한의 『머나먼 쏭바강』, 황석영의 『무기의 그늘』, 배평모의 『지워진 벽화』 등 베트남전쟁을 다룬 한국 소설들과 겹쳐진다. 한국 소설에 등장하는 인물들과 '끼엔'의 거리는 그다지 멀지 않다.

세계적인 작가의 반열에 오른 바오닌은 여전히 초라한 집에 머물면서 정글에서 죽어간 전우들을 애도하며 살아가고 있다. "누구라도 단 하루만 전쟁을 겪게 된다면, 그 순간 그 사람은 인간이 아닌 다른 어떤 것으로 바뀌게 된다." 그는 지금도 전장에서 죽은 이들의 환영을 본다고 말한다. 그는 자신의 분신과도 같은 인물 '끼엔'의 입을 빌려 전쟁이 남긴 교훈을 적는다. "잊어서는 안 된다, 전쟁에서 일어났던 모든 일을 결코 잊어서는 안 된다. 그것은 죽은 자와 산 자, 우리 모두의 공동 운명인 것이다."

역사와 대면한 전범의 자식들

— 타냐 크라스냔스키, 『나치의 아이들』

아버지의 범죄를 뒤늦게 알게 된 자식은 어떤 반응을 보일까. 독일인 어머니와 프랑스계 러시아인 아버지 사이에서 태어난 변호사 타냐 크라스냔스키의 『나치의 아이들』(갈라파고스, 2017)은 나치 전범 자식들의 삶을 조명한 저서다. 나치의 내무장관을 지낸 하인리히 힘러(1900~1945), 공군 최고사령관이었던 헤르만 괴링(1893~1946), 폴란드 총독을 지낸 한스 프랑크(1900~1946), 히틀러의 개인 비서였던 마르틴 보어만(1900~1945), 히틀러가 총애한 건축가 알베르트 슈페어(1905~1981), 아우슈비츠 강제 수용소 소장 루돌프 회스(1901~1947), 유대인 생체 실험을 지휘한 과학자 요제프 멩겔레(1911~1979). 이들은 모두 나치의 전범으로 악명을 떨친 자들이다. 타냐 크라스냔스키는 이들의 범죄가 아니라 그들의 자식을 응시한다. 히틀러의 최측근 나치 전범들이 자녀들과 어떤 관계를 맺었으며, 종전 후 아버지의 과거를 마주한 자녀들이 어떻게 반응하고 성장했는지를 파헤친 책이다. 저자는 재판 기록, 각종 문헌과 인터뷰 등을 통해 전범 자녀들의 삶을 추적한다.

하인리히 힘러는 전쟁 중에도 매일 딸과 통화하고 자주 딸과 외출을 나갔다. 옷과 과자, 인형 등을 사 주고 생일에는 네덜란드산 튤립 150송이를 보내기도 했다. 딸 구드룬 힘러는 어린 시절 일기장에 "세상에 아버지

만큼 좋은 사람은 없다"라
고 적었다. 그녀는 아버지
가 연합군에 체포된 후 자
살하자 그 충격으로 정신착
란 증상을 보였다. 세월이
흐른 뒤에도 구드룬 힘러는
아버지의 범죄를 인정하지
않았다. 그녀는 수십 년 동
안 투옥 중이거나 도피 중
인 나치 전범들을 돕는 모
임인 '슈틸레 힐페Stille Hilfe'
의 일원으로 활동했다. 이

하인리히 힘러의 딸 구드룬 힘러

모임은 나치의 남미 도주에 관여했고 아돌프 아이히만, 요제프 멩겔레
같은 홀로코스트 가해자들이 그녀의 도움을 받아 도피했다. 구드룬 힘러
는 전후 네오나치 활동의 주축인 '블랙 위도우'와 친밀한 관계를 유지했
다. 2018년, 88세의 나이로 사망할 때까지 나치 범죄를 옹호하는 활동을
이어갔던 그녀에게 '나치의 공주'라는 별명이 붙었다.

헤르만 괴링은 45세의 늦은 나이에 얻은 딸 에다 괴링을 끔찍하게
아꼈다. 딸의 생일을 축하하려고 500여 대의 공군기를 띄우고, 딸에게
걸음마를 가르치려고 고속도로를 폐쇄할 정도였다. 7세에 아버지의 죽음
을 목격한 에다 괴링은 훗날 극우 정치 조직에 몸담고 아버지를 예찬하는
회고록을 집필했다. 그녀는 2015년, 아버지의 유산을 돌려달라고 바이에
른 주의회에 청원했다가 거부당했다. 그리고 사망하기 전 인터뷰에서
"여전히 독일 국민은 아버지를 사랑한다"라고 당당하게 말하는 등 헤르
만 괴링을 미화했다.

반면 완전히 다른 선택을 한 자식들도 있었다. 구드룬 힘러, 에다 괴링

과는 달리 폴란드 총독 한스 프
랑크의 아들 니클라스 프랑크
는 아버지의 범죄를 낱낱이 파
헤치면서 기꺼이 죄를 짊어지
고자 했다. 그는 아버지가 참회
하지 않고 죽은 것을 견딜 수
없었다. 그토록 자상하던 아버
지가 자기 또래의 어린이까지
학살했다는 사실을 확인한 니
클라스 프랑크는 평생 아버지
를 용서하지 않았다. 1987년에
는 아버지의 범죄를 비판한 『아

헤르만 괴링의 가족사진

버지』라는 책을 출간했고, 신문에 '나의 아버지, 나치의 살인자'라는
제목의 연재물을 게재했다.

　히틀러의 비서로 나치 정권의 2인자였던 마르틴 보어만의 아들 아돌프
보어만은 아버지가 사망한 후 홀로코스트의 진실을 접하고 큰 충격을
받았다. 그는 종교에서 구원의 길을 발견하고 아버지가 탄압했던 가톨릭
에 귀의해 사제가 됐다. 아돌프 보어만은 아프리카 오지로 선교활동에
나서고, 이스라엘로 '성서 여행'을 떠나는 등 아버지의 죗값을 봉사로
갚으려 했다. 히틀러의 총애를 받았던 건축가 알베르트 슈페어의 딸은
아버지가 유대인에게서 몰수한 예술 작품들을 매매한 수익으로 예술과
과학계의 유대인들을 지원했다.

　아우슈비츠 강제 수용소 소장으로 수백만 명의 유대인을 학살한 루돌
프 회스의 자식들은 살아가면서 아버지를 잊고자 했지만, 끝내 아버지의
과거를 떨치지 못했다. 셋째 딸 브리기테는 아버지가 저지른 일에 충격을
받았지만 "만일 그렇게 많은 사람이 죽었다면, 어떻게 그렇게 많은 생존

자가 있을 수 있을까?"라고 자문하면서 아버지의 범죄를 '견딜 만한 것'으로 왜곡했다. 둘째 아들 한스 위르겐의 아들인 라이너 회스는 12세에 할아버지가 '역사상 최악의 학살자'라는 사실을 알게 된다. 라이너 회스는 부모와 집안 어른들에게 할아버지의 범죄를 물었지만 무거운 침묵만 돌아온다. 이때부터 그의 삶은 완전히 급변했다. 라이너 회스는 할아버지의 범죄를 파헤치면서 홀로코스트 생존자들을 만나고, 유럽에서 급부상하는 극우 정당의 위험성을 홍보하는 활동에 나섰다.

우생학을 신봉한 나치의 과학자로 유대인을 생체 실험한 요제프 멩겔레는 남미로 도주해 34년 동안 은신하다가 사망했다. 루시아 푸엔소 감독의 영화 〈죽음의 천사〉(2013)에는 남미로 도주한 이후에도 생체 실험의 욕망을 포기하지 않는 요제프 멩겔레의 일상이 상세하게 담겨 있다. 요제프 멩겔레의 아들 롤프 멩겔레는 도피 중인 아버지를 찾아가 과거의 범죄를 캐물었다. 그러나 아버지 요제프 멩겔레는 과거를 반성하지 않으면서 오히려 자신의 업적이 의학을 발전시켰다고 합리화했다. 롤프 멩겔레는 그런 아버지에게 크게 실망해 자신의 성을 바꾸고 아버지와 절연했다. 그는 아내의 성을 채택하고 뮌헨에서 변호사로 조용히 살아갔다. 하지만 롤프 멩겔레는 아버지를 완전히 배신하지 못했다. 그는 성인으로서 전범인 아버지에게 질문을 던진 유일한 자식이었으나 요제프 멩겔레의 뒤를 쫓는 언론과 이스라엘 정보기관에 아버지가 사망할 때까지 침묵으로 일관했다.

아버지의 과거 범죄를 마주한 자식들의 선택은 모두 달랐다. 누군가는 자신이 짓지 않은 죄에 대해 용서를 구했고, 끝까지 아버지를 옹호하는 자식도 있었다. 또 누군가는 아버지와 절연하거나 침묵했다. 그들 역시 나치즘의 희생자였다. 이 책을 읽으면 우리의 과거사와 겹치며 묘한 감정을 느끼게 된다. 우리 역사에도 식민 지배와 전쟁을 겪는 과정에서 조국을 배신하고, 동족에게 끔찍한 범죄를 저지른 자가 많다.

과거라는 진실은 바라보는 관점에 따라 다르게 해석된다. 자신이 짓지 않은 죄에도 죄책감을 느끼게 하는 것이 바로 역사다. 그렇지만 우리 사회에서는 '구드룬 힘러'나 '에다 괴링'과 비슷한 후손들의 목소리가 유독 크다. 나치 전범의 자식들은 부모의 인정하기 힘든 과오를 마주하고 각기 다르게 반응했다. 『친일인명사전』에 수록된 자들의 자식들은 어떤 삶을 살았는가. 그들은 과거가 아닌 미래를 바라보자는 말로 역사를 부정해 왔다.

냉전과 베를린

— 베를린 첩보전, '작전명 골드'

1945년 5월, 소련군은 30만의 사상자를 내고 베를린을 점령했다. 막대한 희생을 치른 소련은 전후 독일 통제에서 주역을 맡으려고 했지만, 그것은 간단한 문제가 아니었다. 미국·영국·프랑스는 나치 독일을 저지하려고 공산주의 국가 소련과 마지못해 손을 잡았지만, 전쟁이 막바지에 이를수록 점차 두 진영의 반목은 심해졌다. 스탈린은 소련군이 점령한 지역임을 내세워 베를린의 지배권을 주장했다. 그러나 미국은 공산주의의 파급을 우려했고 무엇보다 스탈린이 유럽을 지배하게 되는 것을 경계했다. 결국 소련 점령 지역 한복판에 위치한 베를린은 미·영·프·소 4개국의 분할 통치를 받게 되었다. 분할 통치가 시작되자 소련에 반감을 지닌 독일 시민들이 미·영·프 점령 지역으로 이주하기 시작했고 그들 대부분은 지식인과 기술자 등 고급 인력이었다. 그러자 소련은 1948년 6월 베를린의 육상 통로를 봉쇄했고, 점령 지역에서 새로운 마르크화를 발행했다. 봉쇄에 맞서 미국과 영국은 공중으로 물자를 수송했고, 소련군의 대공포가 수송기들을 겨냥하면서 일촉즉발의 위기가 이어졌다.

소련은 베를린 봉쇄를 통해 서방 세계로부터 양보를 얻어낼 수 있으리라고 생각했으나 서방 세계는 베를린 문제를 유럽의 문제로 확대하면서 소련의 압력에 쉽게 굴복하지 않았다. 독일 주둔 미군 사령관 클레이

영화로 제작된 〈추운 나라에서 돌아온 스파이〉의 한 장면

장군은 베를린을 넘겨주면 미국이 서유럽으로부터 신뢰를 잃는다고 주
장하면서 공수 작전을 지지했다. 봉쇄는 10개월 만에 풀렸지만 베를린
봉쇄를 계기로 독일의 분단은 굳어졌고 미국과 소련의 갈등은 계속 고조
됐다. 냉전이 본격적으로 전개되면서 베를린은 첨예한 첩보전의 무대가
됐고 수많은 스파이들이 모여들었다. 이들이 원하는 것은 상대 국가에
관한 상세한 정보였다. 영국 작가 이언 매큐언의 소설 『이노센트』는
치열하게 전개된 당시의 첩보전을 다룬 작품이다. 영국의 체신국 기사
'레너드 마념'은 영국 정보부의 요청으로 베를린으로 파견된다. 미군
부대에 배속된 마념은 '작전명 골드'에 동원된다. 마념의 임무는 도청용
녹음 장비를 개조하고 설치하는 것이다. 미군 장교 '밥 글래스'는 이
임무가 극비이며 영국인 민간인 기사인 마념을 투입한 것은 미국과 영국
사이의 특별한 정치적 관계를 고려한 결과라고 설명한다.

마넘은 곧 거대한 터널을 굴착하는 현장을 마주하게 된다. 창고로 위장한 미군 레이더 기지 지하에서 소련 통신국 지하까지 길이 600m에 달하는 터널 공사가 진행되고 있었다. 그러나 25살 영국 청년에게 도청 작업은 지루한 반복에 불과했다. 마넘은 한 독일 여성을 사랑하게 되지만, 운명적이라고 굳게 믿은 그 사랑도 정보국이 사전에 계획한 시나리오의 일부였다. 양 진영의 스파이들이 암약하는 베를린에서는 술집에서 나누는 말 한마디조차도 경계 대상이 됐고, 사소한 의심이 누적될수록 작전에 투입된 자들은 그 누구도 믿지 못하는 상황에 빠진다.

소설 『이노센트』에 그려진 터널 굴착은 미국 정보부CIA와 영국 정보부 MI6가 1954년부터 감행한 실제 작전이었다. "필요하다면 하나님까지 도청하라"는 암묵적 구호 아래 CIA와 MI6은 터널을 파고 들어가 동베를린을 거치는 모든 전화 라인을 도청시스템에 연결하는 데 성공했다. 그들이 녹음한 통화량은 엄청났다. 하루 도청한 메시지를 문자로 전환해 프린트하면 그 양이 4천 피트에 달했다고 한다. 순조롭던 도청 작업은 우연한 계기로 중단됐다. 폭우로 망가진 동베를린 공중 경보 시스템을 소련군 통신부대가 수리하는 과정에서 터널이 발각되자 작전은 중단됐다. 작전 종료 후 CIA와 MI6은 대량의 정보를 수집한 성공한 작전이라고 자평했다.

그러나 1961년 영국 MI6에서 활동했던 소련의 이중간첩 '블레이크'가 체포되면서 상황은 반전됐다. 블레이크는 독일에서 활동하는 MI6 비밀 요원 4백 명의 신상 기록을 소련 정보기관인 KGB에 넘겼고 MI6 요원 42명이 목숨을 잃었다. 독일에 파견된 영국의 첩보망은 한순간에 붕괴되고 말았다. 이 사건은 영국 정보부 출신 작가 존 르 카레의 세계적인 베스트셀러 소설 『추운 나라에서 돌아온 스파이』(1964)의 소재가 됐다. 블레이크를 심문하는 과정에서 그가 '작전명 골드'의 입안 단계부터 참여했으며 터널을 파기 전 이미 상세한 작전 서류를 KGB에 넘겼다는 사실이 밝혀졌다. 670만 달러나 소요된 '작전명 골드'는 실패가 예정된

한때 냉전의 강렬한 상징물이었지만, 독일 통일 후 기념물이 된 베를린 장벽

작전이었다. 냉전 역사상 가장 유명한 스파이 블레이크는 한국전쟁을 계기로 전향을 결심했다. 한국전쟁에 참전했다가 포로로 잡힌 블레이크는 소련에 포섭됐다. 휴전 후 전쟁 영웅으로 귀국한 그는 참전 경력을 바탕으로 영국 정보부에서 근무하게 됐다. 교도소에 수감 중이던 블레이크는 동료 죄수들의 도움을 받아 1966년에 탈옥했고 동독을 거쳐 소련으로 도주했다.

'작전명 골드'가 종료되고 5년 후 소련은 서베를린 주위를 장벽으로 에워싸는 공사를 시작했다. 악명 높은 '베를린 장벽'이 설치된 것이다. 베를린 장벽은 1989년 11월 9일 붕괴될 때까지 냉전의 강렬한 상징물이 됐다. 그러나 세월이 흐르고 독일이 통일된 후 베를린 장벽의 흔적은 기념물이 됐고 이제 사람들은 자유롭게 베를린 거리를 오간다. 『이노센트』의 주인공 '마넘'과 『추운 나라에서 돌아온 스파이』의 주인공 '리머스'의 운명을 바꿔놓은 이데올로기의 경계는 이미 사라진 지 오래다. 대담하게 굴착한 '작전명 골드' 터널도 관광 명소가 됐다. 그 풍경을 보면서 자연스럽게 한반도의 비무장지대에 뚫린 무수한 '터널'들을 떠올리게 된다. 비무장지대에 뚫린 터널들과 GOP 진지가 '과거의 분단'을 기념하는 기념물이 될 날을 염원한다.

인간의 선과 악에 던진 물음표
— 윌리엄 골딩의 『파리대왕』과 뤼트허르 브레흐만의 『휴먼카인드』

　　1983년 노벨문학상을 받은 영국 작가 윌리엄 골딩(1911~1993)의 대표작 『파리대왕』(1954)은 인간의 본성을 논할 때 빈번하게 언급되는 소설이다. 핵전쟁이 벌어져 피난 가던 소년들이 탑승한 비행기가 무인도에 불시착한다. 유일한 어른인 조종사는 사망하고, 섬에는 어린 소년들만 남는다. 소년들의 리더 '랠프'는 사냥, 불 피우기, 요리 등 집단 생존에 필요한 행동들을 정해 분배하고 구조를 기다린다. 그들의 평화는 오래가지 않았다. 구조될 날을 대비하는 랠프와는 달리 '잭'은 고기를 얻고자 사냥을 하면서 눈앞의 생존이 최우선이라고 역설한다. 잭은 섬에 괴물이 있다는 루머를 퍼뜨려 소년들에게 공포를 심어준 다음 무장 조직이 필요하다고 주장한다. 두려움을 느낀 소년들은 하나둘씩 랠프를 떠나 잭의 무리에 가담한다. 두 개의 그룹으로 나뉜 소년들의 갈등은 점차 심각해진다. 공포 탓에 민주적 질서는 무너졌고, 잭은 공포를 제어하려는 목적으로 종교적 제의를 벌인다. 그러나 공포로 형성된 질서를 유지하려면 계속 새로운 공포가 필요했다. 잭이 처음 말한 '괴물'의 실체가 추락한 조종사 시신이었음이 드러나자 잭의 무리는 또 다른 희생물을 찾기 시작한다. 랠프의 친구 피기가 살해되고, 마침내 랠프의 생존까지 위협받게 되면서 상황은 파국으로 치닫는다.

해리 훅 감독의 영화 〈파리대왕〉

집단화한 인간에 대한 골딩의 불신은 전쟁의 경험에서 비롯됐다. 제2차 세계대전 당시 해군 장교였던 골딩은 독일 전함 비스마르크 격침 작전과 U보트와 사투를 벌인 대서양 전투를 겪었고 노르망디 상륙 작전에도 참가했다. 전쟁이 끝난 후 핵무기 경쟁과 냉전이 이어지자 골딩은 인간의 본성에 깊은 회의를 느꼈다. 『파리대왕』이 출간된 1954년은 냉전으로 촉발된 한국전쟁의 정전 협정이 맺어진 다음 해였다. 미·소 냉전으로 전 세계가 두 그룹으로 나뉘어 대립하는 상황은 무인도에 갇힌 소년들이 증오하며 서로를 희생양으로 삼으려는 소설 속의 갈등과 흡사했다.

『파리대왕』이 세계적인 베스트셀러에 오르자 인간 본성에 내재한 '악'을 증명하는 각종 심리학 실험이 전개됐다. 대표적인 실험은 심리학자 스탠리 밀그램(1933~1984)이 1961년 진행한 '전기 충격 실험'이다. 이 실험은 참가자가 버튼을 누르면 다른 방에 있는 사람이 감전되도록 설계됐다. 참가자들은 처음에는 주저하다가 전기에 감전된 사람의 모습이 보이지 않는 상황이 오자 망설이지 않고 버튼을 눌러댔다. 당시 이스라엘에서는 마침 홀로코스트 전범 아돌프 아이히만의 재판이 진행되고 있었다. 타인의 고통에 무감한 인간의 실체를 적나라하게 보여준 이 실험은 홀로코스트가 어떻게 가능했는지를 이론적으로 설명하는 적실한 예시가 됐다.

1971년 미국에서 진행된 '스탠퍼드 교도소 실험'도 빼놓을 수 없다. 심리학자 필립 짐바르도(1933~2024)는 스탠퍼드대학 조던 홀 지하에 임시 교도소를 만들고, 24명의 참가자를 뽑았다. 이들은 모두 평범한 대학생들이었다. 그들은 각기 12명씩 재소자와 교도관으로 나뉘어 역할극을 벌였다. 실험 첫날부터 재소자들은 크고 작은 소동을 일으키며 교도관에게 불복종했다. 교도관들은 이들을 통제하려고 더욱 엄격한 규칙을 만들었다. 날이 갈수록 재소자와 교도관 간 갈등은 심해졌다. 평범한 대학생들이 자신의 역할에 점점 더 몰입하면서 상황이 걷잡을 수 없게 되자 위험하다고 판단한 짐바르도는 2주로 예정된 실험을 6일 만에 종료했다. 인간이 상황과 환경에 따라 악마가 될 수 있다는 사실을 입증한 이 실험은 사회심리학 역사상 가장 유명한 연구가 됐다.

두 실험은 인간의 악한 본성을 증명하는 '상식' 반열에 올랐다. 그러나 최근 네덜란드 저널리스트이자 사상가인 뤼트허르 브레

윌리엄 골딩, 『파리대왕』

휴먼카인드 감춰진 인간 본성에서 찾은 희망의 연대기

HUMAN KiND

"인간 본성에 관한 새로운 관점! 《사피엔스》에 도전하는 책!"
—유발 하라리(역사학자, 《사피엔스》 저자)

지금 유럽에서 가장 영향력 있는 사상가, 인간은 이기적이라는 통념에 반기를 들다!

뤼트허르 브레흐만, 『휴먼카인드』

흐만은 실험으로 입증된 이 상식을 정면으로 반박하고 나섰다. 브레흐만은 저서 『휴먼카인드』(2020)에서 스탠리 밀그램과 필립 짐바르도의 실험이 조작됐음을 지적했다. 브레흐만은 스탠리 밀그램의 실험에서 참가자들 절반이 실험 자체를 의심했으며, 감전된 사람들에게 끝까지 연민을 느꼈다는 진술을 확보했다. 그리고 스탠퍼드대학에서 실험하기에 앞서 필립 짐바르도가 교도관들과 재소자들에게 각기 가학적인 행동과 신경 쇠약을 연기하라고 직접 요구했다는 사실을 밝혀냈다. 사람들이 두 실험 결과를 맹신한 이유를 브레흐만은 이렇게 설명한다. "인간의 나쁜 본성을 믿는 것은 위로가 된다." 인간 본성의 악함을 신뢰할수록 사람들은 자신의 비겁함을 변명할 필요가 없다고 생각하게 된다는 것이다.

그는 풍부한 역사적 사례를 거론하면서 인간의 선함을 계속 주장한다. 제2차 세계대전 때 독일과 영국은 모두 폭격으로 상대편 국민의 사기를 꺾으려고 했다. 그러나 결과는 정반대였다. 독일과 영국 국민 모두 폭격이 심해질수록 굳게 뭉쳤고, 조금도 전의를 잃지 않았다. 유럽의 유대인들이 학살당할 때 덴마크에 거주한 유대인들은 대부분 생존할 수 있었다. 나치가 검거에 나서기 전 이웃 사람들이 그들을 숨겨주거나 도피를 도와줬기 때문이다. 9·11테러 때 쌍둥이 빌딩 안에서 사람들은 붕괴가 임박했는데도 질서를 지키며 구조될 순서를 양보했다. 1912년 타이타닉호 침몰 때도, 2005년 카트리나가 강타한 미국 남동부 도시에서도 마찬가지였다. 오히려 무질서를 두려워하는 권력자들의 과도한 제재가 더 문제였다.

브레흐만은 태평양 통가 제도의 아타섬에 표류했다가 구조된 소년들의 실제 사례와 비교하면서 윌리엄 골딩의 소설 『파리대왕』을 '냉전적 사고의 산물'이라고 비판했다. 실제로 섬에 고립된 소년들은 절대 다투지 말자고 합의했고, 구조될 때까지 갈등을 겪지 않았다. 그들은 유일하게 의지할 대상이 옆의 동료라는 사실을 잘 알고 있었다. 브레흐만은 우리가 인간성을 불신하는 요인으로 '뉴스'를 꼽는다. 뉴스에 등장하는 부정적인 사건들은 실제로는 극히 드물게 일어나는 일들이지만 우리는 그것을 보면서 확증 편향을 갖게 되고, 부정적인 결론을 내린 상태로 타인을 보게 된다는 것이다.

윌리엄 골딩의 『파리대왕』과 뤼트허르 브레흐만의 『휴먼카인드』를 나란히 읽으며 다시 묻게 된다. 인간의 본성은 과연 어떠한가. 쉽게 답하기 어려운 질문이다. 인간의 선과 악을 입증하는 사례들은 차고 넘친다. 코로나19가 유행하던 시기에 우리는 마스크를 쓰고 손해를 감수하며 거리를 유지했다. 의료진들은 기꺼이 자신을 바쳐 바이러스와 사투를 벌였다. 그리고 전 세계 사람들은 마스크를 벗고 서로 대면할 날을 간절히 기다렸다. 이 마음이 바로 우리가 선하다는 증거라고 믿고 싶다.

전후의 세계와 새로운 극예술
— 부조리극의 탄생

1953년 1월 3일 프랑스 파리의 바빌론 극장에서 사뮈엘 베케트(1906~1989)의 희곡 「고도를 기다리며」가 초연됐다. 이 연극은 여러모로 독특했다. 무대 장치는 앙상한 나무 한 그루뿐이고 등장인물도 극소수다. 1막이 열리면 에스트라공이 발이 부어 빠지지 않는 신을 벗으려고 애쓰는 장면이 나타난다. 곧 한쪽 다리를 절며 두 다리를 벌리고 걷는 늙은 사내 블라디미르가 나타난다. 두 사람은 함께 앉아서 '고도'라는 사람을 기다린다. 그런데 기다리는 '고도'는 오지 않고, 기다리지도 않는 '포조'와 '러키'라는 사람이 등장한다. 함께 떠들썩하게 대화를 나누다가 포조와 러키는 떠난다. 그리고 '고도'가 보낸 소년이 나타나 '고도'가 오늘이 아니라 내일 온다고 말하고 퇴장한다. 정적 속에서 해가 지고 달이 뜬다. 이런 흐름은 2막에서도 그대로 반복된다.

무대 위에서 낮이 지나고 밤이 깊어도 '고도'는 나타나지 않는다. 기다리는 내내 두 사람은 끊임없이 대화를 나눌 뿐이다. 비평가들은 두 사람의 대화를 유심히 경청하면서 의미와 복선을 찾아내려고 애썼다. 그러나 두 사람은 무의미한 대화만을 반복했고 두 시간이 넘도록 그런 대화만 오가다 연극은 막을 내린다. 이 연극에는 기승전결로 구성되는 흐름이 존재하지 않고 등장인물의 의중이나 의지조차 드러나지 않았다. 이 생소

『고도를 기다리며』의 작가 사뮈엘 베케트

한 연극은 다음 날부터 입소문을 타고 유명해졌다. 이 전위적인 연극은 1960년대 초반까지 유럽과 미국에서 크게 유행했다. 영국 비평가 마틴 에슬린은 사뮈엘 베케트, 에우제네 이오네스코, 헤럴드 핀터, 에드워드 엘비 등의 작가들이 창작한 텍스트들을 '부조리극'이라고 명명했다.

　부조리극에는 유기적인 플롯이나 줄거리가 없다. 또한 발단-전개-절정의 과정이 없는 직선적인 구조, 시작과 끝이 비슷한 반복적인 순환 구조를 지닌다. 원칙과 규범이 작동하지 않는 고립된 시공간 속에서 선택이나 판단의 기준을 잃어버린 인간의 상황 자체가 주제로 제시된다. 등장인물들의 언어는 분절되고 무의미하게 반복된다. 플롯과 성격묘사, 무대장치 등을 과감히 제거한 부조리극은 극적인 흥미 따위는 고려하지 않는다. 아리스토텔레스는 비극을 정의하면서 '카타르시스'라는 개념을 사용한다. 무대 위 주인공의 비극적인 운명을 지켜보는 관객들의 내면에 두려움과 연민의 감정이 생성되고, 그 과정에서 인간적인 정념이 순화된

다는 것이다. 우리가 드라마나 영화를 보면서 쉽게 감정을 이입하면서
울거나 웃는 건 그 안의 이야기에 몰입하기 때문이다. 그 과정에서 허구와
현실의 경계는 잠시 허물어진다. 허구임을 알면서도 사람들이 극예술을
즐기는 이유다. 하지만 부조리극은 관객의 몰입을 거부하고 심지어 방해
한다. 그러면서 무의미하게 반복되는 '상황' 자체를 보여준다. 그것은
바위를 지고 산을 오르내리기를 끊임없이 반복하는 시시포스의 운명과
흡사하다. 이런 '상황'은 관객에게 다음과 같은 질문을 던지는 것만 같다.
바로 당신의 삶과 닮지 않았느냐고.

　1950년대부터 시작된 부조리극은 20세기에 연달아 발발했던 두 차례
세계대전의 영향을 받았다. 제1차 세계대전 때 인간이 발전시킨 과학
기술이 수많은 인명을 살상하는 것을 목도한 유럽인들은 깊은 허무주의
에 잠식됐다. 그 결과 1920년대에는 합리성과 사회 체제를 부정하는
경향의 예술 작품이 유행했다. '다다이즘'이라고 불린 이 시기의 예술
운동에도 사람들은 달라지지 않았다. 경제 대공황을 겪은 후 인류는
더 큰 전쟁을 벌였다. 기존의 상상을 뛰어넘는 위력을 지닌 원자폭탄이
등장했고, 인종 말살 정책이 실제로 자행된 제2차 세계대전은 엄청난
공포를 불러왔다. 하지만 전쟁이 끝나자마자 세계는 미국과 소련을 기점
으로 분열됐고, 핵무기 경쟁이 벌어졌다. 누군가의 오판 하나로도 인류는
멸망에 이를 수 있는 상황에 직면했지만, 군비 경쟁은 계속됐다. 1950년에
벌어진 한국전쟁은 지엽적인 충돌이 세계대전으로 확전될 수 있음을
암시한 사건이었다. 상업화된 극예술은 현실을 포장하고 기만했고 사람
들은 예술을 소비하면서 현실을 망각했다. 극작가들은 언제 멸망할지
모르는 세계에서 살아가는 인간 존재의 무의미와 공포를 응시했다. 그리
고 그들은 형식이 파괴된 혼돈의 연극을 창작했다.

　부조리극 작가들이 응시한 세계의 모습은 바뀌지 않았다. 오히려 인류
는 더 빠르고 효율적으로 세계를 파괴할 수 있게 됐다. 언제 망할지

〈고도를 기다리며〉 공연 모습

모르는 세계에서 자신의 욕망에 얽매여 일희일비하는 인간들은 에스트라공과 블라디미르의 페르소나들이다. 과학 기술이 발달한 만큼 인류는 편리했지만, 기계에 종속되고 환경은 점차 파괴된다. 기후 변화와 같은 인류 공동의 문제를 해결할 때도 가장 책임 있는 국가들은 현실을 외면한다. 그리고 세계 각지에서는 지금도 전쟁이 끊이지 않는다.

이 부조리한 세계에서 불안은 증폭된다. 프랑스 작가 카뮈는 자신의 철학 에세이 『시지프의 신화』에서 바위를 밀어올리는 무의미한 행위를 반복하는 시시포스의 행위를 새롭게 해석한다. 두 번째 바위를 굴리는 시시포스는 처음 바위를 굴리는 시시포스와는 다르다. 이것은 부조리한 세계에 던져진 인간의 운명과도 같다. 어리석은 인간은 같은 잘못을 반복한다. 그럼에도 이 세계를 살아가는 자들은 끊임없이 '차이'와 '의미'를 찾아내야만 한다. 이 노력을 멈출 때 인간의 삶은 쉽게 허무에 침윤된다. 그토록 지루하고 무의미한 대화를 반복하면서도 블라디미르와 에스트라공은 말하기를 멈추지 않는다. 그들은 살아 있기 때문이다.

각자의 '고도'를 기다리면서 우리가 할 수 있는 것은 사람과 말하고 또 말하는 것뿐이다. 아무 의미 없는 잡담에 불과하더라도 말이다. 코로나 19 시대의 풍경들은 부조리극과 닮지 않았는가. 강요된 단절 속에서 소통을 염원하고, 무심했던 타인과 자신의 삶이 얼마나 긴밀히 얽혀 있는가를 깨닫는다. 당연하게 여겼던 것들과 멀어지면서 우리는 지루하게 반복했던 일상을 그리워한다. 일상을 되찾게 되면 다시 권태를 느낄지도 모른다. 이 아이러니 속에서 어떤 의미를 찾아내느냐에 따라 코로나 이후의 세계는 달라질 것이다. 에스트라공은 무심히 말한다. "우린 늘 이렇게 뭔가를 찾아내는 거야. 그래서 살아 있다는 걸 실감하게 되는구나."

다시 반복될 필연적인 비극

─ 팬데믹 아포칼립스와 인간

이제 현대인들에게 '팬데믹pandemic'이란 단어는 낯설지 않다. 언제 끝날지 모르는 바이러스와의 전쟁은 계속될 것이다. 코로나19를 통과하면서 우리는 알베르 카뮈의 소설 『페스트』(1947)에 묘사된 풍경들을 실제로 겪었다. '거리 두기'는 일상이 되었고, 명절과 연휴는 감염의 가능성이 증폭하는 시기로 전락했다. 적은 보이지 않고, 박멸은 불가능하다. 이 기이한 전쟁은 대체 언제 끝날 것인가. 2020년 4월, 미국의 최첨단 항공모함 루스벨트호 내부에 코로나19 바이러스가 유입되자 항모의 기능은 순식간에 마비되었고, 수천 명의 병력이 탑승한 항공모함은 바다에 뜬 거대한 수용소로 전락했다. 코로나19로 사망한 미국인의 숫자는 지난 두 차례 세계대전과 한국전쟁, 베트남전쟁에서 사망한 미군 전사자 수를 넘어섰다. 과학자들의 경고처럼 이제부터 인류는 정기적으로 백신을 맞아야 하는 삶을 지속해야 할지도 모른다. 그런데 이 모든 풍경들은 이미 익숙하다. 스티븐 소더버그 감독의 영화 〈컨테이젼〉(2011)에 묘사된 풍경과 현실의 풍경은 별로 다르지 않다. 모든 재난은 예고된 것이다. 징후도 없이 벌어지는 재난은 존재하지 않는다.

언론인이자 역사가 캐서린 아놀드의 『팬데믹 1918』(2020)은 코로나19와 흡사하게 전 세계에 퍼졌던 '스페인 독감'의 진행 과정을 연구한

캐서린 아놀드, 『팬데믹 1918』

저서다. 1918년, 전 세계에 퍼진 스페인 독감으로 1억 명이 넘는 사람들이 목숨을 잃었다. 캐서린 아놀드는 당시 대도시와 항구를 중심으로 퍼진 바이러스의 이동 경로를 연구하면서 인구의 밀집과 대규모 이동, 목축과 농업의 기업화가 낳은 무분별한 개발, 뒤늦은 대응과 유언비어 등을 참사의 원인으로 지목한다. 1차 대전 말기에 참전한 미국은 수백만의 병력을 일시에 모집하여 유럽 대륙으로 파병했다. 이것은 유례를 찾아볼 수 없는 인위적인 인구 이동이었다. 전쟁은 인구의 집중을 낳는다. 전쟁 도중 전장을 비롯해 공장과 병원, 농지에 사람들이 밀집되는 것은 당연한 이치다. 그것은 바이러스의 변이와 확산에 최적의 환경을 제공한다. 당시 미군 부대에 독감이 유행했으나 지휘부는 그 위험성을 무시했다. 그 결과 수십만 명의 병사들이 스페인 독감에 쓰러졌다.

미국의 의학자 마크 호닉스바움은 『대유행병의 시대』(2020)에서 가축의 밀집 사육을 예시로 들면서 팬데믹을 설명한다. 오직 '고기'를 얻기 위한 목적으로 사육되는 가축들은 밀집된 환경에서 동종 교배하면서 종의 다양성을 상실한다. 더 많은 목축을 위해 다양성 보존의 '안전판' 역할을 담당하는 숲이 파괴된다. 그러면서 낯선 바이러스와 인간의 접촉 빈도가 높아진다. 마크 호닉스바움은 그 징후로 1916년 차가운 북대서양 연안에서 상어가 해수욕객을 공격한 사건을 꼽는다. 그는 온열대 기후에서 서식하는 상어가 북대서양 연안에 나타나 사람을 공격한 이 사건을 기후 변화와 다양성 경계의 붕괴로 해석했다. 그러나 사람들은 영화 〈죠스〉의 모티프로 활용된 이 사건의 경고에 둔감했다. 그 후 1차 대전으로 대규모 인구 이동이 벌어지면서 치명적인 바이러스는 전 세계로 확산했다.

캐서린 아놀드와 마크 호닉스바움의 관점은 현재 팬데믹의 원인을 파악하는 시선과 놀라울 정도로 흡사하다. 100여 년 전의 팬데믹과 지금의 팬데믹은 거의 동일하다. 오히려 상황은 더 악화했다. 당시보다 현재 세계 인구는 두 배가 넘고, 삼림의 파괴는 훨씬 심각하다. 더구나 항공기의 발달로 인구의 이동은 더욱 활발해진 상황이다. 1918년 스페인 독감이 대도시와 항구를 중심으로 확산한 것처럼 코로나19 바이러스도 인구 이동이 활발한 대도시를 중심으로 퍼졌다. 그러나 대다수 국가는 정보의 공유를 머뭇거리다가 초기 대응에 실패했다. 정치가들은 책임을 회피하고자 언론을 통제하고 사람들의 공포를 역이용하는 악수를 두었다. 이런 풍경 역시 1918년의 상황과 놀라울 정도로 닮았다.

2020년 1월, 코로나19 바이러스의 발원지로 알려진 도시 우한을 봉쇄한 중국 정부는 언론을 통제하고 사태를 축소하는 데 주력했다. 선진국들은 자국의 의료 수준을 맹신하며 심각하게 생각하지 않았다. 그 어리석음의 대가를 치르는 것은 모두 죄 없는 사람들의 몫이었다. 우한에 고립된 중국 작가 팡팡은 자신의 블로그에 '봉쇄 일기'를 적기 시작했다. 팡팡의 일기에는 정보가 부족한 상태에서 팬데믹을 맞이한 사람들의 공포, 경직된 사고를 지닌 공무원들의 비효율, 비판적인 글을 삭제하는 중국 정부의 횡포, 사람들이 불태우는 삶의 의지와 지혜가 고스란히 적혀 있다. 우한시 확진자가 '0명'이 되고, 도시 봉쇄가 해제되기까지 팡팡은 두 달 동안 봉쇄된 도시의 풍경을 일기로 기록했다.

팡팡, 『우한일기』

전 세계에 팬데믹의 공포를 알린 작가 팡팡은 현재 중국 정부로부터 요주의 인물로 감시받고 있다. 팡팡의 기록을 담은 책 『우한일기』(2020)는 카뮈의 소설 『페스트』의 중국 버전이다. 소설 『페스트』의 말미에는 전염병의 공포에서 해방된 사람들의 환희가 묘사된다. 봉쇄된 채 죽음의 공포에 시달리던 사람들은 전염병이 사라지자 환희에 휩싸여 축배를 든다. 그러나 전염병이 창궐하던 내내 환자들을 돌본 의사 리외는 그 환희의 풍경을 보면서 전염병은 반드시 되풀이될 것이라고 말한다. 백신과 치료제의 보급이 활발해지면서 우리도 머지않아 과거의 일상을 되찾게 되었음을 기뻐할 것이다. 그러나 인류는 앞으로 더 치명적인 팬데믹을 겪게 될 가능성이 높다. 백신 확보를 둘러싸고 선진국들이 보인 극도로 이기적인 행태는 더 격렬하고 비극적일 '코로나 이후의 재난'을 예고하는 것만 같다. 예고되지 않은 비극은 없다. 모든 환자가 증상을 지닌 것과 같은 이치다. '코로나 이후'를 성찰하고 싶은 사람들에게 이 책들의 일독을 권한다.

애도하는 자의 슬픈 순례

—9·11테러와 조너선 사프란 포어의 소설

2001년 9월 11일, 21세기의 첫해에 뉴욕 한복판에서 역사상 최악의 테러가 일어났다. 테러리스트들이 납치한 4대의 민간 항공기가 뉴욕 세계무역센터와 워싱턴 국방부 청사(펜타곤)에 충돌하는 자살 공격을 가했다. 테러 장면은 TV 화면으로 전 세계에 생생하게 전달됐다. 범인들은 사우디아라비아 출신의 지도자 오사마 빈 라덴이 이끄는 테러 조직 '알카에다' 소속 요원들이었다. 피해는 엄청났다. 4대의 항공기에 탑승했던 승무원과 승객 전원이 사망했다. 민간인 사망자만 3천5백여 명에 이르렀고 실종자는 2천5백 명이 넘었다. 세계무역센터 붕괴 현장의 화재는 두 달이 지난 후에야 완전히 진압됐고, 현장이 정리되기까지 6개월 이상 걸렸다. 이 사건의 배후를 추적하던 미연방수사국FBI은 알카에다 외에도 팔레스타인해방기구PLO 산하의 무장 조직 '하마스HAMAS' '이슬람원리주의 기구IS', 레바논 무장 조직 '헤즈볼라' 등 여러 이슬람 테러 조직들이 연관된 것으로 분석했다.

미국 사회는 격렬한 분노에 휩싸였다. 조지 W. 부시 미국 대통령은 9·11테러를 미국을 향한 명백한 테러 공격으로 규정하고, '테러와의 전쟁'을 선언했다. 테러 발발 이후 한 달이 채 지나지 않은 10월 7일, 미군은 아프가니스탄을 침공했다. 미군은 알카에다와 오사마 빈 라덴을 지원하는 탈레반 정권을 축출한다는 명분을 내세웠다. 그러나 1980년대 소련군처럼 미군은 게릴라 전술을 펼치는 탈레반을 쉽게 제압할 수 없었다. 아프가니스탄 전쟁은 미국 역사상 최장기간(2001~2021) 지속한 전쟁이 됐다. 미국은 2003년 초 이라크를 침공했고, '테러와의 전쟁'은 걷잡을 수 없이 커졌다. 2011년 5월 1일, 마침내 미군은 오사마 빈 라덴 암살 작전(넵튠 스피어 작전)에 성공했으나 이슬람 세력의 저항은 계속 이어졌다.

해외에서 전쟁이 계속되는 동안 미국 작가들은 9·11테러의 비극을 소재로 작품을 발표하기 시작했다. 작가들은 이 사건을 기억하면서 테러와의 전쟁보다는 개인이 겪은 고통과 슬픔을 주목했다. 미국 작가 조너선 사프란 포어는 『엄청나게 시끄럽고 믿을 수 없게 가까운』(2005)이라는 소설에서 9·11테러의 비극을 조명했다. 이 소설은 9·11테러를 소재로 하지만 전쟁이나 종교 문제, 국가의 정치적 이해관계를 그리지 않는다. 소설의 주인공은 9살 소년 '오스카'다. 오스카는 아버지를 가장 믿고 따르는 소년이었다. 오스카의 아

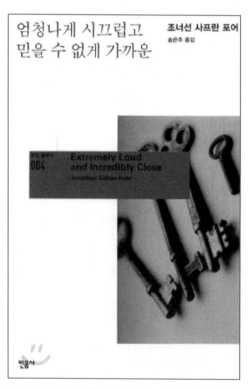

조너선 사프란 포어, 『엄청나게 시끄럽고 믿을 수 없게 가까운』

소설 『엄청나게 시끄럽고 믿을 수 없게 가까운』을 원작으로 만든 동명의 영화 포스터

버지는 9·11테러로 사망하고 만다. 아버지의 시신조차 발견되지 않았다. 오스카는 아버지가 죽은 후에도 세상이 변함없이 돌아가는 것을 인정하지 못한다. 테러의 비극 이후에도 계속 살아가야 하는 사람들은 일터로 돌아가고, 다시 일상을 살아간다. 오스카는 그런 사람들이 원망스러웠고, 끊임없이 어머니에게 아버지의 행방을 물었지만 뚜렷한 답을 구하지 못한다. 오스카는 죽음과 상실을 이해하기에는 너무 어렸다. 그런 오스카를 이해하는 사람은 할아버지였다.

오스카의 할아버지는 제2차 세계대전 때 드레스덴 공습으로 가족과 연인을 잃고 언어를 잃은 사람이었다. 오스카는 말을 하지 못하는 할아버지와 타이포그래피·사진을 활용해 소통하면서 서서히 아버지의 죽음으로 생긴 변화를 받아들이게 된다. 오스카의 할아버지 토머스는 2차 대전 후 할머니와 함께 독일 드레스덴에서 미국으로 건너왔다. 드레스덴에서 토머스는 오스카의 할머니의 언니, 애나와 사랑에 빠졌었다. 그러나 드레스덴 공습으로 애나가 사망하자 가까스로 살아남은 토머스는 뉴욕에서 우연히 애나의 동생을 다시 만난다. 두 사람은 결혼했지만, 토머스는 평생 첫사랑 애나를 잊지 못한다. 할머니는 그런 남편의 모습에 지쳐간다.

결국 할아버지는 아내를 떠난다. 할아버지가 할머니를 떠날 당시 할머니는 임신한 상태였다. 그 아이가 바로 오스카의 아빠였다.

세대를 뛰어넘어 할아버지와 오스카를 연결하는 고리는 전쟁의 폭력에 사랑하는 사람을 잃고 당연하게 보이던 일상이 하루아침에 무너진 경험이다. 오스카는 아빠의 물건들을 정리하다가 파란 꽃병 안에서 어느 열쇠를 발견한다. 뉴욕에는 1억 6천2백만 개의 자물쇠가 있고, 열쇠를 자물쇠에 맞춰보는 데는 3초가 걸린다. 그 열쇠에 맞는 자물쇠를 찾으려면 0.333초에 하나씩 확인해야 한다. 오스카는 열쇠가 들어 있던 봉투의 '블랙Black'이라는 단어에서 단서를 찾는다. 뉴욕에는 '블랙'이라는 이름을 가진 사람이 472명 있고, 그들의 주소는 216개다. 오스카는 그 사람들을 한 명씩 만나 열쇠에 대해 물어보기로 계획을 세운다. 오스카는 이 계획을 어머니와 할머니에게도 말하지 않는다. 오스카는 센트럴 파크에서 코니아일랜드를 거쳐 할렘가까지 돌아다니면서 사람들을 만난다. 103세의 종군기자, 세계무역센터 근처를 맴도는 관광 가이드, 테러 희생자들을 그리워하는 사람들을 만난다. 오스카는 뉴욕을 순례하면서 타인과 관계를 맺고 슬픔을 공유하는 과정을 배운다.

이 소설은 발표되자마자 엄청난 호응을 얻었다. 사람은 누구나 사랑하는 사람을 잃는 운명을 피할 수 없다. 그런 운명을 알면서도 사람들은 사랑을 서로에게 제대로 표현하지 못한다. 가깝다고 생각하는 사이일수록 사랑한다는 말을 쉽게 하지 않는다. 언제라도 말할 수 있다고 여기기 때문이다. 9·11테러로 많은 사람이 한꺼번에 사라져 버린 경험은, 사람들에게 상실의 운명을 다시 자각하도록 만들었다. 작가는 이 세상이 저마다의 이야기들로 엄청나게 시끄러우면서도 모두가 '믿을 수 없게 가까운' 곳에 있다는 사실을 알려준다. 오스카는 말한다. "아빠가 어떻게 돌아가셨는지 알아야 해요. 그래야 아빠가 어떻게 돌아가셨는지 상상하지 않게 될 테니까요."

9·11테러를 다룬 소설들은 길어진 테러와의 전쟁으로 피로감이 확산하던 미국 사회에서 큰 반향을 일으켰다. 이 소설은 전쟁을 직접 다루지 않으면서도 전쟁의 무의미함을 강렬하게 각인시켰다. 국가는 전쟁으로 애국심을 고취하면서 영웅을 만들지만, 그럴수록 가장 평범한 사람들의 고통은 쉽게 잊히고 만다. 9·11테러에 복수를 다짐하면서 시작한 전쟁으로 남은 것은 더 깊어진 분노와 증오였다. 미국 작가 팸 휴스턴은 이 책에 바치는 헌사에 "한 권의 책에 세상을 바꾸는 힘이 있음을 믿게 만든다"고 적었다. 사랑하는 사람을 상실한 자들을 어떻게 대하는가에 따라 공동체의 운명은 확연히 달라진다. 이 소설에 담긴 절실한 메시지다.

제Ⅲ부
누락된 자들

어느 장교의 몸에 새겨진 전쟁의 비극

— 하진, 『전쟁 쓰레기』

　　미국으로 망명한 중국 작가 하진의 『전쟁 쓰레기』(시공사, 2008)는 한국전쟁에 참전한 어느 중국군 장교의 삶을 다룬 소설이다. 중국은 한국전쟁에 대규모 병력을 파병했지만, 당시 중국군 병사들이 모두 투철한 공산주의 사상으로 무장된 것은 아니었다. 마오쩌둥에게 패한 장제스의 국민당이 타이완으로 퇴각하자 대륙에 남겨진 국민당 군대는 공산당에 투항했다. 국가와 군대를 운영할 고급 인력이 절실했던 공산당은 장제스 군대의 장교들을 그대로 흡수했다.

　　『전쟁 쓰레기』의 주인공 유안은 국민당 장제스 군대의 장교였다. 그는 모택동의 이념에 동조하지 않았지만 홀어머니와 약혼녀의 안전을 위해 마오쩌둥의 군대에 남았다. 1951년 3월, 유안의 부대에 이동 명령이 떨어진다. 유안이 소속된 사단은 1951년 4월에 벌어진 중국군의 제5차 춘계 대공세에 동원된다. 중국군은 미군의 폭격에 보급이 끊겨 패퇴했다. 유안의 부대는 거의 전멸하다시피 했고, 유안을 비롯한 생존자들은 미군의 포로가 된다. 포로들은 거제도에 건설된 수용소로 옮겨졌다.

　　거제도 포로수용소는 또 하나의 전장이었다. 1951년 4월 이후 전선은 교착됐고, 1953년 7월까지 2년 동안 정전 협상은 계속 결렬되었다. 협상 결렬의 주된 요인은 포로 교환 문제였다. 중국과 북한은 모든 포로를

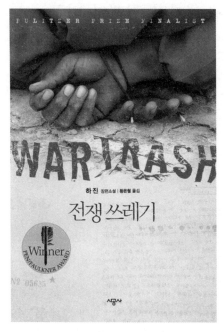

하진, 『전쟁 쓰레기』

서로 맞교환하기를 원했지만, 유엔군은 포로들의 개인적인 의사에 맡기자고 주장했다. 공산군 포로 중 상당수가 송환을 바라지 않았다. 포로가 된 북한군 중 상당수는 남한 지역에서 강제 징집된 자들이었다. 국민당군 출신 중국군 포로들도 본토가 아닌 타이완으로 가길 원했다. 훗날 2만 1천여 명의 중국군 포로 중 14,715명이 중국 본토가 아닌 타이완을 선택했다. 이 사실은 한국전쟁을 제국주의에 맞선 영예로운 전쟁으로 홍보한 중국군을 당혹스럽게 했다. 마오쩌둥은 정전 협정 체결을 앞둔 1953년 7월, 금성에서 최후의 공세를 가했다. 금성 전투는 마오쩌둥이 타이완을 선택한 포로의 숫자만큼 국군에게 비슷한 희생을 강요하고자 벌인 무의미한 전투였다. 정전 협정 직전에 벌어진 이 전투로 중국, 한국, 미국의 젊은이 수만 명이 숨졌다.

황푸군관학교 출신인 유안은 포로수용소 안에서 친공 포로와 반공 포로들에게 동시에 협박을 받는다. 중국군 정치위원은 가족의 안전을 담보로 대륙으로 돌아가자고 압박했고, 반공 포로들은 군관학교 출신이라면 마땅히 타이완으로 가 장제스 군대에 합류해야 한다고 유안을 설득했다. 정전 협상이 지연되는 동안 포로들은 서로를 살해하고 폭동을 일으키는 등 수용소는 이념의 전장이 되었다. 반공 포로들은 유안의

1953년 4월 22일 판문점에서 공산군과 유엔군의 포로 교환 모습

배에 강제로 공산주의를 비방하는 문신 "fuck communism"을 새겨 넣는다. 중국 본토로 돌아가도 배신자로 처벌받도록 조치한 것이다. 그러자 친공 포로들은 유안의 몸에 새겨진 문신의 일부를 지워 미국을 욕하는 문자 "fuck ....u..s"로 바꾼다. 친공 포로들은 유안에게 본토로 돌아가면 수용소에서 끝까지 반미 투쟁을 한 영웅이 될 거라고 격려한다. 몸에 새겨진 문신까지 사상의 투쟁 도구로 바뀌는 상황에 유안은 완전히 질려버린다. 유안은 중립국 선택을 고민하다가 약혼녀와 어머니 때문에 결국 본토 귀환을 선택한다.

조국으로 귀환한 유안을 기다린 것은 절망 그 자체였다. 중국 정부는 귀환한 포로들을 적에게 협조한 변절자로 규정하면서 가혹하게 탄압했다. 어머니는 아들을 그리워하다가 이미 사망했고, 약혼녀마저 유안을 떠난다. 유안은 귀환자 수용소에서 재교육을 마친 다음 시골 학교 교사로 좌천되었다. 그곳에서 유안은 문화대혁명을 겪는다. 홍위병들은 유안을 국민당 출신의 부르주아라고 비난하면서 그를 처벌 단상에 세운다. 죽음의 위기에 몰린 유안은 군중들에게 배에 새겨진 문신을 보여주면서 자신이 포로수용소에서 미군에게 굴복하지 않고 투쟁한 애국자라고 주장한다. 무지한 군중들은 유안을 영웅으로 추대하며 박수를 보낸다. 살아남은 유안은 글자 몇 개로 '반동'에서 '영웅'이 되는 잔혹하고도 우스꽝스러운 상황에 쓴웃음을 짓는다.

1990년대에 이르자 중국인들도 자유롭게 미국과 한국을 오가게 되었다. 미국으로 유학을 간 유안의 아들은 그곳에 정착한다. 소설의 첫 장면에서 어린 손녀가 유안의 배에 새겨진 문신을 만지면서 무슨 뜻이냐고 묻는다. 손녀의 질문에 유안의 회상이 시작된다.

한 중국군 장교의 굴곡진 체험을 다룬 소설 『전쟁 쓰레기』는 우리에게 한국전쟁의 비극을 다시 상기하게 만든다. 전쟁사를 기록할 때 우리는 주로 숫자와 통계·지도 등을 활용하지만, 거기에는 개인의 고통은 담겨 있지 않다. 유안의 고뇌는 『광장』의 주인공 '이명훈'의 고뇌와 놀랍도록 흡사하다. 두 사람은 국적만 다를 뿐 비슷한 고통을 강요받았다. 천안문 사태 이후 미국으로 망명한 작가 하진은 이 소설로 '펜 포크너 상'을 받고 세계적인 주목을 받았다. 그러나 중국 정부는 하진에게 귀국 금지 처분을 내렸다. 하진은 반역자로 낙인찍혔고, 『전쟁 쓰레기』는 중국에서 금서로 지정되었다. 소설의 주인공과 작가의 삶이 묘하게 겹쳐지는 부분이다. 냉전이 만든 얄궂은 현실이다.

나치의 혈통관리 시스템: '레벤스보른 프로젝트'
— 잉그리트 폰 욀하펜, 『나는 히틀러의 아이였습니다』

19세기 유럽 제국주의의 저변에는 특정 종족이 다른 종족보다 우월하다는 생각이 깔려 있었다. 1920년대에 이르러 이런 생각은 '과학'의 외피를 입었다. '우생학'은 '우수한 종족'의 유전자를 보존하고, 열등한 부류의 번식을 통제하여 궁극적으로 인간의 유전 형질을 개선하는 것이 옳은 일이라는 믿음을 확산시켰다. 서구인들은 자신들이 유전적 피라미드의 상위층에 존재한다고 확신했다. 나치는 이 믿음을 바탕으로 '지배 인종'의 숫자를 늘리고 개조하는 작업을 직접 실행에 옮겼다.

나치는 '아리아 혈통'을 지닌 순수 독일인들에게 자녀를 많이 낳을 것을 권장했고, 피임약과 피임 기구 광고를 중단시켰다. 친위대 수장 하인리히 힘러는 친위대 입단 기준으로 엄격한 신체 조건을 제시했다. 그는 친위대 지원자의 신체를 평가해 다섯 등급으로 나누었다. '순수 북유럽 인종'이 최상위급이었고, '두드러진 북유럽 인종' '디나르 인종이나 지중해 인종의 특성이 첨가된 피부색이 밝은 알프스 인종' '두드러진 동유럽 인종' '비유럽 혈통 잡종' 순으로 등급이 매겨졌다. 이 중 상위 세 등급에 속하는 자들만 친위대 입단이 가능했다. 대학 졸업 후 양계장을 운영했던 힘러는 마치 닭을 감별하듯이 인간을 분류했다. 나치가 정권을 장악한 1933년 이후 '인종 분류'는 더욱 노골적으로 진행되었다.

어린아이의 두상을 측정하는 의사

　제2차 세계대전이 발발하자 친위대의 엄격한 선발 요건은 흔들렸다. 전쟁이 격화되면서 힘러가 분류한 '최상위급 인종'의 순수 독일 청년들이 매주 수천 명씩 희생되었고, 독일군은 병력 부족에 시달렸다. 그러자 힘러는 이른바 '레벤스보른Lebensborn·생명의 샘 프로젝트'를 가동했다. 그 것은 인종적 우월성을 검증받은 여성들을 선발하여 아이를 낳게 하고 국가가 양육하는 프로그램이었다. 친위대는 나치가 점령한 북유럽과 동유럽에서 부모를 잃은 어린이들을 '수집'했다.

　나치 점령 지역에는 독일군의 아이를 낳은 여자들과 부모를 잃은 고아 들이 많았다. 친위대는 아이들의 두상, 콧날, 피부색을 측정하여 '미래의 지배 인종'이 될 아이들을 분류했다. 노르웨이, 유고슬라비아, 폴란드, 오스트리아, 체코 등 유럽 각지에서 '수집'된 아이들은 친위대가 지정한 독일 가정에 위탁되었다. 아이들의 모국어 사용을 금지해 모국과의 연결 고리를 끊었다. 위탁 부모들에게는 아이들이 독일의 몰락한 군인 집안의

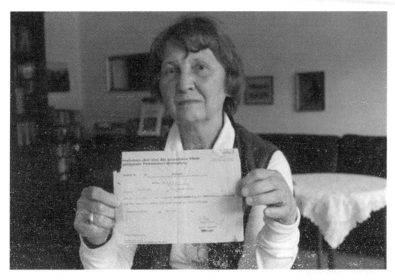

나치 친위대가 수집한 아이였던 '잉그리드 폰 욀하펜'이 당시 발급된 예방 증명서를 들고 있다

고이라고 알렸다 '레벤스보른 프로젝트'에 참가한 친위대 수석 군의관 그레고르 에브너는 이 프로젝트가 정상적으로 진행된다면 독일군이 30년 후 '600개 연대 병력(3~40만 명)'을 확보할 수 있다고 예측했다. '레벤스보른 프로젝트'의 끔찍한 발상은 훗날 캐나다 작가 마거릿 애트우드의 소설 『시녀 이야기』(1985)의 모티브가 되었다.

독일 여성 잉그리트 폰 욀하펜(1941~)도 친위대가 수집한 아이 중 하나였다. 유고슬라비아에서 태어난 그녀는 2살 때 독일로 보내졌다. 그녀는 성장하면서 점차 부모가 이상하다고 생각했다. 욀하펜의 부모는 별거하게 되자 그녀를 보육원에 맡겼다. 보육원에서 아무리 편지를 써도 어머니는 답장하지 않았고, 그녀를 데려가지 않았다. 보육원을 나온 욀하펜은 아버지와 함께 살게 되었지만, 아버지는 곧 사망하고 만다. 우연히 어머니의 일기를 읽은 욀하펜은 자신이 독일인이 아니라는 사실을 알게 되었고, 부모의 기이한 행동들을 이해하게 된다. 그녀는 레벤스보른 프로

잉그리트 폰 욀하펜, 『나는 히틀러의 아이였습니다』

젝트를 연구하는 역사학자 게오르크 릴리엔탈의 도움을 받아 서독 정부에 협조를 요청한다. 그러나 서독 정부는 나치 시절의 치욕스러운 과거를 상세히 조사하는 것을 꺼렸다. 그러나 욀하펜은 포기하지 않았다.

그녀는 20년 넘게 자료를 찾으면서 자신과 같은 사람들과 만남을 이어갔다. '나'가 누구인지도 모른 채 이대로 '독일인'으로 살아갈 수는 없지 않은가. 흩어진 자료를 모으고 관련자들을 인터뷰하던 그녀는 마침내 자신이 유고슬라비아 출신이라는 사실을 알게 되었다. 2007년, 그녀는 60여 년 만에 고향을 방문하여 친척들과 만날 수 있었다. 비로소 알게 된 자신의 본명은 '에리카 마트코'였다. 고향을 방문한 후 그녀는 이름을 바꾸었다. 잉그리트 '마트코' 폰 욀하펜. 2015년, 욀하펜은 자신의 과거를 찾아가는 여정을 담은 회고록 『나는 히틀러의 아이였습니다』를 출간했다.

'레벤스보른 프로젝트'는 단지 과거의 비극에 머물지 않는다. 인간은 타인을 차별하여 자신의 불안을 덜고 우월감을 확인하려는 이기적인 습성을 지녔다. 나치는 그러한 인간의 나약함을 정확하게 포착했다. '좋은 피'를 보존하고, '나쁜 피'를 제거한다는 우생학적 발상은, 나치만의 전유물이 아니다. 우리는 경쟁에서 이긴 자가 이윤을 독식하는 구조를 너무나 자연스럽게 여긴다. 그리고 '학벌', '지역', '성별', '인종' 등 차별 범주에 자신이 포함되지 않는다는 사실에 안도감을 느낀다. 욀하펜은 증언한다.

그토록 엄격하게 선발된 '레벤스보른의 아이들'은 결코 타인보다 우월하지 않았다. 그들은 남들과 똑같이 병을 앓았고, 사랑을 갈구하는 평범한 아이들이었다. 혈통은 인간의 가치를 증명하지 못한다. 우생학적 사고가 우리의 사유를 지배할 때 레벤스보른의 비극은 언제든지 반복될 수 있다.

피할 수 있었던 참사, 은폐된 진실
— USS 인디애나폴리스함 사건과 진실 규명

　1945년 6월 미군은 처절한 전투 끝에 오키나와를 점령했다. 그러나 일본은 항복을 거부하고 본토 결전을 부르짖었다. 연합군 수뇌부는 고뇌에 빠졌다. 일본 본토를 점령하려면 약 70만 명의 인명 피해가 발생한다는 보고서가 나왔다. 그것보다 연합군 사령부를 더 초조하게 만든 건 시베리아를 거쳐 연해주로 이동 중인 소련군이었다. 태평양의 섬들을 징검다리를 건너듯 하나씩 점령하면서 나아가는 연합군보다 육로로 진격하는 소련군의 속도가 훨씬 빨랐다. 소련은 만주와 중국 북부, 한반도까지 손쉽게 점령할 수 있는 상황이었다. 그 전에 일본의 항복을 받아낼 방법은 하나뿐이었다. 미국은 원자폭탄 투하를 결정했다.

　1945년 7월 16일, 미 해군 중순양함 인디애나폴리스함은 원자폭탄에 쓰일 고농축 우라늄을 운송하는 임무를 맡고 출항했다. 화물의 정체는 함장 찰스 버틀러 맥베이(1898~1968) 대령 외에 아무도 알지 못했다. 인디애나폴리스함은 대잠 장비를 갖추고 있지 않았다. 하지만 해군사령부는 호위 구축함을 붙여 달라는 맥베이 함장의 요구를 거절했다. 사령부는 우라늄 수송은 1급 기밀이므로 여러 척의 함선이 같이 움직이면 일본군이 눈치챌지도 모른다고 일축했다. 샌프란시스코에서 출항한 인디애나폴리스함은 마리아나 제도 티니안섬에 무사히 닿았다. 우라늄을 육군 항공대에 넘긴 인디애나폴리스함의 다음 행선지는 필리핀 레이테섬이었다. 이번에도 호위함을 붙여 달라는 맥베이 함장의 요구는 거부당했다.

종전을 앞둔 미 해군은 온통 축제 분위기였다. 인디애나폴리스함 승무원들도 마찬가지였다. 레이테섬으로 항해하는 인디애나폴리스함 승무원들은 음악을 들으면서 만찬을 즐겼다. 그들은 레이테섬에서 종전을 맞이하고 고향에 돌아가게 될 것이라고 기대했다. 그러나 그들의 전쟁은 그렇게 쉽게 끝나지 않았다.

당시 일본 해군 함대는 거의 전멸했지만 필리핀 해역에 소수의 잠수함이 남아 있었다. 7월 30일 새벽 0시 15분 인디애나폴리스함은 필리핀 근해에서 잠항하던 일본군 잠수함 I-58에 포착됐다. I-58 함장 하시모토 모치츠라(1909~2000) 중좌는 어뢰 발사를 명령했다. 발사된 6발의 어뢰 중 2발이 인디애나폴리스함을 강타했다. 피격된 인디애나폴리스함은 다급히 구조 신호를 발신했다. 이 구조 신호는 I-58에도 수신됐다. 미군 구축함이 몰려올 것을 우려한 I-58은 곧 침몰 해역을 벗어났다. 하지만 구조 신호를 받은 미군 정보부는 그것을 아군을 유인하려는 일본 해군의 계략으로 오판했다. 심지어 한 기지의 통신 장교는 술에 취한 채 구조 신호를 묵살했다.

함선이 급격히 기울자 맥베이 함장은 전원 퇴선 명령을 내렸다. 두 동강이 난 인디애나폴리스함은 12분 만에 침몰했다. 1,196명의 승무원 중 생존한 900여 명이 구명조끼와 구명보트, 부유물에 의지한 채 구조를 기다렸다. 그러나 인디애나폴리스함이 격침된 해역은 식인 상어가 출몰하는 곳이었다. 부상자들이 흘린 피 냄새를 맡은 수십 마리의 상어들이 생존자들을 덮쳤다. 생존자들은 공포에 질려 부상자들을 떨쳐냈고 상어들은 버려진 부상자들을 물어갔다. 날이 밝자 태양의 열기와 극심한 갈증이 생존자들을 괴롭혔다. 식량과 의약품도 고갈됐다. 일부 장교들은 부유물과 보트를 독차지하려고 부상병들을 밀어냈다. 생존자들은 저체

온증, 탈수, 과다 출혈, 식인 상어의 공격으로 속절없이 죽어갔다.

침몰 5일 차에 생존자들은 정찰 비행 중인 카타리나 수상기에 발견됐다. 구조된 생존자는 불과 316명이었다. 전쟁 막바지에 벌어진 이 참사가 알려지면서 미국 여론이 들끓었다. 유족들의 항의와 책임자 처벌을 요구하는 여론에 당황한 미군 사령부는 이 사고를 덮으려고 했다. 그러자면 적당한 희생양이 필요했다. 모든 비난이 맥베이 함장에게로 쏠렸다. 맥베이 함장이 호위 구축함을 요구한 사실과 구조 신호를 보낸 사실은 은폐되었고, 어뢰 공격을 받았을 때 회피 기동을 하지 않았다는 사실만 부각되었다. 제2차 세계대전 중 침몰한 700여 척의 군함 중 함장에게 책임이 전가된 것은 인디애나폴리스함이 유일했다. 맥베이 함장은 불명예제대는 면했으나 비난 여론에 시달렸다. 결국 그는 1968년 권총 자살로 생을 마감했다.

인디애나폴리스함의 비극은 스티븐 스필버그 감독의 영화 〈죠스〉의

진실을 밝힌 소년 스콧

모티브가 됐다. 그리고 이 영화를 보고 자란 한 소년이 진실을 규명했다. 1998년, 12살 소년 헌터 스콧은 역사 탐방 과제를 수행하다가 〈죠스〉의 모티브가 된 인디애나폴리스함 사건에 흥미를 갖게 됐다. 스콧은 150명이 넘는 인디애나폴리스함 생존자들을 직접 만나 인터뷰하면서 맥베이 함장이 최선을 다했으며, 구조 신호를 무시한 해군의 방심이 비극의 원인이라는 사실을 밝

혀 냈다. 스콧의 인터뷰가 언
론에 공개되자 맥베이 함장
의 명예 회복을 지지하는 탄
원 운동이 미국 전역에 번졌
다.

일본 잠수함 I-58의 함장
하시모토 중좌가 미국 의회
에 보낸 편지도 큰 몫을 했다.
1999년, 당시 91세의 고령인
하시모토는 인디애나폴리스
함의 구조 신호를 수신한 사
실, 인디애나폴리스함이 어
뢰를 피하기 어려운 상황이
었음을 편지에 상세히 적었
다. 하시모토는 미국 의회에
편지를 보내고 이듬해 사망

상어의 공격을 받는 생존자들(영화 〈USS 인디애나폴리스〉의 한 장면)

했다. 보안이 해제된 문서에 적힌 내용도 하시모토의 증언과 일치했다.

마침내 2000년 빌 클린턴 대통령은 맥베이 함장을 복권하고 생존자들에게 은성무공훈장을 수여했다. 생존자들은 눈물을 흘리며 함장의 영전에 훈장을 바쳤다. 한때는 적이었지만 군인의 명예를 지키고자 했던 하시모토의 증언과 12살 어린 소년의 용기로 맥베이 함장과 생존자들은 55년 만에 명예를 되찾았다. 2016년 반 피블스 감독의 영화 〈USS 인디애나폴리스〉가 개봉됐고, 2017년에는 해저 5,500m에 가라앉은 인디애나폴리스함의 잔해가 공개되었다. 진실은, 너무 늦게 밝혀졌다.

덧없이 망가진 청춘
— 태평양전쟁 최후의 일본군 '오노다 히로'

1974년 3월 9일, 필리핀 루방섬에서 일본군 소위 오노다 히로(1922~
2014)가 발견됐다. 무려 30년이나 정글에 숨어 지낸 오노다 히로의 행보는
전 세계를 놀라게 했다. 그는 일본이 전쟁에서 패배한 사실을 모른 채
계속 임무를 수행하고 있었다. 오노다 말고도 전쟁이 끝난 후에도 저항을
계속한 일본군은 곳곳에 있었다. 1951년 마리아나 제도의 한 섬에서
일본군 20여 명이 발견됐고, 대만계 일본군인 데루오 나카무라가 인도네
시아 모로타이섬에서 20년 넘게 저항을 계속하다가 투항한 적이 있었다.
오노다 히로는 그 모든 기록을 갈아치우면서 태평양전쟁 '최후의 일본군'
으로 이름을 올렸다.

1944년 12월, 일본군은 필리핀을 빼앗길 위기에 몰렸다. 필리핀을 잃으
면 싱가포르, 인도차이나, 말레이반도에 보급할 통로를 잃게 되고 타이완
과 오키나와까지 위험한 상황이었다. 1942년 징집되어 1944년에 소위로
임관한 일본군 장교 오노다는 필리핀 전선에 투입됐다. 그가 받은 명령은
기존의 명령과는 조금 달랐다. 태평양 전선에서 일본군은 위기에 몰릴
때마다 정면 돌격을 감행했고, 장교들은 포로가 되기를 거부하면서 할복
하곤 했다. 그런 무의미한 희생으로 일본군의 병력 부족은 심각한 수준에
이르렀다. 게릴라전 훈련을 받고 필리핀 전선에 투입된 오노다는 "절대로

아서 하라리 감독, 〈오노다, 정글에서 보낸 10,000일〉 포스터

목숨을 끊지 말고 버티라"는 명령을 받았다. 후방을 교란하면서 미군의
진격 속도를 늦추는 것이 그의 임무였다.

　오노다가 지휘하는 일본군들은 루방섬에 건설된 미군 활주로를 파괴
하고 섬에 주둔한 미군을 공격했다. 그러나 일본 해군이 레이테만 해전에

서 전멸하면서 보급로가 끊겼고, 루방섬에 투입된 일본군은 대부분 사살
됐다. 오노다를 비롯한 30여 명의 생존자들은 정글로 도주했다. 도피
과정에서 생존자들은 3~4명씩 조를 짜서 흩어졌다. 그들은 바나나 껍질과
코코넛 열매, 원주민 마을에서 훔친 쌀로 연명했다. 원주민과 민간인이
일본군에게 사살되는 일이 계속 발생하자 필리핀 경찰은 미군과 함께
토벌에 나섰다. 1946년에 접어들면서 일본군 대부분은 사망하거나 투항
했다.

　오노다는 3명의 부하와 함께 투항을 거부하고 깊은 정글로 숨어 몇
년을 더 버텼다. 1951년 부하 아카즈 유이치가 미군에 투항하면서 오노다
가 생존한 사실이 알려졌다. 대대적인 수색 작전이 벌어졌으나 오노다는
발견되지 않았다. 오노다는 현실을 철저하게 부정했다. 한국전쟁 발발로
무수한 항공기들이 출격하자 오노다는 일본군의 반격이 시작된 것으로
여기며 기뻐했고, 투항 권고 방송을 미군의 기만전술로 생각했다. 1954년,
원주민의 신고를 받고 출동한 필리핀 경찰과 총격전을 벌이다가 부하
시마다 쇼이치가 사살당한 후에도 오노다는 계속 도주했다. 오노다는
원주민 마을에서 훔친 라디오에서 일본의 항복과 경제 발전, 도쿄 올림픽,
한국전쟁과 베트남전쟁 뉴스를 들었지만, 모두 미군의 선전 활동이라고
확신했다.

　1972년, 필리핀군과의 총격전으로 마지막 남은 부하 고즈카 긴시치가
사살되자 오노다는 홀로 남게 되었다. 이 사건이 알려지자 오노다의
가족에게 사망 통지서를 발부한 일본 정부는 당황했다. 일본 정부는
오노다가 숨은 정글에 가족들의 편지와 사진, 일본 신문과 잡지 등을
살포하면서 투항을 권유했다. 그래도 오노다는 투항을 거부했다.

　1974년, 일본 탐험가 스즈키 노리오(1949~1986)가 마침내 정글에서
오노다를 찾아냈다. 총을 겨눈 오노다와 마주한 스즈키는 끈질기게 그를
설득했다. 스즈키와 대화하는 과정에서 오노다는 태평양전쟁 이후의

1974년 52세에 투항한 오노다 히로

역사를 알게 되었지만, 상부의 명령이 없다면 투항할 수 없다고 외치면서
버텼다. 일본 정부는 다급히 오노다의 직속상관들을 수소문했다. 오노다
와 같은 부대에서 근무한 부대원 중 생존자는 매우 드물었다. 일본 정부는
퇴역한 후 서점을 운영하던 60대 노인 다니구치 요시미를 겨우 찾아냈다.
다니구치는 필리핀 전투 당시 오노다 부대의 중대장이었다. 다니구치는
직접 필리핀에 가서 오노다에게 자신이 작성한 명령서를 전달했다.

그 명령서를 받은 후에야 오노다는 비로소 투항했다. 22세 젊은 장교였
던 오노다는 52세가 되어 고국에 돌아왔다. 귀국한 오노다는 일본인들의
열렬한 환영을 받았다. 특히 일본 극우 세력들은 오노다의 생환을 반기면
서 ‘일본 정신 부활의 상징’이라고 선전했다. 그러나 오노다는 완전히
달라진 일본 사회에 적응하지 못했다. 그토록 적대적으로 싸웠던 미국
문화는 일본 곳곳에 스며들어 있었고, 한국전쟁과 베트남전쟁 특수로
엄청난 부를 쌓은 일본 사회를 보면서 오노다는 커다란 위화감을 느꼈다.

일본을 등지고 브라질로 이주한 오노다는 그곳에서 목장을 경영해 많은 돈을 벌었다. 1990년대에 오노다는 필리핀 정부의 초청을 받고 자신이 숨어 지냈던 정글을 방문했다. 도피 기간 중 그와 부하들이 살해한 필리핀 주민은 30명이 넘었다. 그럼에도 일본 정부의 경제 지원이 절실했던 필리핀 정부는 오노다의 범죄를 문제 삼지 않았다.

2021년 프랑스 감독 아서 하라리는 오노다가 쓴 회고록『항복은 없다: 나의 30년 전쟁』을 바탕으로 〈오노다, 정글에서 보낸 10,000일〉이라는 영화를 제작했다. 이 영화는 칸 국제 영화제에 초청받았으며 프랑스 영화비평가협회 최우수 작품상, 세자르 영화제 최우수 각본상을 받았다. 이 영화는 오노다를 영웅으로 그리지 않는다. 감독은 "자신만의 고정관념에 완전히 갇혀버린 한 인간을 이해하고 싶었다"고 연출 의도를 밝혔다. 일본은 패전 후 완벽한 친미 국가로 돌변했고, 한국전쟁과 베트남전쟁 특수를 발판으로 달러의 단맛에 빠졌다. 청년들을 소모품 취급했던 일본 정부는 희생자들에게 어떠한 사과도 하지 않았다. 오노다의 투쟁은 마조히스트의 우스꽝스러운 고집에 불과했다. 영웅적인 저항이라는 미명 아래 한 청년의 청춘은 그렇게 덧없이 무너졌다.

"행복한 사람은 과거가 없고 불행한 사람은 과거만 있다"

― 리처드 플래너건, 『먼 북으로 가는 좁은 길』

2014년 맨부커상을 수상한 오스트레일리아 작가 리처드 플래너건의 소설 『먼 북으로 가는 좁은 길』(2017)의 주인공 '도리고 에번스'는 전쟁영웅이자 저명한 의사다. 제2차 세계대전에 군의관으로 참전한 그는 태국에서 일본군에 포로로 잡혔다가 생환한다. 도리고 에번스는 국가로부터 각종 훈장과 함께 전쟁 영웅 대우를 받았고, 포로수용소에서 환자를 살리려고 고군분투한 그의 노력은 방송국에서 다큐멘터리로 제작되기까지 했다. 심지어 그의 얼굴이 새겨진 기념주화가 발행되기도 한다. 한마디로 그는 '세월과 비극의 대중적인 상징'이었다. 외과의사로서도 성공한 에번스의 삶은 누가 봐도 부족할 것이 없다. 그러나 그는 매스컴이 조명하는 자신의 이미지가 불편하기만 했다. 77세에 이른 도리고 에번스는 두 가지 기억에 시달린다. 전쟁과 불륜의 기억. 그 기억들은 선명한 고통이자 그의 질긴 삶을 지탱하는 끈이기도 하다. 과거를 회상하며 그는 이렇게 말한다. "행복한 사람에게는 과거가 없고, 불행한 사람에게는 과거만 있다."

1941년 태평양전쟁이 벌어지자, 오스트레일리아는 전시 체제에 돌입했고 모든 성인 남자들은 징집 대상이 됐다. 군의관으로 차출된 도리고 에번스는 싱가포르 전선에 투입됐지만, 부대는 전멸하고 그는 일본군의

리처드 플래너건, 『먼 북으로 가는 좁은 길』

포로가 됐다. 일본군은 6만 명의 연합군 포로와 25만 이상의 민간인을 태국과 버마(미얀마의 옛 이름)를 잇는 철도 건설 노역에 동원했다. 미드웨이 전투와 과달카날 전투의 패배로 타격을 입은 일본은 미얀마를 거쳐 중국 국민당에 무기를 공급하는 미군의 보급로를 끊고, 인도로 가는 육로를 확보하려고 400km가 넘는 철도를 건설하기 시작했다.

그러나 일본군에게는 중장비와 자금이 부족했고 시간도 없었다. 일본군은 오직 인력으로 그 문제들을 해결했다. 그 결과 변변한 장비조차 없이 철도 건설 노역에 동원된 포로들과 민간인들은 무수히 죽어갔다. 군의관인 도리고 에번스는 날마다 일본군에게 노역이 가능한 포로의 숫자와 상태를 보고하는 역할을 맡는다. 그는 한 명의 동료라도 더 살리려고 노력했지만 의약품은 턱없이 부족했다. 그는 날마다 동료들의 죽음을 가장 가까운 곳에서 목격해야 했다. 수용소에는 콜레라와 이질이 돌았고, 정글을 뚫는 공사 현장에서는 사고가 빈발한다. 에번스는 노인이 되어서도 그 시기의 기억을 떨치지 못한다.

수용소의 연합군 병사들은 죽음의 철도 건설 노역을 견디려고 갖은 애를 쓴다. 죽은 이를 애도하는 나팔을 불던 병사는 병으로 혀가 부었는데도 필사적으로 나팔을 분다. 어떤 병사는 조잡한 도구로 공사 현장과 수용소를 스케치하며 공포를 달랜다. 수용소에 존재하는 유일한 책인 히틀러의 『나의 투쟁』은 인기가 높았다. 병사들은 그 책을 암송하면서 고통을 견디고자 한다. 히틀러의 문장을 중얼거리면서 그들은 자신이

영화 〈콰이강의 다리〉의 스틸컷

'언어를 사용하는 존재'라는 사실을 잊지 않으려고 한다. 에번스 역시 현실을 견디고자 기억을 더듬는다. 그의 뇌리를 지배하는 것은 가족이나 고향이 아니었다. 전장으로 출발하기 전 에번스는 고모부의 두 번째 아내 에이미와 격정적인 사랑에 빠졌었다. 떳떳하지 못한 관계인 두 사람은 서로를 강렬하게 탐닉했다. 수용소에서 그에게 위로가 된 것은 에이미와 나누었던 쾌락의 기억이었다.

소설은 연합군 포로들을 감시하는 일본군도 상세히 묘사한다. '산야 아키라'라는 일본군 병사는 조선인이다. '최상욱'이라는 그의 본명은 훗날 전범 재판이 열릴 때까지 언급되지 않는다. 전쟁이 끝난 후 철도 건설 노역의 비극이 알려졌고 포로들을 학대한 일본군들은 전범 재판을 받게 된다. 하지만 포로 학대를 지시한 일본군 장교 고타 대령과 나카무라 소령은 처벌받지 않고 식민지에서 징집된 병사인 '최상욱'만 처벌받는다.

영화 〈레일웨이 맨〉 스틸컷

사람의 목을 칼로 자르는 느낌을 태연하게 말하며 술을 마시던 고타
대령은 전후 유명한 선禪 명상가가 된다. 일본 정신을 강조하고 포로들의
목숨을 하찮게 취급했던 나카무라 소령은 전후에 장애인과 노인을 돌보
는 봉사 활동을 펼치고 '착한 사람'으로 칭송받는다. 연합군은 귀족 출신
일본 장교들을 거의 다 석방했다. 포로 학대의 죄를 뒤집어쓴 것은 힘없는
말단 병사들이었다. 이런 모순은 수용소의 풍경과 겹쳐진다. 수만 명이
죽어가는 수용소에서 태연히 하이쿠를 읊으면서 술잔을 기울이는 일본
군 장교들과 불륜의 쾌락을 회상하면서 견디는 에번스, 히틀러의 문장을
암송하는 병사의 모습이 나란히 포개지면서 전쟁과 삶이 만든 가혹한
모순이 부각된다.

실제로 작가 리처드 플래너건의 아버지는 태평양전쟁에 참전해 일본
군의 포로수용소를 경험했다. 작가는 아버지의 기억을 토대로 소설을
창작했음을 밝히면서 이 소설을 아버지와 동료들에게 헌정했다. 데이비

드 린 감독의 영화 〈콰이강의 다리〉(1957)와 조너선 테플리츠키 감독의 영화 〈레일웨이 맨〉(2013)에서도 재현됐던 일본군의 철도 건설 노역으로 전쟁 포로 1만 6천여 명, 민간인 약 10만 명이 희생됐다. 철도 공사 시작 지점인 미얀마의 탄퓨자옛에는 '죽음의 철도 박물관'이 세워져 있다. 박물관의 시계탑 근처에는 연합군 포로들의 묘지가 있지만, 거기에 한국인 추모 묘역은 없다. 당시 한국인들은 일본군 소속이었기 때문이다. 1943년 10월 25일 죽음의 철도에서 처음 운행된 기관차 'C5631호'는 현재 일본의 비공식적 전쟁 기념관인 야스쿠니신사에 전시돼 있다. 야스쿠니신사에는 1868년부터 1951년 사이 일왕을 위해 목숨을 바친 200만 명 이상의 명단이 보관돼 있다. 억울하게 희생된 한국인들의 이름도 거기에 섞여 있으리라. 이 소설은 그들의 이름을 찾아줘야 한다는 사실도 일깨워 준다.

나치 과학자 확보 작전

— '페이퍼클립' 작전과 '오소아비아킴' 작전

제2차 세계대전이 끝나갈 무렵 소련과 미국은 독일의 과학자들을 1명이라도 더 확보하고자 혈안이 되었다. 연합군과 소련군은 독일군의 뛰어난 무기들과 비슷한 무기를 제작하려고 노력했지만, 실패를 거듭했다. 독일군 보병의 상징적인 무기 'MG42'는 엄청난 연사 속도를 지닌 기관총이었다. 게다가 보병용 대전차 화기 '팬저 파우스트'와 '판처 슈레크'는 현재에도 운용될 정도로 뛰어난 무기였다. 독일 기갑부대의 '티이거 전차'는 연합군이 지닌 어떤 전차보다 화력과 방어력이 우수했다.

무엇보다도 연합군과 소련군이 놀란 것은 초음속 전투기 'Me262'와 장거리 로켓 'V1', 'V2'였다. 초음속 전투기 'Me262'가 독일군 파일럿들이 소진되기 전에 대량 생산되었더라면 전쟁은 훨씬 길어졌을 것이다. 'V1'은 속도가 느린 탓에 비행 중 많은 수가 격추되었지만, 미국은 V1의 시스템에 정교한 항법 장치를 보강하여 훗날 순항 미사일 '토마호크'를 개발했다. 'V2'는 음속으로 대기권을 통과한 다음 목표물로 낙하하는 세계 최초의 탄도 미사일이었다. 독일군은 전쟁 말기 영국 런던과 벨기에 앤트위프 항구에 수천 발의 V2 로켓을 발사했다. 음속의 5~6배에 달하는 속도를 지닌 V2를 요격할 방도는 없었다. V2의 정확도가 개선되어 조금만 일찍 등장했다면 전쟁의 결과는 완전히 달라졌을지도 모른다. 독일이

V2 로켓과 폰 브라운 박사

핵무기를 개발해 V2에 탑재하지 못한 것은 천운이었다.

1944년, 미국과 영국은 힙동 첩보 조직을 발족해 독일 과학자들의 소재 파악에 나섰다. 독일의 패망이 다가온 1945년부터는 본격적으로 독일의 과학자와 기술진들을 포섭하기 시작했다. 1945년 11월부터 '페이퍼클립Paperclip'으로 명명한 작전이 전개되었다. 소련이 핵무기 개발을 시작하면서 이 작전의 중요성은 더욱 커졌다. 미국 첩보 기관은 각 분야의 전문가들을 총동원하여 연합군 점령지에 거주하는 독일 과학자들을 색출하여 그들을 미국으로 데려가고자 했다. 소련도 '오소아비아킴Osoavia-khim'으로 명명한 작전을 전개하여 점령지에서 붙잡은 독일 과학자들을 자국으로 데려갔다. 핵무기 개발이 뒤처진 소련은 아예 독일 과학자의 가족들까지 한꺼번에 이주시켰다.

미국과 소련이 가장 관심을 가진 분야는 V2 제작·운용 기술이었다. 대기권으로 나갔다가 재진입하는 기술은 전략 핵무기 개발과 향후 우주로 진출하는 계획에 필수적이었다. 미국은 독일의 로켓 개발 총책임자였던 베른헤르 폰 브라운(1912~1977) 박사와 그의 기술팀을 확보했다. 어린 시절 천문학자를 꿈꿨던 브라운 박사는 인간을 우주로 보낼 방법을 연구하다가 장거리 로켓 개발에 나섰다. 그는 연합군과 소련과 협상을 벌였다. 나치에 협력한 이력으로 자신과 동료들을 처벌하지 않고, 안정적인 연구 활동을 보장해야 한다는 것이 브라운의 요구 사항이었다. 그는 고심 끝에 미국행을 선택했다. 독일과의 전쟁에서 2천만이 넘는 사상자를 낸 소련이 포로로 잡은 독일인들을 가혹하게 다루었기 때문이다.

1946년 이후 미국으로 건너간 독일의 과학자, 기술자, 학자 등 고급 인력은 1천6백 명에 달했다. 이들은 미국의 대학, 연구소, 첩보기관, 항공우주국NASA에 배치되어 각종 최신 기술을 전수했다. 폰 브라운은 미국의 우주선 '아폴로호'를 만드는 로켓 개발을 시작했고, 항공의학 분야의 선도자인 후베르투스 슈트루크홀트는 인간이 우주에서 견딜 수 있는 우주복을 개발해 냈다. 항공 우주 분야가 아닌 첩보 분야에서도 미국은 독일의 도움을 받았다. 제2차 세계대전 당시 독일 동부 전선 정보책임자였던 라인하르트 겔렌 장군은 미 중앙정보국CIA에서 대소련 첩보 활동을 지원했다. 겔렌의 도움으로 CIA는 대소련 첩보 활동의 기초를 세울 수 있었다. 소련에 끌려갔다가 미국으로 망명한 전자공학자 프리츠 칼 프라이크슈아트는 인공위성 통신에 이용하는 위상배열 시스템과 항공기 유도 기술을 전수했다. 모두 오늘날까지 활용되는 고급 기술이었다. 독일의 고속도로(아우토반)를 보고 놀란 연합군 총사령관 아이젠하워는 훗날 대통령이 됐을 때 독일 토목 기술진을 데려와 미국 전역을 연결하는 고속 도로망을 구축했다.

한편 소련으로 건너간 독일 과학자 만프레드 폰 아르덴(1907~1997)은 핵 개발 프로젝트에 참여했고, 폰 브라운의 동료였던 헬무트 그뢰트룹은 소련의 로켓과 우주선 개발을 선도했다. 그뢰트룹의 활약으로 소련은 1957년 10월 세계 최초의 인공위성 '스푸트니크 1호'를 쏘아 올릴 수

스푸트니크 1호를 점검 중인 소련 과학자

있었다. 소련은 한 달 후 '스푸트니크 2호'에 살아 있는 개를 태워 우주로 보냈다. 1961년에는 소련 조종사 유리 가가린(1934~1968)이 '보스토크 1호'를 타고 지구 궤도 최초 비행에 성공했다. 소련의 우주 진출로 이른바 '스푸트니크 충격'을 받은 미국은 과학 교육과 우주 진출 계획을 전면적으로 개편했다. 마침내 미국은 1969년 7월 20일, '아폴로 11호'를 달에 착륙시키는 개가를 올렸다. 소련과 미국의 치열한 우주 경쟁은 사실상 그들이 데려간 독일 기술진들의 경쟁이었다고 해도 과언이 아니다.

1947년 미국의 뉴욕타임스는 '페이퍼클립' 작전을 대대적으로 보도했고, 이 작전은 논란에 휩싸였다. 독일과의 전쟁에서 가족을 잃은 유족들은 반발했다. 나치에 협력한 과학자들을 받아들인 결정을 둘러싸고 논쟁이 벌어졌다. 특히 유대인과 전쟁포로를 생체 실험한 데이터에 기초한 독일의 의학 기술을 도입한 것은 윤리적인 비판에 직면했다. 그러나 미국 정부는 개의치 않고 독일의 기술을 흡수했다. 미국 정부는 나치가 그 기술을 이용하는 상황보다는 낫다고 반대 여론을 일축했다. 독일의 과학 기술은 냉전 시기 신무기 개발의 자양분이 되었다. 그 무기들은 전쟁의 결과를 예측할 수 없는 공포를 낳았다. 그것은 냉전 시기 또 다른 세계대전 발발을 방지한 강력한 요인이었다.

냉전의 시작, 사할린 전투

— 하세가와 쓰요시, 『종전의 설계자들』

1945년 8월 9일, 일본 나가사키에 두 번째 원자폭탄이 떨어졌다. 그러자 태평양 전선을 관망했던 스탈린은 서둘러 대일 선전 포고를 했다. 석 달 전 유럽 전선에서 승리한 후 스탈린은 내심 일본이 더 버텨주기를 원했다. 미국이 일본과의 전쟁에 집중하는 사이 스탈린은 아시아와 유럽에서 더 많은 이득을 챙기고자 했다. 1944년 바르샤바 시민들이 봉기를 일으켰을 때 진격을 멈추고 독일군의 바르샤바 진압을 방관했던 것처럼 적끼리 싸우게 만들면서 이득을 취하는 전략이었다. 그러나 원자폭탄의 위력에 놀란 스탈린은 다급히 참전을 결정했다. 소련에게 최악의 시나리오는 자신들이 참전하기 전에 일본이 항복하는 것이었다. 미국 역시 스탈린의 의도를 간파하고 있었다. 미국이 '맨해튼 프로젝트(핵폭탄 개발 계획)'를 성공하자마자 일본에 원자폭탄을 투하한 것은 아시아에서 소련의 지분을 줄이기 위해서였다. 1945년 8월 11일, 소련군이 만주로 진입하자 일본은 당황했다. 그때까지도 일본 수뇌부는 소련이 중재에 나설 것이란 희망을 품고 있었다. 만주를 방어하던 일본 관동군은 허망하게 무너졌고, 8월 15일에 일본은 무조건 항복을 선언했다. 만주를 통과한 소련군은 한반도 북부까지 진출했다. 소련의 개입으로 태평양전쟁에서 미국의 독자적인 승리는 빛이 바랬으며 한반도 분단의 빌미가 되었다.

일본 홋카이도 와카나이시에 세워진 사할린 전투 희생자 기념비 '빙설의 문'

그러나 전쟁의 총성은 8월 15일에 멈추지 않았다. 종전일로부터 나흘이
지난 8월 19일, 사할린에 상륙한 소련군은 일본군 88사단을 공격했다.
사할린 전투는 전쟁이 끝난 이후에 벌어진 기이한 전투였다. 고립된
일본군은 필사적으로 저항했다. 일본군은 소련군 지휘부에 거듭 종전
사실을 알리며 공격 중지를 요청했지만 소용없었다. 사할린 남부 항구
마오카를 점령한 소련군은 오토마리(러시아명 코르사코프) 항구로 진격
했다. 오토마리를 빼앗기면 본토로 돌아갈 퇴로가 끊기므로 일본군은
물러설 수 없었다. 항구를 포위한 소련 군함들이 맹렬한 함포 사격을
가하고 소련 해군 육전대가 지상에서 공격했다. 위기에 몰린 일본군은
오키나와 전투와 마찬가지로 민간인들을 방패로 삼았다. 치열한 전투
끝에 8월 25일에 오토마리가 함락되었고 수천 명의 일본군과 민간인들은
포로가 되었다. 살아남은 자들은 시베리아 수용소에 억류되었다가 몇
년 후에야 풀려났다. 억류 기간에 가혹한 대우를 받아 수많은 사망자가
발생했지만, 일본 정부는 적극적으로 항의할 수 없었다.

소련은 사할린과 쿠릴 열도의 섬들을 장악했다. 소련은 여세를 몰아 일본 북부 홋카이도를 점령할 계획을 세웠으나 미국과의 정면충돌 위험을 고려하여 진격을 멈췄다. 1945년 9월에야 뒤늦게 일본 본토와 한반도에 진주한 미군은 소련의 사할린과 쿠릴 열도 점령을 견제할 여력이 없었다. 무엇보다도 오랜 전쟁으로 지친 미국과 소련은 새로운 전쟁을 꺼렸다.

사할린은 소련에게 단순한 전략적 요충지가 아니라 역사적인 '원한의 장소'였다. 1875년 러시아와 일본은 '상트페테르부르크 조약'을 맺고 러시아의 사할린 지배에 합의했다. 그러나 1905년 러·일 전쟁에서 승리한 일본은 북위 50도 이남 남사할린 지역을 차지했다. 전쟁에서 승리했으나 러시아보다 훨씬 많은 사상자를 냈던 일본은 사할린이라는 상징적 전리품을 요구했다. 당시 미국은 러시아와 일본의 전쟁을 중재하면서 큰 이득을 보았다. 미국은 일본에 만주와 한반도의 지배권을 보장하는 대가로 필리핀을 차지했다. 게다가 러시아령 동해, 오호츠크해, 베링해 연안의 어업권을 일본에 양도하여 알래스카의 안전을 도모했다. 당시 국제 사회는 대한제국을 전리품으로 취급했다. 미국은 일본을 이용해 러시아를 견제할 수 있었다. 러·일 전쟁의 최대 수혜자는 일본이 아니라 바로 미국이었다. 반면 러시아는 러·일 전쟁 패배로 엄청

하세가와 쓰요시, 『종전의 설계자들』

난 타격을 입었다. 경제가 파탄에 이르러 실업자가 폭증했고 차르의 위신은 바닥에 떨어졌다. 결국 제정 러시아는 제1차 세계대전을 거치면서 무너졌다.

스탈린은 러·일 전쟁에서 러시아가 겪은 수모를 잊지 않았다. 일본이 항복하기 직전 참전한 소련이 아시아에서 떳떳하게 지분을 요구하려면 최소한의 희생이 필요했다. 만주에서 일본 관동군이 쉽게 항복하자 스탈린은 사할린을 선택했다. 사할린 전투에서 수천 명의 사상자가 발생하자 스탈린은 크게 만족했다. 소련은 독·소 전쟁보다 훨씬 적은 희생으로 영토를 수복하고, 포츠머스 조약으로 러시아를 궁지에 몰았던 미국에 강력한 경고를 보낼 수 있었다. 사할린 전투는 영토 문제이기 전에 역사적 원한에서 비롯된 비극이었다.

일본계 미국 역사학자 하세가와 쓰요시는 자신의 저서 『종전의 설계자들』(메디치미디어, 2019)에서 사할린 전투가 미·소 냉전의 시작을 알리는 첫 전투였다고 지적한다. 사할린 전투의 여파는 우리의 운명과도 무관하지 않다. 태평양전쟁에서 패배한 일본은 소련의 위협에 맞서 미국의 충실한 우방이 되었고, 냉전으로 한반도는 분단되었다. 러·일 전쟁과 두 차례 세계대전의 상처를 기억하는 소련은 유럽과 아시아에 완충 지대를 형성하는 것을 대외 정책의 핵심으로 삼았다. 소련은 제2차 세계대전이 끝난 후 동유럽 국가들을 위성 국가로 만들고 중국과 몽골, 한반도 북부의 공산화를 지원했다. 그 과정에서 우리는 동족 간에 끔찍한 전쟁을 겪어야 했다. 현재 우크라이나에서 벌어진 전쟁도 완충 지대를 만들고 미국 중심의 세계 질서를 거부하는 러시아의 대외 정책이 낳은 결과다. 80년 가까이 지났지만, 현재 강대국들의 이해관계는 더욱 복잡하게 얽혀 있다. 일본과 러시아는 여전히 사할린과 쿠릴 열도를 두고 대립하고, 러시아는 중국과 연합하여 새로운 냉전을 시작하고 있다. 그 강대국들은 한반도의 운명을 결정할 때 예나 지금이나 한국인들의 의사를 묻지 않았다.

냉전의 아이러니, 어느 스파이의 사랑

— 이언 매큐언, 『스위트 투스』

　영국 역사학자 프랜시스 스토너 샌더스는 자신의 저서 『문화적 냉전: CIA와 지식인들』(그린비, 2016)에서 냉전 시기 문화와 지식인을 둘러싸고 전개된 '소리 없는 전쟁'을 폭로했다. 미 중앙정보국CIA은 소련을 견제하고 미국적 가치를 확산하고자 지식인들을 순화하는 정책을 펼쳤다. CIA는 '세계문화자유회의CCF'(나중에 국제문화자유협회로 개칭) 등 민간 위장 단체들을 만들어 컨소시엄을 구성하고, 35개국에 지부를 두었다. 민간 단체를 지원하면서 CIA는 수많은 잡지 발행을 지원했다. 이 과정에서 조지 오웰, 레이몽 아롱, 버트런드 러셀, 이사야 벌린, 한나 아렌트, 솔 벨로, 레너드 번스타인 등 당대의 저명한 지식인들 다수가 CIA에 포섭되거나 자신도 모르는 사이에 이용당했다. 냉전 시기에 사람들은 CIA의 심리전 각본에 따라 알게 모르게 포섭된 지식인들의 작품, 의견, 태도, 감정, 행동에 영향을 받았고, "누군가가 바라는 대로 움직인다 해도 스스로 자신의 의지에 따라 움직인다고 믿게 되는 상태"에 빠졌다. 1966년 4월, 〈뉴욕타임즈〉는 CIA가 영국 잡지 〈인카운터〉를 후원한 사실을 폭로하면서 CIA를 "누구의 통제도 받지 않는 프랑켄슈타인 박사의 괴물 같은 존재"라고 비판했다.

　이언 매큐언의 소설 『스위트 투스』(2012)는 이 폭로 사건에서 영감을 얻은 작품이다. 소설은 주인공 '세리나 프룸'이 40년 전 자신이 수행한 작전의 전말을 회고하는 형식으로 진행된다. 소설 읽기를 좋아하는 프룸은 영문과에 진학하고 싶었지만 어머니의 반대로 케임브리지 대학 수학과에 진학한다. 어머니는 딸이 수학을 공부하여 공학이나 경제 분야에서 번듯한 직업을 갖길 원했다. 하지만 프룸은 수학에 별다른 재미를 느끼지 못한다. 프룸은 역사학 교수 토니 캐닝과 사랑에 빠진다. 제2차 세계대전 때 영국

이언 매큐언, 『스위트 투스』

보안정보국^{MI5} 요원으로 복무했던 캐닝 교수는 프룸이 보안정보국에 취직할 수 있도록 도와준다. 토니에게 역사와 사회 지식을 전수받은 프룸은 보안정보국 면접을 쉽게 통과한다. 1970년대 영국 보안정보국은 지극히 보수적인 집단이었다. 여성 직원들은 주로 사무 보조 업무를 수행해야 했다. 9개월 동안 말단 직원으로 지루한 나날을 보내던 프룸에게 드디어 임무가 떨어진다. 작전명 '스위트 투스Sweet Tooth, 달콤한 치아'. 이 작전의 목표는 "중도 좌파 유럽 지식인들을 마르크스주의적 관점에서 벗어나도록 꾀어내고 자유세계를 옹호하는 것이 지적으로 높이 평가되도록 만드는 것"(157쪽)이다. 보안정보국 수뇌부는 소설을 좋아하는 프룸에게 갓 데뷔한 신인 작가 톰 헤일리를 감시하고 포섭하는 임무를 맡긴다.

프룸은 작가들을 지원하는 '자유국제재단'의 직원으로 위장하고 톰 헤일리를 만난다. 톰은 알 수 없는 재단이 왜 자신을 지원하는지 의심하면서도 너무도 호의적인 지원 조건을 받아들인다. 프룸의 임무는 톰의

소설에 담긴 체제 비판 의식을 순화하는 것이었다. 무엇보다도 프룸은 톰이 쓴 소설의 첫 번째 독자가 되어야 했다. 소설을 읽으면서 프룸은 점차 톰에게 빠져들었고, 두 사람은 곧 연인이 된다. "그는 나의 프로젝트, 나의 일, 나의 임무였다. 그의 예술, 그의 작품, 그리고 우리의 연애는 하나였다. 그가 실패하면 나도 실패하는 것이다. 그렇다면 간단했다—우리는 함께 성공할 것이다."

사랑이 깊어질수록 프룸은 톰에게 죄책감을 느낀다. 진실을 애기하는 순간 두 사람의 관계는 붕괴될 가능성이 높았다. 톰 역시 점차 프룸을 의심하게 된다. 서로를 의심할수록 역설적으로 사랑은 뜨거워졌다. 그리고 두려움 역시 커졌다. 두 사람은 소설을 두고 토론하면서 서로의 마음을 확인하고 갈등하기를 반복한다. "이 사랑이 방향을 잡고 흘러가기 전에 그에게 나에 대해 말해야 한다고 생각했다. 하지만 그러면 우리의 사랑은 끝날 것이다. 그래서 말할 수 없다. 하지만 말해야 한다."

밀고 당기는 두 연인의 줄다리기는 파국으로 치닫는다. 소설은 첩보물의 외피를 빌려 사랑의 잔인한 속성을 정면으로 까발린다. 사랑은 대개 착각과 환상으로 시작된다. 사랑을 시작할 때 우리는 자신의 환상에 상대를 대입한 다음 그 사랑을 견고하게 뒷받침하는 서사를 덧씌운다. 그리고 거짓으로 균열을 땜질하면서 환상의 붕괴를 늦추려고 노력한다. 연인들의 갈등은 대개 자신의 결여를 상대의 결여 탓으로 돌리는 기만에서 비롯된다. 톰을 사랑하게 되면서 프룸의 임무는 이미 실패가 예정된 것이었다. 프룸의 사랑은 '믿고자 하는 환상'에 지나지 않았다. "나는 트릭을 좋아하지 않는다고, 내가 알고 있는 삶이 책 속에 재현된 걸 좋아한다고 말했다. 그는 삶이 트릭 없이 책 속에 재현되기란 불가능하다고 말했다."

이언 매큐언은 과거에 벌어진 어리석은 문화 전쟁을 프룸의 실패한 사랑으로 풍자한다. 곳곳에 배치된 유머 코드와 톰의 소설을 읽고 두 사람이 벌이는 설전은 읽는 즐거움을 배가시킨다. 그러나 이 소설을 마냥 편하게 읽기는 어렵다. 〈뉴욕타임즈〉가 CIA의 활동을 폭로한 시기에 한국 군사 정권이 자행한 간첩 조작 사건('인혁당 사건'과 '동백림 사건')이 겹쳐지기 때문이다. 한국에서는 냉전 시기의 '문화 전쟁'이 여전히 진행되고 있다. 상대를 악마로 낙인찍은 채 자신의 환상만을 신뢰하는 사람들에게 이 소설을 권하고 싶다. 지금 우리에게 필요한 건 현실을 낯설게 만드는 기발한 풍자다.

마이즈루 해변의 비극

— 우키시마마루 사건

일본 교토 북쪽 항만 도시 마이즈루는 개항의 역사를 간직한 조용한 항구다. 마이즈루 시청 앞에서 동쪽으로 뻗은 해안도로를 지나면 '마이즈루 인양 기념관'에 닿는다. 패전 이후 일본 인양원호청이 18개 지역의 공식적인 인양항引揚港 중 하나로 지정한 마이즈루는 만주·한반도·시베리아·사할린에서 돌아오는 생환 병사들과 일본 민간인들이 일본으로 귀국하기 전에 거치는 관문이었다. 인양 기념관에는 전후 귀국하던 일본인들이 겪은 고난의 여정을 담은 사진과 필름 등이 전시돼 있다. 기념관 앞뜰에는 전쟁의 비참함을 상기하고 죽은 자들을 추모하는 '대화'라는 이름의 석상이 세워져 있다. 전쟁으로 희생된 일본인들을 위한 공간이다.

그러나 이 추모에서 지워진 사람들이 있다. 기념관을 지나 해안도로를 달리면 도로 한쪽에 작은 조각상이 서 있다. 갓난아이의 시체를 안은 한복 차림의 여성 주변으로 물살에 휩쓸려가는 사람들의 모습을 표현한 조각상이다. 이 조각상은 1945년 8월 24일, 일본 패망 직후 마이즈루 시모사바카반도 연안에서 일어난 '우키시마마루 사건'의 희생자들을 추도하기 위해 제작됐다. 1978년 교토의 한 시민 단체가 제작한 이 조각상은 기념관에 공식적으로 설치되지 못했다.

1945년 8월 22일, 일본 아오모리현 오미나토항에는 수천 명에 이르는

일본 마이즈루 해변에 설치된 우키시마마루호 추모 조각상과 뒷면

조선인들이 몰렸다. 조선인들은 한껏 들떠 있었다. 그들은 광산과 군수공장 등에서 강제 노동을 하다가 일본 해군이 운용하는 귀국선 우키시마마루호를 타고 고국으로 돌아가게 됐다. 우키시마마루호의 본래 임무는 조선에 거주하는 일본인을 데려오는 것이었다. 그러나 재일 조선인들이 폭동을 일으킬 수 있다고 판단한 일본 정부는 강제 징용한 조선인 노동자 1만여 명을 우키시마마루호에 태워 부산으로 보내기로 결정했다. 긴단히 짐을 꾸린 조선인들은 기쁨에 겨워 눈물을 흘리며 연신 만세를 외쳤다. 약 8천 명의 조선인을 태운 4,750톤급 우키시마마루호는 8월 22일 밤 10시에 출항했다.

부산으로 향하던 배는 8월 24일 갑자기 방향을 틀어 마이즈루 앞바다에 진입했다. 갑판에 있던 조선인들은 눈앞의 육지를 부산으로 착각하고 눈물을 흘리기도 했다. 그때 엄청난 폭발음과 함께 길이 108m의 우키시마마루호는 두 동강이 났고, 탑승한 조선인 수천 명이 수장됐다. 생존자들은 우키시마마루의 승무원들이 폭발 직전에 문서 등을 바다에 버리고 보트를 타고 탈출했다고 증언했다. 부산으로 향하던 배가 미군이 매설한 기뢰가 가득한 마이즈루 연안으로 방향을 바꿨던 이유도 밝혀지지 않았다. 생존자들은 모두 배에서 폭발음이 3~4회 들렸다고 증언했다. 기뢰에

우키시마마루호

의한 폭발이라면 폭발음이 서너 차례 들릴 수 없고, 물기둥이 수십m에 이르렀어야 했다. 그러나 우키시마마루호는 내부에서 폭발이 발생했다. 훗날 일본 기업이 고철로 쓰려고 선체를 인양했을 때 선체가 모두 바깥쪽을 향해 구부러져 있었다는 점도 기뢰에 의한 폭발이 아니라는 것을 뒷받침했다.

　바다에 뛰어든 사람들은 대부분 사망했고, 생존자들은 기름을 뒤집어 쓴 채 기울어진 배와 부유물에 매달렸다. 폭발음을 들은 어선들이 구조에 나서기 전까지 3,757명(유가족 추정 8천여 명)이 사망했다. 기름을 너무 많이 먹어 구조된 뒤 목숨을 잃은 사람도 많았다. 일본 해군은 인양한 시신들에 기름을 부어 태운 후 임야에 매장했다. 생존자들은 일본 해군이 운용하는 임시 시설에 강제 수용됐다. 그러나 며칠 후 수용소에서도 원인을 알 수 없는 폭발이 일어나 다수의 사망자와 부상자가 발생했다.

　며칠 후 우키시마마루호 생존자들은 시모노세키 항구로 옮겨져 그곳에서 귀국선을 타고 9월 18일에야 귀국할 수 있었다. 부산에 내린 생존자들은 곧바로 신문사로 달려가 참상을 알렸다. 〈부산일보〉 등 지역 신문들이 우키시마마루호의 침몰을 보도했으나 이 사건은 침몰 원인도, 사망자 명단도 확인되지 않은 채 묻혔다. 1945년 12월 7일 우키시마마루호가 출항한 아오모리현 조선인연맹이 연합군총사령부GHQ 법무부에 진상조사를 요구하는 진정서를 냈으나 '증거 불충분'으로 기각됐다. 1950년 2월, 일본 인양원호청이 극동미해군사령부 앞으로 제출한 보고서에 우키시마마루호의 침몰 원인을 '기뢰 접촉'으로 기록한 이후 일본 정부는 현재까지 입장을 바꾸지 않고 있다. 생존자들이 모여 일본 정부에 진상 규명과 배상을 요구했으나 일본 정부는 1945년 8월 15일 이전에 일어난 일이 아니므로 우키시마마루호 침몰에 책임이 없다고 주장했다.

2001년 일본 교토 지방법원은 '일본 정부의 안전 배려 의무 위반'을 인정하고 사망자 유가족 1인당 각각 300만 엔씩 배상하라고 판결했다. 56년 만에 책임을 인정한 판결이었다. 그러나 2003년 오사카 고등법원 재판에서 1심 판결이 뒤집혔다. 재판부는 "우키시마마루호로 한국인을 수송한 것은 '군사적 조치'이기에 안전 운송 의무가 있다고 할 수 없다"라고 판결했다. 이 판결은 일본 대법원에서도 그대로 확정됐다.

1991년부터 줄기차게 일본 정부를 상대로 소송을 벌인 우키시마마루호 생존자들은 다큐멘터리 영화 〈우키시마호〉(2019)에 출연해 참사의 기억을 육성으로 남겼다. 이 영화에서 생존자들은 귀국이 전쟁 증거 인멸을 위한 일본의 군사 작전이라고 증언했다. 제2차 세계대전 말기 일본은 시모키타반도 일대를 요새화하는 작업을 진행하면서 비행장, 철도, 항만 등 전쟁 시설 구축에 조선인 약 9천 명을 투입했다. 동원된 노동 인력의 대부분은 강제 징용된 조선인 노무자들이었다. 생존자들은 일본이 비밀 군사 기지 건설 작업에 동원한 조선인 노동자들을 부산까지 데려다주는 친절을 베풀 리가 없다고 입을 모았다. 실제로 다른 귀국선들은 일본이 항복한 지 한 달 이상 지난 후에야 출항했다. 그리고 당시 우키시마마루호에서 근무했던 일본인은 기관실 옆에 폭탄이 설치돼 있었다고 증언했다.

이 영화는 사망하기 전에 우키시마마루의 비극을 기록으로 남기려는

영화 〈우키시마호〉에 나온 생존자들의 사진

생존자들의 노력으로 제작되었다. 최근 생존자 유족회는 일본 유텐사라는 절에 안치된 우키시마마루호 사건 희생자들의 유골 280위를 돌려받았다. 유골들은 제주도의 한 사찰에 모셔졌다. 아직도 생존자들은 마이즈루 해변의 기념상을 찾아 78년 전 비극을 되새기고 있다.

망명자의 사랑

— 에리히 레마르크, 『개선문』

독일 작가 에리히 마리아 레마르크(1898~1970)는 두 차례의 세계대전을 모두 겪었다. 한 번은 병사로, 다른 한 번은 망명자로. 뮌스터대학 재학 중 징집된 그는 제1차 세계대전에서 겪은 혹독한 참호전의 기억을 바탕으로 반전 문학의 상징이 된 소설 『서부전선 이상 없다』(1929)를 발표했다. 이 소설은 전 세계에서 폭발적인 반응을 일으켰다. 영화로도 제작되었으나 독일 보수주의자들과 나치당은 독일에서 영화 상영을 거부하는 캠페인을 벌였다. 목숨에 위협을 느낀 레마르크는 1933년 1월 29일, 나치가 집권하기 하루 전날 베를린을 탈출해 스위스로 도주한다. 나치는 레마르크의 소설을 '반체제 작품'으로 규정하고 도서관에서 반출하여 불태웠다. 제2차 세계대전이 발발하자 레마르크는 스위스

에리히 레마르크

레마르크의 연인이었던 마를레네 디트리히

를 떠나 미국으로 망명했다. 레마르크는 망명 중에도 계속 소설을 집필했다. 그중 1946년에 발표한 소설 『개선문』은 고달픈 망명 생활과 스위스 체류 시절 자신의 연인이었던 여배우 마를레네 디트리히(1901~1992)와의 추억이 토대가 된 작품이다.

1930년대 후반 파리. 의사 '라비크'는 '앙테르나쇼날'이라는 싸구려 호텔에 거주하는 망명자다. 그는 베를린에서 반나치 운동을 하는 친구를 숨겨주었다가 체포된다. 라비크의 애인 '시빌'은 게슈타포(비밀경찰)의 고문을 받고 사망했다. 라비크는 강제 수용소에서 탈출해 파리에 망명하여 불법 체류자가 되었다. 그는 대리 수술로 생계를 유지하다가 신분이 발각되어 추방되면 다시 밀입국하기를 반복한다. '라비크'는 그의 세 번째 이름이다. 그에게는 그저 생존이 유일한 삶의 목적이다. 라비크의 유일한 친구 '모로소프' 또한 망명자다. 모로소프는 제정 러시아 황제 근위대에서 근무했던 귀족이었지만, 러시아 혁명 와중에 탈출하여 파리로 흘러든 인물이다. 그는 라비크의 든든한 조력자가 된다. 라비크는 파리에서 모로소프 외에는 잘 맞는 사람이 없다. 병원 간호사 '외제니'는 무미건조한 인물이다. 그녀는 라비크가 어떤 것도 신성하게 여기지 않는다는 이유로 경멸한다. 라비크 역시 걸어 다니는 규범만 강조하는 외제니를 따분하게 여긴다. 라비크를 고문한 게슈타포 경찰 '하케', 라비크를 헐값에 고용한 의사 '뒤랑'도 외제니와 비슷한 인물들이다. 그들은 인간의 나약함을 인정하지 않고, 진실을 회피하면서 미래의 천국이라는 환상

1948년 잉그리드 버그만, 샤를 부아예가 주연한 〈개선문〉 스틸컷

을 신봉한다.

강제 수용소를 겪은 라비크는 인간의 신성함을 결코 믿지 않는다. 그에게 인간이란 그저 먹고 배설하는 나약한 짐승에 불과하다. 라비크는 그런 탐욕스러운 인간들이 바글거리는 현실을 '통조림 시대'라고 명명한다. "나는 우리가 통조림의 시대 속에 살고 있다고 생각하네. 우리는 이미 생각할 필요가 없어졌네. 만사가 미리 생각되고 미리 섞어지고 미리 느껴진 것이거든. 열기만 하면 되니까. 날마다 세 번씩 집으로 배달되고."

라비크의 삶은 거리를 헤매던 여자 '조앙 마두'를 만나면서 달라진다. 라비크는 순진무구하고 텅 빈 시선을 지닌 그녀에게 친밀감을 느낀다. 조앙은 단지 눈앞의 순간만을 사는 여자였다. 라비크는 그녀와 사랑에 빠지면서 처음으로 삶의 기쁨에 눈을 뜬다. 그러나 라비크와 조앙의 사랑은 오래가지 못한다. 라비크는 당국에 불법 체류자로 체포되어 스위스로 추방된다. 그사이 조앙은 다른 남자와 결혼하고 만다. 다시 파리로 돌아온 라비크는 낙심한다. 두 사람이 엇갈리는 동안 유럽의 상황은 숨 가쁘게 돌아간다. 체코슬로바키아의 수데텐을 점령한 독일은 뮌헨 협정을 무시하고 군비 확장에 박차를 가한다. 파리에 망명한 사람들은 전쟁이 다가오고 있음을 감지한다.

과거에 자신을 고문했던 독일 비밀경찰이 정보원으로 파리에 온 것을 알게 된 라비크는 복수를 계획하지만 실패하고 만다. 라비크가 복수에 실패한 날, 조앙은 의처증에 걸린 남편의 총을 맞은 채 그를 찾아온다. 조앙이 눈을 감기 전 라비크는 독백한다. "당신은 나의 생명이었어. 조앙, 당신은 내게 생명을 불어넣어 주었어. 나는 돌멩이에 지나지 않았었어. 그런 나를 당신이 다시 살아나게 해줬던 거야." 조앙이 사망했을 때 파리의 신문들은 독일군이 폴란드를 침공했다는 소식을 떠들썩하게 알린다. 라비크는 친구 모로소프와 작별하면서 훗날 전쟁이 끝나면 카페 '푸케'에서 다시 만나기로 약속하고 망명자들과 트럭을 타고 떠난다. 승리의 상징인 파리의 건축물 '개선문'[2]은 어둠 속에서 떠나는 자들을 배웅한다. "사방엔 불빛이라곤 없었다. 광장엔 어둠만 짙게 깔려 있었다. 너무 어두워, 개선문조차 보이지 않았다."

레마르크는 망명 시절 마를레네 디트리히와 잠시 머물렀던 파리를 평생 잊지 못했다. 그러나 전쟁이 갈라놓은 두 사람의 인연은 다시 이어지

---

2. 소설의 제목 '개선문'은 1806년 아우스터리츠 전투에서 승리하고 개선한 나폴레옹의 명령으로 착공한 건물이다. 개선문은 1836년에 완공되었고 유배지 세인트헬레나에서 돌아온 나폴레옹의 유해는 1840년에 개선문을 지났다. 1940년, 파리를 점령한 독일군은 개선문을 행진했다. 독일군은 파리 시민들의 자존감을 꺾으려고 이 행사를 매일 실행했다. 4년 후 드골 장군이 이끄는 자유프랑스군도 개선문을 통과해 파리로 입성했다.

지 못했다. 1948년, 망명을 끝내고 유럽으로 귀향한 레마르크는 파리에 들를 때마다 소설에서 라비크와 모로소프가 만나기로 한 카페 '푸케'에서 긴 시간을 보냈다. 레마르크의 청춘은 두 차례의 전쟁과 함께 허물어졌다. 1970년 사망할 때까지 레마르크는 『생명의 불꽃』(1952), 『사랑할 때와 죽을 때』(1954) 등 전쟁을 증언하는 작품을 계속 집필했다. 망명자들의 사랑을 다룬 소설 『개선문』을 다시 읽으며 연일 미사일

라비크와 모로소프가 만나기로 약속한 파리의 카페 '푸케'

이 쏟아지는 우크라이나의 도시들과 팔레스타인의 가자 지구를 생각한다. 그곳 어딘가에 또 다른 '라비크'와 '조앙'이 있을 것이다.

알제리 전쟁과 자유 프랑스의 민낯

— 〈영광의 날들〉과 〈알제리 전쟁〉

제2차 세계대전 당시 프랑스는 단 6주 만에 독일에 패배했다. 영국으로 망명한 샤를 드골(1890~1970) 장군은 나치에 굴복하지 않고 항전할 것을 천명했다. 그러나 드골 휘하에는 덩케르크에서 탈출한 프랑스 제1군의 잔존 병력과 세계 각지 식민지에 흩어진 군대가 전부였다. 드골의 자유프랑스군은 오랜 세월 프랑스의 지배를 받았던 식민지 원주민들의 힘을 빌릴 수밖에 없었다. 특히 유럽과 가까운 북아프리카 식민지 원주민들은 드골의 저항군을 적극적으로 도왔다. 프랑스의 핵심 식민지인 알제리, 모로코, 튀니지, 세네갈 등지에서 무려 23만 명이 넘는 청년들이 참전했다.

라시드 부샤렙 감독의 〈영광의 날들〉(2006)은 프랑스 해방을 기치로 내걸고 싸웠던 알제리 청년들을 다룬 영화다. 프랑스를 위한 전쟁에 수많은 알제리 청년들은 기꺼이 자원한다. 그들은 이탈리아와 북아프리카 전선에서 혁혁한 전과를 올렸고, 프랑스가 해방된 1944년 9월 이후에는 독일 본토로 진격하는 프랑스군의 선봉을 맡았다. 알제리 청년들은 자신들이 해방시킨 프랑스를 제2의 조국으로 여겼다. 주인공인 알제리 청년 메시우드는 프랑스에서 이레네라는 여인을 만나 사랑에 빠진다. 알제리에서는 프랑스 여자와 함께 다닐 수도 없었던 알제리 청년에게

라시드 부샤렙 감독, 〈영광의 날들〉 스틸 컷

이레네는 "당신을 기다리겠다"고 말한다. 메시우드는 전쟁이 끝난 후 당당한 프랑스인으로 살아갈 미래를 그리면서 들뜬다. 하지만 메시우드 가 전장에서 쓴 편지들은 백인 장교의 검열에 걸려 조롱거리가 되었고 알제리 청년들에게는 음식조차 동등하게 배급되지 않았다. 단지 프랑스 인이 되기를 바랐던 메시우드는 1945년 1월 알자스에서 전사한다. 그의 묘비에는 '자유를 위해 죽다'라는 글귀가 새겨진다. 영화는 60여 년이 지난 후 한 전우가 그의 무덤을 쓸쓸하게 응시하는 장면으로 끝난다. 이 영화는 프랑스 정부의 전폭적인 지원을 받아 제작되었고, 2006년 칸 영화제에서 남우주연상을 받았다. 당시 영화의 시사회에 참석한 자크 시라크 프랑스 대통령은 북아프리카 출신 퇴역 군인들에게 프랑스군과 동등한 연금과 사회적 혜택을 약속했다. 자유, 평등, 박애의 정신을 국기 에 새긴 '선진국 프랑스'를 대변하기에 모자람이 없는 장면이었다.

그러나 진실은 전혀 달랐다. 전쟁이 끝나자마자 프랑스는 돌변했다. 1945년 5월 종전 무렵 알제리 동부 세티프에서 독립 시위가 벌어지자 드골은 알제리에서 프랑스의 주권을 위협하는 어떤 행위도 용납하지 않겠다고 선언하고 강경 진압에 나섰다. 전쟁이 끝난 후 미·소를 중심으로 재편되는 국제무대에서 이등 국가로 전락할 것을 우려한 프랑스는 해외 식민지를 유지하여 국가적 위상을 지키고자 했다. 알제리를 "프랑스의 완벽한 일부"로 규정한 드골은 알제리의 독립을 결코 허용하지 않았다. 알제리 현지와 프랑스 본토에서 인종 차별도 계속되었다. 프랑스인과 알제리인이 같은 깃발 아래 하나가 되는 영화의 풍경은 환상에 불과했다. 프랑스의 자유를 외치면서 저항군을 이끌었던 드골의 이미지는 세티프 강경 진압으로 완전히 무너졌다. 알제리의 독립 요구는 점차 거세졌다. 전쟁에 참전했던 알제리 청년들은 환멸에 휩싸였고 그들은 '알제리민족해방전선FLN'의 주축이 되었다.

1954년 디엔비엔푸에서 프랑스가 패배하고 베트남이 독립하자 알제리에서도 조직화된 무장 투쟁이 전개되었다. 알제리 무장 조직은 프랑스 본토와 알제리에서 연속적인 '카페 테러'를 감행했다. 디엔비엔푸 패배로 자존심에 상처를 입은 프랑스군은 '알제리민족해방전선'을 무자비하게 탄압했지만, 저항은 줄어들지 않았다. 알제리에 주둔한 프랑스군은 계속 증원을 요청했다. 알제리 파병으로 징집제가 부활하자 프랑스 젊은 세대들의 반감이 고조되었다. 알제리 출신 프랑스 지식인들의 반전 운동까지 벌어지고 국제적인 비판에 직면했지만, 프랑스는 1962년까지 전쟁을 지속했다. 알제리 전쟁 기간에 축적된 기성세대를 향한 프랑스 청년들의 분노는 훗날 '68혁명'으로 폭발했다.

프랑스로 망명한 이탈리아계 유대인 질로 폰테코르보 감독은 영화 〈알제리 전투〉(1966)에서 알제리 독립 투쟁과 프랑스군의 폭력을 사실적으로 재현했다. 알제리 정부의 지원 아래 만들어진 이 영화는 모두 실제 장소에서 촬영되었고, 촬영에 자원한 알제리 국민은 독립 항쟁 당시를 생생하게 재현해 냈다. 프랑스군 지휘관 '마티스 대령'은 나치에 짓밟힌

질로 폰테코르보 감독, 〈알제리 전투〉 스틸컷

프랑스 해방을 위해 싸웠지만, 알제리에서는 해방 운동을 가혹하게 탄압하는 아이러니한 인물이다. '마티스 대령'의 실제 모델은 알제리 전쟁 당시 프랑스 정보부 책임자였던 폴 오사레스 장군이다. 폴 오사레스는 2001년에 발간한 회고록에서 자신이 FLN의 지도자들을 잔혹하게 고문하고 살해했음을 인정했다. 질로 폰테코르보 감독은 이 영화에서 나치의 폭력을 그토록 강조했던 프랑스의 이면을 폭로했다. 〈알제리 전투〉는 1966년 베니스영화제에서 그랑프리를 수상했지만, 프랑스 정부는 영화의 상영을 불허했다. 금지령은 2004년에야 해제되었다. 나치에 맞선 저항의 서사를 자랑스러워하면서도 자신들이 식민지에서 저지른 범죄는 애써 외면하는 프랑스의 기만은 낯설지 않다. 우리가 겪었던 불행한 역사와 상당 부분 겹쳐지기 때문이다.

핵전쟁을 막은 스파이, 고르디옙스키

— 벤 매킨타이어, 『스파이와 배신자』

    냉전은 곧 '스파이 전쟁'이었다고 해도 과언이 아니다. 핵무기의 위력 탓에 물리적인 충돌을 자제하면서 서방 국가들과 소련은 치열한 첩보전을 전개했다. 무엇보다도 양측은 상대가 선제공격에 나설 가능성을 탐지하고자 했다. 첩보전이 가열되면서 내부에 침투한 이중 스파이를 색출하려는 작전도 끊임없이 벌어졌다. 냉전이 끝난 후 은막에 가려진 한 이중 스파이의 활약이 알려졌다. 소련 정보기관 KGB와 영국 정보기관 MI6의 이중 스파이로 활약한 올레크 고르디옙스키(1938~)의 활약은 독보적이었다. 영국 〈더 타임스〉의 칼럼니스트 벤 매킨타이어가 저술한 『스파이와 배신자』는 고르디옙스키와 전직 영국 정보원, KGB 요원들을 직접 취재한 기록을 바탕으로 쓴 고르디옙스키의 일대기다.

    1985년 5월 18일. KGB 소속 올레크 고르디옙스키 대령은 모스크바 셰레메티예보 국제공항에 도착했다. 그는 KGB 런던 지부장으로 승진하여 임명장을 받으러 모스크바로 들어왔다. 그런데 마중 나와야 할 직원이 보이지 않았다. 아파트에 도착했을 때 그는 위기를 직감했다. 3개의 잠금 장치 중 2개만 잠근 채 모스크바를 떠났는데, 3개가 모두 단단히 잠겨 있었다. 고르디옙스키는 KGB가 자신을 감시한다는 사실을 알게 되었다. 10년 넘게 소련의 정보를 영국에 넘겨 왔던 고르디옙스키는 곧바로 영국

정보부 MI6에 그 사실을 알렸다. 두
달 후 MI6은 그를 핀란드로 탈출시
키는 작전을 실행에 옮겼다. 엘리트
요원이었던 고르디엡스키는 왜 조
국을 배신했는가. 저자는 이 화두를
던지면서 그의 삶을 파고든다.

고르디엡스키의 집안은 'KGB 그
자체'였다. 그의 아버지는 KGB 핵
심 요원으로서 1936년 스탈린이 벌
인 대숙청에 저항하는 자들을 색출
하여 제거하는 일을 맡았다. 그의
형 역시 KGB에서 일했다. 고르디엡
스키도 대학 졸업 후 곧바로 KGB에

벤 매킨타이어, 『스파이와 배신자』

입사했다. 그는 아버지와 형의 뒤를 이어 KGB 요원이 된 것을 자랑스럽게
여겼다. 고르디엡스키의 집안 내력은 조직에서 신뢰를 받기에 충분했다.
그러나 해외 근무를 시작하면서 고르디엡스키의 애국심은 흔들리기 시
작했다. 덴마크의 코펜하겐에 배치된 그는 그곳의 자유로운 문화를 보고
놀란다. 코펜하겐의 분위기는 감시와 통제가 일상인 소련과는 너무도
달랐다. 소련에서는 접할 수 없는 서구의 클래식 음악과 문학 작품을
접하면서 그는 정부의 선전과는 달리 소련이 얼마나 폐쇄된 사회인지를
깨달았다.

당시 소련은 350만이 넘는 동독 주민들이 자유를 찾아 서독으로 넘어가
자 베를린 장벽을 세웠고, 위성 국가로 만든 동유럽 국가의 언론을 장악했
다. 1968년, 체코 프라하 시민들이 언론 자유를 요구하면서 체코 공산당과
소련 정부에 반기를 들었다. 소련은 군대를 투입하여 민주화 시위를
폭력 진압했다. 고르디엡스키의 형은 여행객으로 위장하고 프라하에

1968년 프라하. 대학생들이 국기를 들고 불타는 소련군의 탱크를 지나고 있다.
체코의 '프라하의 봄'은 고르디엡스키가 변절하는 계기가 되었다

침투해 시위에 앞장선 체코의 학자, 언론인, 대학생들을 납치했다. 그는 형의 행동에 크게 실망했다. 체코 출신인 절친한 친구는 서방으로 망명했다. 고르디엡스키는 스탈린의 숙청 작업에 가담했던 아버지가 무슨 일을 했는지도 깨달았다. 그는 자신의 조국에 환멸을 느꼈다. KGB 요원들을 감시하던 MI6과 덴마크 정보기관은 고르디엡스키가 동요하는 것을 감지하고, 서서히 접근했다. 1974년, MI6은 그를 포섭하는 데 성공했다. 고르디엡스키는 "소련 체제의 토대를 무너뜨리는 것이 바로 자신의 역할"이라고 확신했다. 그는 덴마크와 영국에 침투한 KGB 요원들 명단과 KGB의 비밀 작전 서류들을 빼돌렸다. 동시에 MI6이 적당하게 흘린 정보들을 KGB에 전달하는 임무에도 충실하여 본부의 신뢰를 얻었다.

1982년, KGB 국장 출신으로 공산당 서기장에 오른 유리 안드로포프(1914~1984)는 예민한 성격의 지도자였다. 안드로포프는 미국이 핵무기로 소련을 공격할 것이라고 확신하면서 서유럽과 미국을 핵무기로 선제

타격하는 시나리오를 구상
했다. 안드로포프 재임기인
1982년부터 1984년 사이에
소련은 나토의 사소한 움직
임에도 예민하게 반응했다.
이 시기 사할린 상공에서 소
련기의 공격을 받아 KAL기
가 피격되는 사건(1983.9.1)
이 벌어졌다. 당시 소련은
KAL기의 영공 침범을 미국
의 정찰 행위로 알고 과잉 대
응했다. KAL기 피격의 전말
이 담긴 소련 정부의 비밀 전
문도 고르디옙스키가 빼낸

모스크바국제관계대학교 시절의 고르디옙스키.
대학 시절 KGB가 처음 그에게 접근했다

정보였다. 고르디옙스키는 소련의 선제 핵 공격 계획을 영국의 마서릿
대처 총리와 미국의 로널드 레이건 대통령에게 전달했다. 소련의 계획이
과대 선전이 아님을 파악한 로널드 레이건 대통령과 마거릿 대처 총리는
나토의 군사 훈련 패턴을 바꾸고 소련에 유화적인 제스처를 취했다.
안드로포프 사망 후 서기장에 오른 미하일 고르바초프(1931~2022)는
서방과 핵무기 감축 협상에 나섰다. 만약 고르디옙스키의 정보가 아니었
다면 로널드 레이건의 공격적인 화법에 자극받은 소련이 선제공격을
시도했을 가능성이 높았다.

　1985년부터 고르디옙스키는 KGB의 의심을 받기 시작했다. 그가 근무
하는 국가에서 KGB 요원들이 MI6에 발각되어 추방당하는 사례가 빈번하
게 발생했기 때문이다. 1985년 7월, 고르디옙스키는 조깅을 하러 나가는
척하면서 레닌그라드행 야간열차에 올라탔다. 그리고 핀란드 국경 근처

에서 MI6 요원과 접선하여 탈출하는 데 성공했다. 고르디옙스키의 배신을 알게 된 KGB 내부는 발칵 뒤집혔다. 절친한 동료들이 모조리 끌려가서 고문당했고, 그의 가족들은 24시간 감시를 받았다. 1987년 6월 고르바초프를 만난 마거릿 대처 총리는 MI6이 갖고 있는 KGB 스파이 명단과 고르디옙스키의 가족들을 교환하자고 제의했으나 고르바초프는 딱 잘라 거절했다. 냉전이 끝난 후에도 고르디옙스키의 동료들은 그를 끝까지 용서하지 않았다. "우리 모두 서방 세계에서 사는 것을 좋아했다. 하지만 반역자가 된 사람은 올레크뿐이었다."

고르디옙스키도 자신의 선택을 괴로워했다. 그는 안정된 삶을 포기하고 선택한 서방 국가에서 안락하게 지내는 것이 고통스러웠다. 또한 가족들을 생각하면서 죄책감에 휩싸였다. '뛰어난 스파이'와 '더러운 반역자'라는 상반된 낙인은 그의 운명이었다. 지금도 그는 영국에서 가명으로 은둔하고 있다. 저자는 책의 말미에 이렇게 적고 있다. "그는 아무 후회가 없다고 말한다. 하지만 때로 대화를 하다 말고 자기 눈에만 보이는 먼 곳 어딘가를 어두운 얼굴로 빤히 바라보곤 한다. 그는 내가 만난 사람 중에 가장 용감한 사람이자 가장 고독한 사람이다." 2007년 영국 여왕은 고르디옙스키에게 '세인트 마이클 앤드 세인트 조이 훈장'을 수여했다. 그것은 영화 속 가상의 스파이 '제임스 본드'가 받은 것과 동일한 훈장이었다.

역사상 가장 완벽한 첩보작전
— 민스미트 작전

1943년 봄, 스탈린그라드에서 소련군이 승리하고 북아프리카의 알 알라메인에서 영국군이 승리를 거뒀다. 연합군은 겨우 한숨을 돌릴 수 있었다. 스탈린은 미국과 영국 정부에 유럽에서 '제2 전선'을 열어 달라고 거듭 요청했다. 그러나 연합군은 당장 유럽에 대규모 상륙을 감행할 수 없었다. 연일 독일 잠수함과 사투가 벌어지는 대서양을 통해 필요한 물자를 공수하려면 시간이 더 필요했다. 북아프리카에 상륙한 미군도 아직 경험이 부족했다. 연합군은 프랑스 상륙을 연기하고 이탈리아의 시칠리아섬에 상륙하는 작전을 입안했다. 지중해를 건너 북아프리카 주둔 병력을 이탈리아로 진격시키는 작전(허스키 작전)이었다. 독일군 역시 이탈리아가 다음 목표라는 사실을 잘 알고 있었다. 시칠리아는 이탈리아 본토와 거리가 매우 가까웠다. 연합군 함선이 좁은 해협에 들어서면 섬과 육지 양쪽에서 협공당할 가능성이 컸다. 시칠리아를 방어하는 독일 기갑부대도 위협적이었다. 만약 기습이 성공하지 못하면 해안가에 상륙하는 병사들은 집단학살 당할 터였다.

영국 정보부는 '민스미트Mincemeat'로 명명한 작전을 추진했다. 연합군이 시칠리아가 아닌 그리스 침공을 준비한다는 정보를 누설해 독일군을 기만하는 작전이었다. 무엇보다도 연합군 내부에 침투한 독일군 스파이

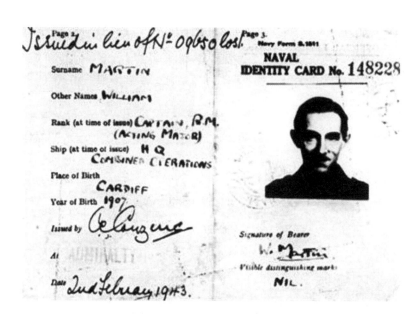

실제 민스미트 작전에 이용된 신분증

들의 눈까지 속여야만 했다. 영국 정보부는 '윌리엄 마틴'이라는 가상의 장교를 만들었다. 그들은 사관학교 졸업 사진과 가족들에게 보낸 편지, 훈장 상신 서류, 훈련 일지, 고등학교 졸업장을 만들고 군번도 발급했다. 그렇게 '윌리엄 마틴'은 서류상으로 완벽한 실존 인물이 됐다. '인물 제작' 작업이 끝난 뒤 영국 정보부는 물에 빠져 죽은 행려병자의 시신을 은밀히 찾아냈다. 그 시신에 영국 장교 군복을 입힌 다음 오른손에 수갑을 채우고 서류 가방과 연결했다.

1943년 5월 1일, 스페인 남부 카디스만 부근에 침투한 영국 잠수함은 시신이 조류를 타고 해안으로 밀려가도록 방출했다. 이튿날 새벽, 스페인 어부들이 시신을 발견했다. 해안에는 수백 명의 구경꾼이 몰려들었다. 주머니에서 나온 신분증을 확인한 어부들은 영국군 장교의 시신을 발견했다고 관청에 보고했다. 스페인 관리는 시신을 병원으로 옮겨 부검했다. 폐에서 바닷물이 검출되자 부검의는 익사로 판명했다. 그리고 가방 안의 문서를 점검하는 과정에서 연합국 사령부 작전참모 '윌리엄 마틴' 소령이 비행기를 타고 북아프리카로 이동하던 중 사고를 당한 것이라고 결론을 내렸다.

'윌리엄 마틴'의 가상의 여자 친구 사진

당시 스페인은 중립국이었지만 스페인 내전에서 독일과 이탈리아의 도움을 받았던 프랑코 정부는 독일에 우호적이었다. 스페인 정부는 윌리엄 마틴 소령의 시신을 수습했다는 사실을 발표하기 전 독일 대사관에 몰래 서류를 넘겼다. 독일은 정보장교를 파견해 시신과 서류를 조사했다. 그 서류에는 북아프리카에 주둔한 미군과 영국군이 그리스를 침공한다는 계획이 상세히 적혀 있었다. 연합군의 최종 목표는 그리스를 점령한 후 그곳을 발판으로 루마니아의 플로이에슈티 유전을 공격하는 것이었다. 플로이에슈티 유전은 독일군의 유일한 연료 공급처였다. 유전이 파괴되면 독일은 전쟁을 지속할 수 없었다.

서류 내용을 검토하던 독일 정보부는 역정보일 가능성을 염두에 두고 '윌리엄 마틴'이라는 인물을 조사했다. 영국 내 독일 스파이들은 분주히 움직였다. 영국 정보부는 일부러 체포하지 않았던 독일 스파이들이 윌리엄 마틴에 관한 정보를 수집한다는 사실을 감지했다. 때맞춰 영국 정부는 스페인 정부에 영국 장교의 시신과 서류를 돌려달라고 공식 요청했다. 지중해에 배치된 영국 함정들은 수색 작업을 벌였다. 스페인 정부는 일주일 후 시신과 서류를 영국에 반환했다. 영국 정보부는 서류 봉투가 개봉됐다는 사실을 확인하고 작전이 성공했음을 직감했다. 독일 스파이들이 윌리엄 마틴에 관한 정보를 전송하자 독일 정보부는 서류에 적힌 내용을 신뢰하게 됐다. 그리스 주둔 독일군에 비상이 걸렸고, 병력과 장비가 보강됐다. 플로이에슈티 유전 지역 방어도 강화했다.

1943년 7월 10일, 허스키 작전이 시작됐다. 미군과 영국군은 공수부대를 앞세워 시칠리아에 상륙했다. 시칠리아에는 7만의 독일군과 20만명이 넘는 이탈리아군이 주둔하고 있었다. 그러나 전의를 상실한 이탈리아군은 연합군이 상륙하자마자 곧 투항했고, 독일군은 궁지에 몰렸다. 독일군은 단독으로 전투에 돌입했으나 연합군의 물량 공세에 오래 버티지 못했다. 시칠리아를 한 달 만에 점령한 연합군은 이탈리아 본토로 가는 발판을 마련할 수 있었다. 허스키 작전이 끝날 무렵 독일군 기갑부대는 동부 전선 쿠르스크에서 패배했다. 독일은 이탈리아와 소련, 두 전선에서 싸워야만 했다. 만약 민스미트 작전이 실패했다면 연합군은 시칠리아에서 고전을 면치 못했을 터이고, 이탈리아의 항복도 늦어졌을 것이다.

이언 플레밍, 『007 카지노 로얄』

이탈리아가 항복한 후 독일군은 20만명이 넘는 병력을 차출해 이탈리아 전선을 지탱했다. 이듬해 그 숫자의 독일군이 프랑스 노르망디에 증강됐다면 전쟁은 훨씬 길어졌을 것이다.

죽어서 '윌리엄 마틴'이라는 가상의 장교로 뒤바뀐 행려병자의 이름은 '글리드워 마이클'이라는 웨일스인이었다. 훗날 그는 스페인에 안장됐고 '민스미트' 작전은 가장 완벽한 첩보 작전으로 기록됐다. 전쟁 역사상 이미 죽은 한 사람이 그토록 많은 사람을 살린 예는 없었다. 한편 이 놀라운 작전을 추진했던 당시 영국 정보부대에는 '이언 플레밍'(1908~1964)이라는 젊은 장교가 근무하고 있었다. 1953년, 이언 플레밍은 정보장교로 참전한 경험을 살려 추리소설『카지노 로열』을 발표했다. 이 소설은 곧 세계적인 베스트셀러가 됐고, 출판사의 빗발치는 요청으로 이언 플레밍은 계속 후속작 집필했다. 총 1억 부가 넘게 팔린 그의 소설들은 영화로 제작됐고, 작가의 이름보다 소설의 주인공이 더 유명해졌다. 이언 플레밍이 쓴 12편의 소설에 등장하는 주인공의 이름은 바로 '제임스 본드'다.

'오카무라 기요시', '노금석', '케네스 로우'

― 블레인 하든, 『위대한 독재자와 전투기 조종사』

1953년 9월 21일, 북한 공군 조종사 노금석(1932~2022)이 당시 공산국의 최신예 전투기 MiG-15를 몰고 김포 비행장에 착륙해 귀순했다. 정전 협정 체결 이후 두 달이 채 되지 않은 시기에 발생한 놀라운 사건이었다. 한국전쟁 발발 이후 미 공군은 줄곧 제공권을 장악했다. 중공군 참전으로 위기에 몰렸던 시기에도 압도적인 미군의 공군력으로 유엔군은 전선을 지탱할 수 있었다. 소련 공군이 참전하면서 상황이 달라졌다. 공산군이 소련제 전투기 MiG-15를 앞세워 반격에 나서자 미군의 대형 폭격기 B-29의 손실이 늘어났다. 미군은 다급히 최신예 전투기 F-86 세이버를 투입해 맞섰으나 큰 효과가 없었다. B-29는 손실을 줄이기 위해 야간 폭격으로 전환해야 했다. 미군은 소련 공군이 참전했다는 사실을 감지했으나 확실한 물증이 없었다. 공산군의 MiG-15는 미군 폭격기와 전투기를 요격하기만 할 뿐 평양 이남으로는 비행하지 않았다. 만약 MiG-15가 추락해 조종사가 포로로 잡히면 그것은 소련군이 참전했다는 확실한 물증이었다. 그것은 자칫 제3차 세계대전의 빌미가 될 수도 있었다.

미군은 많은 전투기와 조종사를 잃었지만 끝내 MiG-15의 기체를 확보하지 못한 채 정전을 맞이했다. 이런 상황에서 노금석이 MiG-15를 직접 몰고 내려온 것이다. 그는 왜 이런 선택을 한 것일까. 오랜 기간 북한

1953년 9월 21일 노금석 씨가 북한을 탈출할 때 몰고 온 소련제 MiG-15 전투기

인권 문제를 탐사했던 미국 저널리스트 블레인 하든은 자신의 저서 『위대한 독재자와 전투기 조종사』(마르코폴로, 2022)에서 노금석의 삶을 조명했다.

　노금석은 함경남도 신흥에서 태어났다. 노금석의 아버지 노재협 (1904~1948)은 식민지 시기 일본 기업 노구치상사에서 활동하던 사업가였다. 노금석은 캐나다 선교사가 운영하는 학교를 졸업한 아버지 덕분에 어린 시절부터 미국 문화를 접할 수 있었다. 그는 집에 있는 LP판으로 재즈 음악을 들으면서 컸다. 또한 선교사들에게 야구를 배웠다. 당시로는 보기 드물게 유복한 환경이었다. 창씨개명이 시작되자 노금석은 '오카무라 기요시'란 일본 이름을 얻었다. 아버지 노재협은 아들을 일본의 명문대학으로 유학을 보내고자 했으나 태평양전쟁에서 일본의 패색이 짙어지자 계획을 철회했다. 천황 숭배 교육을 받은 노금석은 전쟁 말기에 가미카제 특공대에 지원하려고 했다. 다행스럽게도 아버지는 노금석를 극구 만류했다. 노재협은 일본 기업에서 일했지만, 결코 일본을 추종하지 않았

19세에 조종사로 6·25전쟁에 참전한 노금석

다. 그는 생존을 중시한 현실주의자였다.

해방 이후 한반도 북부 지역에 소련군이 진주하면서 노금석의 집안은 궁지에 몰렸다. 소련의 지원을 받아 정권을 장악한 김일성 정부는 지주들을 탄압하고 재산을 몰수했다. 이 시기에 노재협은 위암으로 사망했다. 노금석의 집안은 재산을 거의 다 잃었다. 어머니는 철저하게 공산주의자로 위장했다. 강제로 사상 교육을 받았지만 노금석은 김일성 정권의 선전을 믿지 않았다. 공산당은 기독교를 부정하고 미국이 가난한 나라라고 선전했다. 미국 선교사들과 어울렸던 노금석은 공산당의 선전이 거짓이라는 사실을 누구보다 잘 알고 있었다.

1949년 8월, 노금석은 사관학교에 입학해 조종사 훈련을 받았다. 사관학교 시절 그는 자신의 출신 성분이 밝혀질 것을 두려워했다. 한국전쟁이 발발하자 1950년 10월부터 사관생도들은 만주로 이동해 조종사 훈련을 받았다. 어머니와 가족들은 1951년 1월 남쪽으로 도주했다. 훈련을 마친 노금석은 1951년부터 실전에 투입됐다. 19세에 불과한 노금석은 양쪽 진영을 통틀어 가장 어린 조종사였다. 그는 MiG-15기로 100회 이상 출격해 무공훈장까지 받았다. 20대 초반에 혁혁한 전공을 세운 그였지만, 가족들이 남쪽으로 도주한 사실과 출신 성분 문제로 숙청당할지도 모른다는 두려움을 떨칠 수 없었다. 사이가 좋지 않았던 이모부는 노금석의 가족이 남쪽으로 피난을 간 사실을 여기저기 발설했다.

정전이 다가올 무렵 노금석은 고뇌에 빠졌다. 북한 정부는 지금까지 그에게 잘 대해 줬다. 그는 훈장을 받은 엘리트 군인이었고, 보병들에 비하면 식사 수준도 좋았다. 가족이 남쪽으로 떠났으나 어쨌든 그의 고향은 함경남도였다. 하지만 평생 가짜 공산주의자로 지겨운 집회에 나가고 가족도 없는 삶을 견딜 수 있을까. 오랜 고뇌 끝에 노금석은 탈출을 결심했다. 1953년 9월 21일, 그는 평양 순안비행장을 이륙해 전속력으로 전투기를 몰아 17분 만에 김포 비행장에 닿았다.

블레인 하든, 『위대한 독재자와 전투기 조종사』

노금석이 김포 비행장에 내리던 순간 김일성은 모스크바에 있었다. 김일성은 전폭적인 지원을 약속한 소련 정부의 결정에 들뜬 마음으로 숙소에서 잠을 청했다. 다음 날 아침 노금석의 귀순을 보고받고 격노한 김일성은 지휘 계통에 있던 5명을 바로 처형했다. 그토록 원했던 MiG-15 기체를 확보한 미국 정부는 노금석에게 10만 달러의 포상금을 지급했고, 대한민국 정부는 노금석을 환영하는 대대적인 행사를 열었다. 언론들은 노금석이 남쪽에 내려온 어머니와 상봉하는 모습을 대서특필했다. 하지만 노금석은 남한에 정착하지 않았다. 그는 가족과 미국으로 이주하는 길을 선택했다.

1954년 5월, 미국으로 건너간 노금석은 미국 국적을 얻고 '케네스 로우'라는 새 이름으로 살아갔다. 그는 델라웨어주립대 항공공학과를 졸업한 뒤 미 듀폰사 등에서 일했고, 데이토나비치의 대학에서 항공역학을 강의했다. 그가 몰고 온 MiG-15기는 미국 오하이오주 데이턴에 위치한 미 공군박물관에 전시되어 있다. 1996년 노금석은 자신의 회고록『자유를 향한 비행A MiG-15 To Freedom』을 출간했다. 블레인 하든의『위대한 독재자와 전투기 조종사』는 노금석의 회고록을 바탕으로 저술한 것이다.

노금석은 2022년 12월 26일, 90세의 나이로 사망했다. 그는 성장기에 '오카무라 기요시'로 살았고, '노금석'이라는 이름을 되찾았다. 그 후 '케네스 로우'라는 미국인으로 살았다. 90년의 생애 중 그가 '노금석'으로 살았던 기간은 단 8년에 불과했다. 그 기간에 노금석은 해방 정국의 혼란과 참혹한 전쟁을 겪었다. 생전 마지막 인터뷰를 할 때도 그는 고향을 그리워했다. "이북에 한번 가보고 싶어요. 난 자꾸 늙어가니까 말이요. 통일 빨리 되면 한번 가보고 싶은데 너무 늙으면 어떡해요." 꿈은 끝내 이루어지지 않았고, 그는 '케네스 로우'로 불운한 생애를 마감했다.

이오지마를 바라보는 두 개의 시선

— 〈이오지마에서 온 편지〉, 〈아버지의 깃발〉

　　1944년 여름, 태평양 마리아나 제도를 장악한 미군은 일본 본토까지 장거리 폭격에 나섰다. 그러나 마리아나 제도와 일본 본토 중간 지점의 이오지마에 주둔한 일본군의 요격으로 미군은 많은 폭격기를 잃었다. 결국 미군 사령부는 1945년 2월, 이오지마 침공을 결정했다. 이오지마를 점령하면 폭격기 손실을 줄이고, 비행장을 증설하여 일본 본토에 대규모 폭격을 감행할 수 있었다. 일본군도 그 사실을 잘 알고 있었다. 일본군은 이오지마를 수비하는 병력을 2만 1천여 명으로 증원하고, 섬 남동쪽 수리바치산을 중심으로 섬 전체를 요새로 만들었다. 미군은 해병 1사단을 필두로 대규모 병력과 함정을 동원했다. 1945년 2월 19일부터 3월 26일까지 한 달이 넘도록 이오지마는 혈투의 무대가 되었다.

　　이오지마 전투는 기존에 태평양의 섬에서 벌어졌던 전투와 전혀 달랐다. 그동안 일본군은 해안 상륙 저지와 돌격 전술을 주로 구사했다. 그러나 이오지마의 일본군을 지휘하는 육군 중장 구리바야시 다다미치(1891~1945)는 그런 무모한 전술을 구사하지 않고, 미군의 상륙을 방치했다. 그는 미군 병력을 내륙으로 최대한 끌어들인 다음 최대한 많은 인명을 살상하고자 했다. 미군을 이오지마에 되도록 오래 붙들어 훗날 본토에 침공할 미군이 상륙 작전에 부담을 느끼도록 하는 것이 구리바야시의

이오지마 수리바치산에 성조기를 꽂는 미군 병사들. 제2차 세계대전을 상징하는 사진이 되었다

목적이었다. 구리바야시의 의도대로 무사히 상륙한 미군은 내륙으로
진입하면서 엄청난 사상자를 냈다. 특히 동굴 진지가 미로처럼 얽힌
수리바치산에서 치열한 접전이 벌어졌다. 이오지마의 토양은 화산재라
서 참호를 파기 어려웠다. 엄폐할 곳이 거의 없는 미군 병사들은 일본군의
사격에 그대로 노출됐다. 미군은 동굴과 토치카 하나하나에 화염방사기
공격을 가하는 악전고투 끝에 수리바치산에 성조기를 꽂을 수 있었다.
전투가 종결되었을 때 소수의 포로를 제외한 일본군은 모두 전멸했다.
미군의 사상자는 2만 6천 명을 넘었다. 이오지마 전투는 태평양전쟁을
통틀어 미군의 사상자가 일본군 사상자보다 많았던 유일한 전투였다.
미국 HBO 방송의 태평양전쟁 10부작 드라마 〈퍼시픽〉(2010)의 주인공인
실존 인물 존 바실론(1916~1945) 하사가 전사한 곳도 이오지마다.

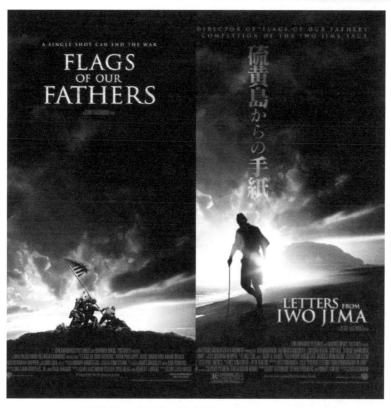

두 영화의 포스터, 〈이오지마에서 온 편지〉와 〈아버지의 깃발〉

미국의 배우이자 영화감독 클린트 이스트우드는 이오지마 전투를 다룬 두 편의 영화를 제작했다. 〈이오지마에서 온 편지〉(2006)와 〈아버지의 깃발〉(2007)이다. 두 영화는 시선을 분할 해 같은 장소(이오지마)에서 벌어졌던 사건을 응시한다. 〈이오지마에서 온 편지〉는 일본군의 관점에서 이오지마 전투를 다룬 영화다. 이 영화에는 구리바야시 중장을 중심으로 일본군 장교와 병사들의 모습이 그려진다. 구리바야시는 패전이 확실한 데도 죄 없는 청년들을 전장으로 내모는 일본 정부에 모멸감을 느끼지만, 군인으로서 이오지마에서 자신의 임무를 다한다. 그는 군인이기 전에

한 사람의 남편이었다. 아내에게 다시 돌아오겠다고 굳은 약속을 한 채 전장으로 왔지만, 생존의 희망은 어디에도 없었다. 영화 전반에는 젊은 장교들과 앳된 나이의 일본군 병사들이 가족에게 보내는 편지가 내레이션으로 깔린다. 그들은 집에 돌아가 부모와 아내, 아이를 보고 싶어 했던 평범한 젊은이들이었다. 클린트 이스트우드는 그들의 편지에 담긴 개인적인 사연과 광적인 일본 지휘관들을 대조시킨다. 하버드 유학파 출신인 구리바야시는 합리적인 군인이었으나 결국 그도 국가주의자에 불과했다. 영화는 '국가'가 그들에게 무엇을 강요했는가를 되묻는다.

반면 〈아버지의 깃발〉은 태평양전쟁의 상징이 된 사진을 중심으로 전개된다. 수리바치산에 6명의 미 해병대원이 성조기를 꽂는다. 사진의 주역인 6명의 대원 중 3명의 병사가 살아서 귀환한다. 수리바치산 성조기 사진은 미국 전역을 도배하다시피 했고, 그들은 영웅으로 환영받는다. 미국 정부는 전쟁 자금을 모으는 데 필사적이었다. 3명의 병사는 애국 공채 캠페인에 동원된다. 긴 전쟁에 염증을 느꼈던 시민들은 사진 속의

가케하시 쿠미코, 『이오지마에서 온 편지』

주인공들이 애국 공채 홍보 모델로 나서자 열광했다. 이오지마의 성조기는 애국과 승리를 상징하는 견고한 이미지로 각인되었다. 사실 그 사진은 여러 차례 반복 촬영한 '연출된 작품'이었다. 그러나 진실은 중요하지 않았다. 정부와 시민들은 오직 '승리의 이미지'를 갈망했다. 전투 요원이 아닌 전령이었던 병사 '레니'는 영웅 대우를 받는 현실을 한껏 즐기지만 직접 전투를 겪은 나머지 두 병사는 극심한 후유증에 시달린다. 날마다 그들은 이

오지마의 악몽에 시달린다. 시간이 흘러 사진이 연출된 것이라는 의혹이 제기되자 일부 언론과 시민들은 오히려 그들을 비난하기 시작했다. 명령에 따라 깃발을 꽂았다는 병사들의 항변은 통하지 않았다. 시간이 흐르자 사진을 홍보하고 판매한 사람들에게 쏠릴 비판이 모두 생존 병사들에게 쏟아졌다. 그 과정에서 생존 병사 중 한 명은 스스로 목숨을 끊었다. 가짜 사진을 연출하여 호강했다는 사실보다 그들을 괴롭혔던 것은 전장에서 동료를 구하지 못했다는 죄책감이었다.

〈이오지마에서 온 편지〉에서 그린 죄 없는 청년들을 죽음으로 몰고 간 '국가'란 무엇인가. 일본인들이 신처럼 떠받들었던 천황은 종전 후 인간 선언을 했고, 일본인은 그토록 처절하게 맞섰던 미국에 쉽게 순응했다. 그들이 신봉했던 국가는 나약한 허상에 불과했다. 〈아버지의 깃발〉에서 영웅을 '제조'하면서 공채를 판매한 국가와 언론은 병사들의 상실감에는 관심이 없었다. 오직 필요한 것은 소비할 이미지였다. 클린트 이스트우드 감독이 두 편의 영화로 이오지마 전투를 연출한 이유는 무엇인가. 무엇보다도 두 영화는 전쟁을 미화하거나 '영웅 만들기'를 시도하지 않는다. 전쟁을 옹호하거나 맹목적으로 반대하지도 않는다. 실존 인물을 바탕으로 만들었지만, 그들은 영웅으로 그려지지 않는다. 그들은 단지 국가의 영광을 위해 소중한 삶을 잃은 자들이었다.

죽음의 해변에 내몰린 소년병들

— 덴마크 지뢰 제거 실화 다룬 〈랜드 오브 마인〉

전쟁에서 지뢰는 가장 값싸고 효과가 큰 무기로 꼽힌다. 짧은 시간에 광범위한 지역에 매설해 적의 이동을 방해하고, 적은 인원으로도 방어를 수월하게 할 수 있어서다. 제2차 세계대전 때 연합군 전차의 20%가 독일군 대전차지뢰에 파괴됐다. 1943년 여름, 쿠르스크 전투에서 패배하고 연합군이 이탈리아에 상륙해 수세에 몰린 독일군은 연합군의 대규모 상륙을 막기 위해 '대서양 방벽'을 설치했다. 대서양 방벽은 프랑스 해안부터 벨기에, 네덜란드, 북부 독일, 북해의 덴마크, 노르웨이까지 이어지는 긴 해안선에 구축한 방어선이었다. 독일군은 해안선을 따라 철조망, 바리케이드, 토치카를 설치하고 해안가에 촘촘하게 지뢰를 매설했다. 특히 덴마크는 삼면이 바다로 둘러싸인 반도국이고 복잡한 해안선을 갖고 있었다. 더구나 스웨덴, 노르웨이와 인접한 데다 독일 본토와 가까웠다. 만약 연합군이 덴마크에 기습 상륙하면 독일군은 큰 타격을 입을 수밖에 없었다. 그러나 독일군은 동부 전선과 이탈리아 전선, 프랑스 해안에 배치된 병력을 빼내기 어려웠다.

덴마크를 지키던 소수의 독일군은 해안가에 지뢰를 대량으로 매설해 부족한 병력을 대체했다. 연합군은 덴마크에 상륙하지 않았고, 덕분에 덴마크는 다른 유럽 국가들과는 달리 전쟁의 피해를 거의 입지 않은

마틴 잔드 블리엣 감독, 〈랜드 오브 마인〉 스틸컷

채 종전을 맞이했다. 종전 직후 덴마크에 주둔한 독일군은 모두 덴마크군과 영국군의 포로가 됐다.

전쟁이 끝나자 독일군이 해안에 매설한 수백만 개의 지뢰가 덴마크의 국가적 골칫거리로 남았다. 지뢰 폭발로 해안에 놀러 나간 민간인들과 어민들의 피해가 커졌고, 일부 지뢰는 갯벌에 파묻혔다. 특히 전쟁 중 독일군이 발명한 '유리 지뢰Glasmine-43'는 탐지하기가 극도로 어려웠다. 유리 지뢰는 폭발 시 폭약의 화학 물질과 함께 잘게 부서진 유리 파편이 인체에 파고 들어가 2차 감염을 일으켰다. 살상보다 부상병 발생이 목적인 잔인한 무기였다. 여기에다 플라스틱 지뢰, 이중으로 설치된 대전차 지뢰 등도 묻혀 있었다.

지뢰의 수는 약 2백만 개에 달했다. 민간인 피해가 늘어나자 덴마크군과 영국군은 지뢰 제거 작업에 독일군 포로들을 앞세웠다. 오랜 점령기를 겪은 덴마크인들은 독일군을 증오했다. 덴마크인들은 "너희들이 매설했으니 너희들이 제거하라"고 명령한다. 전쟁 말기 병력이 부족했던 독일군은 소년들까지 동원했고, 덴마크에 배치된 병력의 상당수가 16세 이하 소년병이었다. 그중에는 10~11세 소년들도 있었다. 이들은 지뢰탐지기

독일군의 S마인 지뢰

없이 포복해 나가면서 단검으로 땅을 찌르는 방식으로 지뢰를 제거했다. 작업 중 폭발 사고가 이어지면서 사망자가 속출했다. 덴마크 서부 해안에서 150만 개가 넘는 지뢰를 제거하는 동안 2천여 명의 소년병은 절반 이상이 사망하거나 부상당했다.

2015년, 덴마크 다큐멘터리 감독 마틴 잔드블리엣이 독일과 합작으로 만든 영화 〈랜드 오브 마인〉은 당시 지뢰 제거에 동원된 독일 소년병들의 실화를 다룬 작품이다. 숨 막히게 아름다운 해변의 모습과 모래사장을 기어가는 소년병들의 모습이 스크린을 가득 메운다. 칼 한 자루만 쥐고 지뢰를 제거하는 소년병들은 덴마크군과 영국군 장교들에게 가혹한 대우를 받는다. 날마다 생사를 넘나드는 소년병들에게 유일한 희망은, 작업이 끝나면 고향으로 돌려보내 준다는 약속이었다.

소년병들을 지휘하는 덴마크군 상사 '칼 라스무센'은 이들을 자신의 반려견보다 못한 존재로 취급하며 냉혹하게 다룬다. 굶주림에 시달리던 소년병들이 마을 외양간에서 쥐똥이 섞인 사료를 먹고 쓰러져도 마을 주민들은 그들을 돼지 취급할 뿐이었다. 덴마크군 장교들은 지뢰 제거 속도만 측정하면서 그들에게 무리한 작업을 계속 강요했다. 그러나 시간

〈랜드 오브 마인〉 스틸컷

이 지나면서 칼 라스무센과 마을 사람들은 서서히 소년병들과 가까워졌다. 공을 물기 위해 해안을 달리던 반려견이 지뢰에 폭사하자 칼 라스무센은 자신이 맡은 임무에 회의를 느낀다. 죄 없는 소년들이 지뢰밭에 내몰려 하나둘 희생되는 것을 보면서 칼 라스무센은 조금씩 그들에게 마음을 연다.

　마을 아이가 지뢰가 깔린 해안에 고립되자 소년병들은 목숨을 걸고 지뢰를 제거해 아이를 구해 준다. 그 후 사람들은 소년병들을 인간적으로 대해 주고, 그들 사이에는 조금씩 친밀감이 쌓이기 시작한다. 담당 지역의 지뢰 제거가 끝나자 소년들은 마침내 고향으로 돌아갈 수 있다는 기쁨에 들뜬다. 그러나 상부에서는 칼 라스무센이 감독하는 소년병들에게 새로운 지뢰 구역을 할당한다. 새로 맡은 구역은 온통 펄밭이었고, 지뢰를 탐지하기가 거의 불가능했다. 소년병들의 목숨을 소진해 지뢰를 제거해야 하는 작업이었다. 칼 라스무센은 이 잔인한 명령을 거부하고, 소년병들을 트럭에 태워 국경으로 이동한 다음 그들을 놓아준다. 그는 증오를 용서로 바꿨다. 국경을 넘어 뛰어가는 소년들의 뒷모습을 보면서 칼 라스무센은 그들과 함께했던 '죽음의 해변'을 떠올리며 괴로워한다.

이 영화는 전쟁 직후 독일에 고통받았던 덴마크인들이 가해자가 되고, 군사 훈련도 제대로 받지 못한 독일 소년병들이 피해자가 된 아이러니한 상황을 응시하면서 전쟁과 인간에 대한 물음을 던진다. 독일과 덴마크는 이 영화를 합작으로 만들면서 희생자들을 함께 애도했다. 오늘날 전 세계에 묻힌 지뢰는 약 1억 개에 이른다. 한국의 비무장 지대에 묻힌 수백만 개의 지뢰를 제거하는 문제는 통일 이후 커다란 국가적 부담이 될 것이다. 지금도 세계에서는 지뢰로 한 달에 8백 명 정도가 목숨을 잃고, 1천2백 명이 넘는 사람들이 장애인이 되고 있다. 특히 아프리카 국가 앙골라에는 인구 1천만 명당 무려 1천5백만 개의 지뢰가 묻혀 있다.

지뢰 사고의 희생자 대부분은 민간인이고, 20% 정도가 아이들이다. 덴마크의 해변 지뢰 제거 작업은 2013년에 이르러서야 종료됐다.

제 Ⅳ 부
꿈꾸는 자들

그가 투하한 것은 희망이었다
— 게일 할보르센의 '사탕 폭격기'

1945년 4월, 소련군은 엄청난 희생 끝에 독일의 수도 베를린을 점령했다. 독일군의 치열한 저항으로 베를린 전투에서 소련은 30만이 넘는 사상자를 냈다. 종전까지 소련의 총사상자는 무려 2,000만을 넘어섰다. 스탈린은 베를린이라는 전리품을 손아귀에 틀어쥐고자 했다. 그러나 미·영·프 연합군은 소련이 독일의 심장 베를린을 독차지하는 것을 좌시하지 않았다. 결국 독일은 동·서로 분단되었고, 베를린을 비롯한 독일 전역은 4개국 분할 통치에 들어갔다. 폴란드, 헝가리, 루마니아, 체코 등을 장악한 소련은 동유럽 국가들을 위성 국가로 만들었고, 여기에 맞서 미국은 전쟁 후 빈곤에 시달리는 서유럽에 공산주의 정권이 들어설 가능성을 차단하고자 서유럽 부흥 정책(마셜 플랜)을 펼쳤다.

전쟁에 패배한 독일 경제는 철저히 무너진 상태였다. 1948년 6월 20일, 미국은 서독 경제를 부흥시키고자 화폐 개혁을 단행하고 '도이치 마르크'를 도입했다. 서베를린에 새로운 화폐가 유통되는 것을 원치 않은 소련은 서베를린 봉쇄를 결정했다. 6월 23일, 소련은 베를린의 육로와 수로를 차단했고, 항공로도 일부 노선을 제외하고는 모두 폐쇄했다. 서베를린에는 전력 공급이 끊겼고, 의약품과 생필품이 금방 동났다. 서베를린 시장 에른스트 로이터(1899~1953)는 서유럽을 향해 "베를린을 포기하지 말아

달라"고 호소했다. 미군과 영국군은 6월 28일부터 서베를린에 물자를 공수하는 '비틀스 작전Operation Vittles'을 감행했다. 소련군의 전파 방해와 대공 사격 위협에도 불구하고 연합군 수송기들은 평균 90초당 1대꼴로 서베를린 템펠호프 공항에 착륙했다. 이 과정에서 과로로 쓰러지는 수송기 조종사들이 속출했다. 소련군이 발포하면 바로 제3차 세계대전이 시작되는 일촉즉발의 상황이 이어졌다.

당시 템펠호프 공항에 착륙한 27세 미군 조종사 게일 할보르센(1920~2022)은 활주로 외곽 철조망 부근에 몰려 있는 독일 아이들과 마주쳤다. 아이들은 할보르센에게 껌과 사탕을 달라고 손을 내밀었다. 할보르센은 갖고 있던 껌을 건넸지만 턱없이 부족했다. 겁에 질리고 굶주린 아이들의 눈동자를 보면서 할보르센은 마음이 흔들렸다. 그는 쾌활하게 웃으면서 아이들에게 말했다.

"내일 다시 올 때 비행기에서 과자를 잔뜩 뿌려줄게."

"아저씨 비행기를 어떻게 알아봐요?"

할보르센이 과자를 뿌리기 전 비행기 날개를 흔들겠다고 말하자 아이들은 환호했다. 할보르센의 약속은 아주 개인적인 약속에 불과했다. 독일 주둔 연합군은 현지인과 접촉하는 것이 금지되어 있었다. 허용되지 않은 물자를 공중 투하하는 것도 군법 위반이었다. 그러나 프랑크푸르트 라인마인 공군 기지로 복귀한 할보르센은 곧바로 껌, 사탕, 초콜릿을 잔뜩 모았다. 다음 날 할보르센은 수송기를 몰고 템펠호프 공항 상공에서 날개를 흔든 다음 낙하산으로 과자 박스를 투하했다. 그는 아이들과의 약속을 지켰다. 할보르센은 서베를린 아이들에게 '날개 흔드는 아저씨 Uncle Wiggly Wings'로 유명해졌다. 소문을 듣고 과자 선물을 기다리는 아이들이 계속 늘어났다. 곧 다른 조종사들도 초콜릿과 사탕, 과자 등을 손수건에 싸서 떨어뜨려 주기 시작하면서 '날개 흔드는 아저씨'의 숫자는 점차 늘어났다. 독일 아이들은 온종일 비행기가 오기를 기다리다가 과자 낙하

베를린 공수작전 당시 비행기를 보고 환호하는 아이들

산이 떨어지면 소리를 지르면서 달려가는 것이 일상이 되었다. 할보르센
이 조종하는 비행기는 '사탕 폭격기Candy Bomber'라는 별칭이 붙었다. 얼마
지나지 않아 미 공군 사령부도 조종사들이 과자를 투하한다는 사실을
알게 되었다.

미 공군 사령부는 할보르센의 선행을 문제 삼지 않았다. 오히려 공식적
인 작전으로 확대했다. 1948년 9월부터 '리틀 비틀스 작전Operation Little
Vittles'으로 명명된 과자 박스 투하 작업이 시작되었다. 전쟁 기간 중
베를린을 폐허로 만들었던 항공기들이 폭탄이 아니라 사탕과 과자를
투하했다. 미국 본토에 그 사연이 전해지자 미국제과협회는 다량의 과자

2013년, 93세의 나이로 옛 수송기 앞에 선 할보르센

를 기부했고, 1948년 9월부터 1년 동안 미군이 투하한 과자는 23톤에
이르렀다. 독일이 벌인 전쟁으로 극심한 피해를 입었던 유럽인들은 독일
인의 고통을 외면하고, 심지어 당연하다는 반응까지 보였다. 베를린 공수
작전에 참여한 조종사들도 전쟁 중 많은 동료를 잃은 경험이 있었다.
하지만 굶주린 아이들을 본 그들은 폭탄 대신 과자를 건넸다. 아이들의
환호성은 그들의 증오를 점차 누그러뜨렸다. 이 작전을 계기로 유럽인들
은 베를린 시민들을 적국인이 아닌 인류의 일원으로 보게 되었다. 할보르
센과 동료들이 뿌린 것은 값싼 과자였지만, 그것은 새로운 세계를 향한
믿음의 상징이 되었다. 적이었던 미국과 독일은 전후 가장 두터운 우방국
이자 동맹국으로 거듭났다. 그리고 베를린 공수 작전은 '역사상 가장
낭만적이고 인도적인 작전'으로 명명되었다.

경제 대공황 시기 미국 시골에서 성장한 할보르센은 종일 밭을 일구는
부모를 보면서 자랐다. 어린 시절 내내 그는 지독한 배고픔을 견뎌야

했다. 농지 위를 날아가는 비행기를 보며 조종사의 꿈을 키운 할보르센은 수송기 조종사로 제2차 세계대전에 참전했다. 베를린 공수 작전 이후 항공공학 석사학위를 딴 할보르센은 미 공군 화물 항공기 연구 개발 부서에서 근무하다가 1970년 2월부터 독일 베를린 템펠호프 공항에 주둔한 공군부대의 사령관으로 부임했다. 1989년 공수 작전 40주년 기념행사에서 할보르센은 베를린 상공을 비행했다. 어느덧 중년이 된 베를린 아이들은 '날개 흔드는 아저씨'의 비행기를 다시 보면서 감격의 눈물을 흘렸다. 미군은 할보르센의 인도주의 정신을 기리면서 1994년 보스니아 내전, 2003년 이라크에서도 아이들에게 인형과 축구공, 과자를 투하하는 작전을 시행했다. 할보르센은 2022년 2월 18일, 101세의 나이로 숨을 거뒀다. 그가 세상을 떠나고 일주일 후 우크라이나 전쟁이 발발했다. 뉴스에는 연일 파괴된 도시와 겁에 질린 아이들이 나온다. 우크라이나에도 '사탕 폭격기'가 뜰 수 있는 날이 오기를.

"기억이 없다면 인간은 헐벗은 존재일 뿐이다"

— 유제프 차프스키, 『무너지지 않기 위하여』

1940년, 폴란드군 장교로 참전한 유제프 차프스키Jozef Czapski(1896~ 1993)는 소련군에 포로로 잡혀 악명 높은 스타로벨스크 수용소에 갇혔다. 수용소에서는 날마다 수십 명의 포로들이 사망했다. 1천 명이 넘었던 차프스키의 동료들은 금방 50명으로 줄어들었다. 그래도 그는 운이 좋은 편에 속했다. 소련군이 자행한 '카틴 학살'³에서 살아남은 차프스키는 그랴조베츠 수용소로 이송됐다. 소련군은 폴란드군 포로들을 가혹하게 다뤘다. 질병과 굶주림으로 사망자가 속출했고, 탈출하다가 처형당하는 포로들도 부지기수였다. 포로 중 일부는 소련 붉은 군대에 포섭돼 군복을 바꿔 입었다.

소련군은 차프스키가 러시아 상트페테르부르크대학에서 법학을 전공한 경력을 인정해 그에게 약간의 자유 시간을 허락했다. 수용소의 포로들은 무엇이라도 해야 한다고 생각했다. 그들은 강제 노역이 끝난 후 영하 45도의 추위에 시달리면서 필사적으로 지적인 활동을 수행하려고 노력했다. 수용소 내 수도원에 모인 포로들은 각자의 전공 분야를 살려 강의를

---

3. 1939년 폴란드를 점령한 소련은 폴란드가 재기할 수 없도록 폴란드 지식인들을 제거하려고 했다. 소련군은 교수, 기자, 장교, 성직자, 예술가 등 지식인 수만 명을 학살하여 스몰렌스크 인근 숲에 집단 매장했다.

하면서 서로에게 지적인 자극을 줬다. 에를리히 박사는 책과 인쇄술의 역사를, 카밀 칸타크 수사는 영국사를, 시엔느니츠키 교수는 건축의 역사를, 오스트로프 중위는 남아메리카 지리를 강의했다. 차프스키는 회화 이론 및 프랑스 문학을 맡았다.

수용소 안에는 책이 없었기에 포로들은 개인의 기억에 의지해 강의를 진행했다. 차프스키는 유학 시절에 읽은 프랑스의 대문호 마르셀 프루스트(1871~1922)의 소설 『잃어버린 시간을 찾아서』에 대해 강의했다. 그는 놀라운 기억력을 발휘해 소설의 문장을 발췌했고, 프루스트의 개인사와 작품 해석을 연결하며 강의를 전개했다. 또한 그림과 글을 섞어 자료를 만들었다. 수용소의 인문학 강의. 그것은 정말 비극적이고 부조리한 풍경이었다. 포로들은 지적인 활동을 하면서 자기 자신을 지킬 수 있었다.

"우리는 당시 우리의 현실과는 아무런 상관도 없던 '정신'의 세계를 생각하고 그것에 반응할 수 있었다. 그 큰 옛 수도원의 식당에서 보낸 시간들은 온통 장밋빛이었다. 이 기묘한 수업은 영영 길을 잃어버린 것 같다고 느끼던 우리에게 다시금 세상사는 기쁨을 안겨줬다."

폐쇄적인 수용소에서 차프스키가 프루스트를 강의한 것은 적절한 선택이었다. 프랑스 작가 마르셀 프루스트는 9세에 발병한 급성 천식 탓에 정상적인 생활이 불가능했다. 지팡이를 짚고 겨우 걸음을 옮길 정도로 쇠약했던 프루스트는 사회생활을 거의 하지 못했다. 학교에서도 천식으로 조퇴하는 일이 잦았고, 조금의 먼지라도 마시면 기관지가 마비될 정도로 발작을 일으켰다. 프루스트의 어머니는 그런 아들을 위해 날마다 청소와 환기를 하고, 책을 읽어줬다. 청년기에 잠시 증상이 호전된 프루스트는 사교계를 드나들고, 문학 살롱에서 문인들과 친분을 쌓으면서 '향연'이라는 동인지를 결성했다.

어머니가 사망한 후 다시 악화한 천식 발작으로 프루스트는 세상과 단절해야만 했다. 미세한 꽃가루와 먼지에도 발작을 일으켰고, 소음에 예민한 탓에 창문 틈을 코르크로 막아야만 견딜 수 있었다. 온종일 방에서 홀로 지내다가 사람들이 잠든 새벽에만 잠시 서재로 나와 필요한 자료를 찾은 다음 다시 방으로 들어가 조금씩 소설을 집필했다. 가끔 호텔 종업원이나 하인들이 들려주는 세상 사람들의 이야기를 듣는 것이 유일한 위안이었다. 프루스트는 1910년부터 약 13년에 걸쳐 소설 『잃어버린 시간을 찾아서』를 썼다. 1913년 소설의 제1부 '스완네 집 쪽으로'를 자비로 출판했고, 제1차 세계대전이 끝난 1918년에 제2부 '꽃피는 아가씨들의 그늘에'를 발표했다. 세상은 뒤늦게 프루스트가 쓴 소설의 가치를 인정했다. 1918년에 공쿠르상을 받아 프랑스를 대표하는 작가가 됐으나 그는 평생 세상에 나오지 못했다.

"나는 동굴 속에서 살았던 사람들보다도 더 헐벗은 존재였다. (…) 그러자 추억이 저 높은 곳에서부터 구원처럼 다가와 도저히 내가 혼자서는 빠져나갈 수 없는 허무로부터 나를 구해줬다."

프루스트의 문장은 세월을 건너 수용소에 갇힌 포로의 가슴에 각인됐다. "기억이 없다면 인간은 헐벗은 존재일 뿐"이라고 여겼던 프루스트에게 문학은 망각과 싸우는 유일한 수단이었다. 포로들은 감금 상태에서 프루스트의 소설을 해석하는 차프스키의 강의를 들으며 불안과 공포에 맞설 힘을 얻었다.

1941년, 독일이 소련을 침공하자 소련 정부는 폴란드 정부와 우호협정을 체결하고 폴란드군 포로들을 석방했다. 자유의 몸이 된 차프스키는 폴란드군에 재입대해 소련 수용소에서 학살당한 폴란드 장교들을 수색하는 임무를 수행했다. 1944년, 전쟁 막바지에 차프스키의 부대는 이탈리아 전선에 파견됐다. 폴란드군은 몬테카지노 전투 등에서 엄청난 피해를 입었지만, 차프스키는 종전까지 살아남았다.

전쟁이 끝난 후 차프스키는 로마에서 『스타로벨스크의 추억들』이라는 책을 발간하고, 실종된 동료들을 찾고자 소련 정부에 계속 탄원서를

노년의 유제프 차프스키

보냈다. 1947년부터 누나와 함께 파리에 정착한 차프스키는 화가로 활동
하면서 세계적인 명성을 얻었다. 전쟁 기간 세계 각지로 흩어진 폴란드
청년들이 공부할 수 있도록 유럽에 대학 설립 계획을 세운 차프스키는
파리, 제네바, 브뤼셀, 뉴욕, 토론토, 런던 등에서 전시회를 개최해 재원
마련에 나섰다. 그랴조베츠 수용소에서 그가 진행한 '프루스트 강의록'은
파리에서 창간된 잡지『쿨투라』에 게재돼 세상에 알려졌다. 그 강연록을
엮은 것이 바로『무너지지 않기 위해서』다. 프루스트의 고통과 글쓰기가
차프스키와 동료들을 살게 만든 것처럼, 진실한 고통은 타인을 다시
살게 만든다. 기억하고, 사유하고, 쓰는 행위는 인간만이 지닌 능력이다.
타인의 고통을 학습하고, 감응하면서 인간은 비로소 거듭난다. 숱한 고난
에도 여전히 이 세계가 유지되는 이유다.

차프스키, 〈해질녘〉

전쟁의 기억과 일본 전후 세대의 무의식
— 전후 일본과 디스토피아적 상상력

1945년 8월 6일 히로시마, 8월 9일 나가사키에 원자폭탄이 떨어졌다. 결과는 끔찍했다. 두 도시를 합쳐 20만 명이 넘는 사람들이 숨졌고, 수십 년간 진행된 방사능 피폭까지 합치면 그 피해는 측정이 불가능했다. 실제 원자폭탄이 투하된 현장에 있었던 일본 작가 이부세 마스지가 쓴 『검은 비』는 1945년 8월 6일부터 15일까지 생존자의 일기 형식으로 구성된 소설이다. 이 소설은 원자폭탄의 버섯구름 아래 펼쳐진 지옥을 생생하게 기록하고 있다. 원자폭탄이 투하되자 일본 천황은 다급하게 항복을 선언했고, 일본 본토는 미국에 점령당했다. 미군 병사들은 태평양의 전투에서 겪은 일본군의 저항을 떠올리면서 잔뜩 긴장한 채 상륙했다. 그러나 상륙하자 정반대의 풍경이 펼쳐졌다. 결사 항전을 펼칠 줄 알았던 일본인들은 지극히 순종적이었고, 특히 어린이와 여자들은 미군들에게 살갑게 대했다. 일본인들은 미군에게 협조했고, 냉전이 시작되자 미국의 동맹이 되는 길을 기꺼이 수락했다. 일본인들의 돌변에 미국은 당황했고 이것은 시카고대학 심리학과 교수 루스 베네딕트가 일본인들의 정신 구조를 탐구한 저서 『국화와 칼』(1946)을 집필한 계기가 됐다. 1950년 6·25전쟁이 발발하자 미군의 후방 기지가 된 일본은 엄청난 경제 특수를 누렸다. 이 시기에 유입된 달러는 일본이 전쟁 피해를 복구하는 발판이 됐다.

이런 정치적 변화와 함께 전후 일본 사회는 큰 진통을 겪었다. 전쟁을 유년기에 겪은 젊은 세대들은 전후 도입된 미국식 교육을 받고 성장해 천황 사상과 군국주의 체제에 세뇌되지 않았다. 희미하게나마 전쟁을 기억하는 그들은 한국과 베트남에서 벌어진 전쟁으로 부를 축적하고 과거 전쟁의 책임을 회피하는 일본 정부에 비판적이었다. 더구나 전후 베이비붐으로 태어난 '단카이 세대'(1940~1950년대에 태어난 세대)가 대학에 진학하자 일본 사회의 분열은 점차 확연해졌다. 1960년대 일본의 고도 성장기에 청소년기를 보낸 이들은 1960년 미일안전보장조약의 개정에 반대하는 이른바 '안보투쟁'을 계기로 치열한 학생 운동을 벌였다. 1960~1970년대 일본 사회는 반미·반핵·평화를 외치는 젊은 세대의 저항으로 들끓었다. 청년들은 대학에 바리케이드를 설치하고 일본 정부와 맞섰다.

하지만 그들의 저항은 열매를 맺지 못했다. 그들이 성장기에 혜택을 입었던 고도 경제 성장은 바로 자신들이 반대하던 미국의 달러에서 비롯한 것이었고, 일본 정부는 학생 운동을 가혹하게 진압했다. 그토록 반정부적이었던 대학생들은 졸업과 동시에 당시 급성장을 거듭하던 일본의 대기업에 편입됐다. 물질적 풍요는 그들의 비판 의식을 조금씩 희석시켰다. 그들의 세대는 급속하게 보수적으로 변해갔다. 1968년 세계를 휩쓴 진보 운동의 바람이 일본 사회에도 몰아쳤지만, 일본의 전후 세대는 일본 사회를 변화시키지 못했다. 일본은 유럽과는 달리 섬나라인 데다 서유럽처럼 오랫동안 축적된 시민 의식이 부재했다. '천황' 체제와 군국주의는 한 세기 가까이 일본인의 의식을 마비시켰다.

경제적 풍요도 전쟁의 기억을 일본인들의 뇌리에서 지우지는 못했다. 역사(기억)를 부정하면서 경제적 번영을 구가했지만, 기억과 현실의 괴리는 일본 대중문화를 통해 고스란히 반영됐다. 전후부터 지금까지 일본의 영화와 애니메이션에서 지속적으로 드러나는 세계관은 '절멸 이후의 세계'다. 학생 운동과 변혁 운동의 실패로 일본의 젊은 세대는 너무 일찍 기성세대에 편입돼 버렸다는 자괴감에 시달렸다. 현실의 견고한 벽에 좌절한 그들은 '환상'으로 도피했다. 그들의 환상은 화려하지만 우울한 풍경을 만들어냈다. 지금도 일본 애니메이션 역사에 기념비적인 작품으로 거론되는 마쓰모토 레이지의 〈은하철도 999〉, 데즈카 오사무의 〈철

오시이 마모루의 애니메이션 〈공각기동대〉

완 아톰〉, 오시이 마모루의 〈공각기동대〉, 미야자키 하야오의 〈미래소년 코난〉 〈바람계곡의 나우시카〉 〈하울의 움직이는 성〉 등의 저변에 깔린 것은 '절멸의 공포', 즉 디스토피아의 상상력이다. 이 작품들은 모두 인간이 생존이 위협받는 미래 사회를 다루고 있다.

일본의 대표적인 소설가 무라카미 하루키의 소설에도 전쟁과 전후 세대의 방황이 짙게 배어 있다. 대표작 『상실의 시대』에는 1960년대 일본 대학의 우울한 풍경이 고스란히 담겨 있고, 『태엽 감는 새』의 주인공은 꿈속에서 거듭 전쟁터의 풍경을 불러온다. 『1Q84』도 마찬가지다. 이 소설에는 '두 개의 세계'가 등장하고 주인공은 계속 두 세계를 오간다. 두 세계의 문학적 알레고리는 '기억'과 '현실'이다. 다른 작가 무라카미 류의 대표작 『한없이 투명에 가까운 블루』에도 자학하는 청년들이 등장한다. 그들은 미군 기지촌을 배경으로 '병든 선진 문화'에 물들어 환각 파티와 엽색 행각을 벌인다. 외면할수록 자신을 옭아매는 현실에 맞서

미야자키 하야오의 애니메이션 〈하울의 움직이는 성〉의 스틸 컷

청년들은 기어이 자신을 망가뜨린다.

『기사단장 죽이기』(2017)를 발표한 무라카미 하루키는 최근 한 에세이에서 자신의 아버지가 중국에 파병된 일본군이었으며 아버지의 부대가 민간인 학살에 가담했다는 사실을 고백하며 이렇게 술회했다. "아무리 불쾌하고 눈을 돌리고 싶은 것이 있다 해도 사람은 이를 자신의 일부로 받아들여야 한다. 그렇지 않다면 역사라는 것의 의미는 없다." 하루키의 나이는 이제 70대 후반이다. 이 말을 공개적으로 하기까지 그에게는 수십 년의 시간이 필요했다. 전쟁의 비극을 가르치지 않고, 책임을 회피하는 일본의 역사 교육이 만든 현실을 우리는 이미 잘 알고 있다.

동의할 수 없는 현실을 살아가는 인간에게 가능한 저항의 방식은 바로

'상상'이다. 전후 세대의 상상은 다양한 텍스트의 토대가 되었다. 전후 세대의 일본 작가들은 과거의 비극을 잊지 않았다. 그들은 절멸의 세계를 예감하면서 과거의 의미를 다시 물었다. 그러나 그들의 물음은 현실의 벽을 넘지 못했다. 지금 젊은이들은 그 물음에 응답할 의무가 있다. 젊다는 것은 특정한 연령대나 특정 세대를 의미하지 않는다. 젊음은 숫자가 아니라 질문을 놓지 않는 '상태'일 것이다. 1960~1970년대에 대학생이었던 일본 작가들이 근래의 일본 작가들보다 훨씬 젊게 느껴지는 이유다.

도덕적인 러시아는 가능한가?

─ 솔제니친의 삶과 문학이 던진 질문

러시아 작가 알렉산드르 이사예비치 솔제니친(1918~2008)은 1918년 12월 11일 러시아인 아버지와 우크라이나인 어머니 사이에서 태어났다. 제1차 세계대전에 참전한 아버지는 솔제니친이 태어나기 전 사망했다. 가난한 유년 시절을 보냈지만 솔제니친은 예술에 조예가 깊은 어머니의 영향으로 많은 책을 접할 수 있었다. 어머니는 타이피스트로 일하면서 힘겹게 생계를 꾸렸다. 1924년 레닌이 사망하고 스탈린이 집권하면서 소비에트 사회는 숨 막히는 감시 체제로 바뀌었다. 학교에서는 자치 활동과 토론이 금지됐고 숱한 교사들이 숙청됐다. 솔제니친은 그런 교육에 반감을 품었다. 모든 독재 정권은 토론, 질문, 상상을 질색한다. 소비에트 사회에서 토론과 창작은 정부의 간섭을 받았다. 그 사실을 잘 아는 솔제니친은 대학 전공으로 물리와 수학을 선택했다.

1941년 대학을 졸업한 솔제니친은 문학을 공부하려고 모스크바 예술 대학에 진학했으나 그해 6월 22일 독일의 침공으로 전쟁이 발발했다. 솔제니친은 장교 교육을 받고 포병장교로 임관됐다. 그가 속한 부대는 3년 넘게 레닌그라드, 백러시아, 폴란드 등지에서 격전을 벌였다. 장교로 복무하면서 솔제니친은 인명을 경시하는 소련 지도부의 잔혹함에 치를 떨었다. 병사들은 맨몸으로 지뢰밭을 건너라는 명령을 받았다. 스탈린의 고집 탓에 무모한 작전을 벌이다가 무수한 젊은이들이 쓰러졌다. 그럼에도 솔제니친은 반발심을 누르며 애국심 하나로 전쟁을 견뎌냈다. 그는 전쟁 중 '2급 조국 전쟁 훈장'과 '붉은 별 훈장'을 받았다.

알렉산드로 솔제니친, 『이반 데니소비치, 수용소의 하루』

그러나 전쟁 막바지에 어머니가 사망하고, 뒤이어 그의 운명을 바꾼 사건이 벌어졌다. 1945년 2월, 솔제니친은 난데없는 반역 혐의로 체포됐다. 소련 정보부대는 솔제니친이 친구에게 보낸 편지에 스탈린을 "콧수염 달린 남자"라고 적은 사실을 적발했다. 그 표현 하나로 솔제니친은 강제 노동 8년

형과 3년 유형을 선고받았다. 그는 1956년까지 무려 11년 동안 모스크바 근교의 칼루가 형무소, 오스탄키노에의 마르핀 형무소, 카자흐스탄 강제 수용소Gulag에 감금됐다. 유형지에서 솔제니친은 조국의 치부를 생생하게 목격했다. 수형자들이 짐승보다 못한 대우를 받으면서 숱하게 죽어가도 소련 정부는 전혀 신경 쓰지 않았다. 비판을 봉쇄한다는 명목 아래 수백만의 목숨이 수용소에서 사라졌다.

스탈린이 사망하고 흐루쇼프가 집권하자 소련 사회에는 잠시 '해빙기'가 찾아왔다. 수용소에서 풀려난 솔제니친은 자신의 체험을 소설로 기록했다. 1962년, 강제 수용소의 하루를 낱낱이 묘사한 소설 『이반 데니소비

1930년대 러시아 보르쿠타에 있던 수용소 내부 모습

치의 하루』를 발표하면서 솔제니친은 작가로서 주목을 받기 시작했다. 세계 역사상 유례를 찾기 어려운 국가의 테러와 탄압이 자행되는 수용소의 실상을 접한 독자들은 충격을 받았다. 곧 솔제니친의 소설에는 '굴라크 Gulag 문학'이라는 명칭이 붙여졌다. 그러나 1964년 브레즈네프(1906~ 1982)가 집권하자 솔제니친은 다시 감시를 받게 됐다. 경찰은 솔제니친이 탈고한 소설 『수용소 군도』와 『암 병동』의 원고를 압수했다. 그의 소설은 출간되지 못하고, 은밀히 유통됐다.

1968년 솔제니친의 『암 병동』이 마이크로필름에 담겨 서방으로 유출됐고 독일, 영국, 프랑스, 이탈리아에서 출간됐다. 이 소설은 소련 사회를 '거대한 병동'에 빗댄 작품이었다. 건조한 관료들과 무력한 환자들의 모습이 담긴 '암 병동'은 소련 사회를 빗댄 적실한 알레고리였다. 이 소설에서 솔제니친은 병동에 갇힌 인간 사이의 신뢰와 사랑이 비극을 이겨낼 힘이라고 강조한다. 솔제니친은 1970년 노벨문학상을 수상했다. 소련 정부는 시상식 참여를 불허했다.

1973년 프랑스에서 『수용소 군도』가 출간되자 솔제니친은 구금됐다. 그러자 서방 국가들의 석방 탄원이 이어졌다. 1974년, 소련 정부는 솔제니친을 해외로 추방했다. 그는 한동안 스위스에 머물다가 1976년 미국으로 이주했다. 소련 정부는 솔제니친의 작품을 도서관에서 퇴출했고, 그의 이름과 작품 거론을 금지했다. 하지만 솔제니친은 망명 중에도 조국을 잊지 않았고, 다시 돌아갈 날을 18년간 손꼽아 기다렸다.

1991년 소비에트 연합이 붕괴하자 구소련의 마지막 대통령 고르바초프(1931~2022)는 솔제니친의 시민권을 복원시켰고, 그는 반역 혐의를 벗게 되었다. 1994년에 솔제니친은 러시아 시민들의 환영을 받으며 귀국했다. 하지만 솔제니친이 그토록 돌아오고 싶었던 조국 러시아 상황은 그가 소설에서 묘사한 '병동'과 다르지 않았다. 소비에트 연합에 속했던 국가들이 독립하면서 첨예한 갈등이 불거졌고, 귀국할 즈음 러시아와 체첸 사이에 전쟁이 벌어졌다. 더구나 러시아 경제는 파탄 직전이었다. 알코올 중독과 고질적인 산업 재해로 러시아의 생산 가능 인구는 계속 줄어들었다. 솔제니친은 러시아 전역을 순회하며 다양한 사람들의 의견을 청취했다. 그는 평론집 『세기말의 러시아 문제』에 자신이 생각하는 러시아의 문제들을 기록했다.

말년의 솔제니친은 러시아 사회를 향해 정면으로 질문을 던졌다. "도덕적인 러시아는 가능한가?" 솔제니친은 러시아가 '제국'의 환상에 빠져 있다고 지적한다. 러시아가 소비에트 연합에서 분리된 국가들을 힘으로 지배하려는 경향도 그 후유증이라는 것이다. 솔제니친은 체르노빌 원전 사고를 은폐하고, 제2차 세계대전 시기 우크라이나가 겪은 희생을 무시한 결과 두 국가의 관계가 어긋났다고 비판하면서 과거의 잘못을 인정해야 한다고 주장했다. 그는 우크라이나에서 벌어질 비극을 이미 예견하고 있었다.

줄곧 '하나의 러시아'를 지향한 솔제니친의 민족주의는 푸틴이 지향하는 민족주의와는 차원이 달랐다. 2007년 솔제니친은 푸틴과의 대담에서 조국의 미래를 걱정하면서 변화를 요구했으나 푸틴은 수용하지 않았다.

푸틴은 '국가공로 훈장'을 수여하고서 그를 외면했다. 이듬해 솔제니친은 심장마비로 사망했다. 그의 유해는 모스크바의 돈스코이 수도원에 묻혔다. 그곳은 스탈린 시절 비밀경찰이 정치범들을 암살하고 화장한 장소였다. 그곳은 '이반 데니소비치'에게 어울리는 안식처였다. 솔제니친이 지금 우크라이나에서 벌어지는 비극을 봤다면 어떤 심정이었을까. 최근 푸틴은 스웨덴과 핀란드의 나토 가입에 반발하면서 또 다른 전쟁 발발의 가능성이 높아지고 있다. 그가 던진 화두는 현재에 더욱 절실하게 다가온다. "도덕적인 러시아는 가능한가." 이것은 한 국가의 문제일 뿐만 아니라 인류의 지속을 위한 물음이기도 하다.

'전후 정신'을 잃지 않은 영원한 청년 작가

— 오에 겐자부로의 삶과 문학

오에 겐자부로. 그는 '작가'이자 '지식인'이었고, '아버지'였다. 그 앞에 '위대한'이라는 수식을 기꺼이 헌사하고 싶다. 한 사람이 떠났고, 우리는 다시 살 수 있다는 희망을 확인했다.

2023년 3월 3일, 일본 작가 오에 겐자부로가 사망했다. 오에는 가와바타 야스나리에 이어 일본인으로서 두 번째 노벨문학상을 받은 작가다. 하지만 일본 정부는 그의 죽음에 형식적인 애도만 표명했다. 이유는 간명하다. 일본 정부는 그를 불편하게 여겼다. 일본에 노벨문학상을 안긴 작가였지만, 오에는 끈질기게 일본의 과거를 응시했다. 아시아에서 일본이 저지른 범죄를 파헤쳤고, 일본의 재무장을 반대하면서 동료 작가들과 평화헌법 9조를 수호하는 모임을 결성했다. 2011년 동아시아 대지진이 발생해 후쿠시마 원전 사고가 일어났을 때도 사람들은 오에의 작품을 입에 올렸다.

1935년생에 출생한 오에는 10살 때 종전을 맞이했다. 어린 소년에게 종전은 '해방'에 가까웠다. 일본 정부는 신사 참배를 중단했고, 일본인들이 그토록 숭배한 천황은 평범한 인간으로 돌아갔다. 오에의 세대는 군국주의의 굴레를 벗어나 전후 민주주의 교육을 받은 첫 세대였다. 동경대 불문과에 진학한 오에는 미군 비행장 확장에 반대하는 '스나가와'

투쟁에 앞장서는 등 사회 운동에 활발히 참여했다. 1957년 동경대 3학년 재학 중 〈동경대신문〉에 「기묘한 아르바이트」라는 단편 소설을 게재해 '오월제상'을 받았다. 이듬해 「사육」으로 일본에서 제일 권위 있는 문학상인 '아쿠타가와상'을 받으면서 오에는 20대에 일본을 대표하는 작가로 발돋움했다. 초기 오에 소설의 주요 화두는 '무기력한 청년'이었다. 소설의 소재는 도처에 널려 있었다.

1960년 17살 일본 고등학생이 도쿄 전철역에서 일본 사회당 대표 아사누마 이네지로를 살해하는 사건이 일어났다. 천황 숭배 사상에 빠진 청소년이 진보당 정치인을 살해한 이 사건으로 일본 사회는 큰 충격에 빠졌다. 오에는 이 사건을 모티브로 삼아 중편 소설 「세븐틴」 「정치소년 죽다」를 발표했다. 이 소설은 열등감에 빠진 고등학생이 천황 찬양 집회에 참여해 자존감을 되찾는 과정을 그린 풍자소설이었다.

이때부터 오에는 일본 극우 세력들의 살해 위협에 시달렸다. 얼마 후 오에는 또 다른 시련을 겪었다. 1963년, 장남 히카리를 얻었지만, 아이는 두개골에 이상을 안고 있었다. 머리의 혹을 제거하는 수술을 받으면서 히카리는 정상적인 지능을 잃고 볼 수도, 말할 수도 없게 됐다. 오에는 절망에 무너지지 않았다. 그는 기형의 자식을 맞이한 경험을 토대로 쓴 소설 『개인적인 체험』(1964)을 발표했다. 오에는 이 소설을 쓰면서 원폭 후유증으로 태어난 무수한 기형아들을 떠올렸다. 이 시기의 고통을 통과하면서 오에는 원폭 생존자들을 인터뷰한 르포집 『히로시마 노트』(1965)를 출간했다. 개인의 비극과 인류의 비극에 침묵하지 않고 결연히 맞서겠다는 오에의 의지는 아들을 맞이한 이후에 더욱 강해졌다.

오에는 장애아를 키우는 개인적인 비극과 전쟁이라는 인류의 비극을 자기 소설의 주제로 삼았다. 핵전쟁의 위기를 피해 지적 장애를 가진 아들 '진'과 함께 대피소로 피신하는 남자가 등장하는 소설 『홍수는 내 영혼에 이르고』(1973)가 대표적인 작품이다. 이 소설은 후쿠시마 핵

오염수 방류 문제로 갈등이 커지던 상황에서 큰 화제를 불러일으켰다. 50년 전에 발표한 소설이 지닌 놀라운 동시대성 때문이었다.

1994년 노벨문학상 시상식장에서 오에는 자기보다 앞서 노벨문학상을 수상한 가와바타 야스나리를 비판했다. 일본의 과오를 기억하는 자신은 '일본의 아름다움'을 찬미하는 가와바타 야스나리에게 동의할 수 없다는 연설을 한 것이다. 또한 일본 천황이 노벨문학상 수상을 축하하며 수여한 문화훈장과 문화공로상을 거부했다. 그는 '전후 민주주의자'로서 민주주의에 앞서

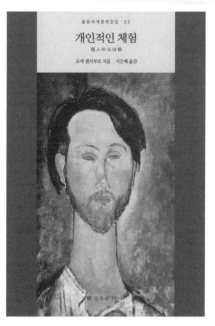

오에 겐자부로, 『개인적인 체험』

는 어떤 권위도 인정할 수 없다고 밝혔다. 이 사건으로 오에는 다시 일본 극우 세력의 표적이 됐다. 그러나 오에는 굴하지 않고 활동을 계속 이어갔다. 노벨상을 수상한 직후 한국에 방문했을 때는 김영삼 대통령에게 구속된 작가 황석영의 석방을 요구하는 탄원서를 보냈고, 소련 작가 솔제니친 석방 탄원 운동에도 참여했다.

2003년 미국이 이라크를 침공했을 때 일본 정부가 전쟁에 적극적으로 협조하자 오에는 자위대의 해외 파병을 반대하며 가토 슈이치(1919~2008), 우메하라 다케시(1925~2019) 등 동료 작가들과 함께 평화헌법 9조 수호 모임을 결성했다. 양심적인 지식인들이 적극적인 활동을 펼쳤는데도, 경기 침체로 사회적 활력을 잃은 일본 사회는 점차 우경화했다. 자이니치(재일 한국인)를 특히 혐오하는 극우 단체 '재특회'가 세력을 확장했고,

'옴진리교'처럼 극단적 테러를 자행하는 종교 단체가 늘어났다. 오에는 일본이 냉전 질서에 편승해 경제 성장만을 추구하다가 과거를 반성할 기회를 잃어버린 사실을 안타까워했다. 『익사』『만년양식집』등 말년의 작품에는 그러한 회한이 짙게 깔려 있다. 오에는 2013년 이후 절필을 선언하고 사회 활동에 매진하다가 자신이 바라는 세상을 보지 못하고 눈을 감았다.

오에는 마지막까지 희망을 포기하지 않았다. 후쿠시마 원전 사고 이후에 쓴 소설 『만년양식집』의 말미에는 주인공 '조코 코기토'가 첫 손자를 맞이하며 쓴 시가 실려 있다. 이 시에는 아들 히카리를 맞고서 오에가 품었던 결연한 희망과 더 나은 세계를 향한 갈망이 담겨 있다. "작은 아이들에게 노인은 답변하고 싶다. / 나는 다시 살 수 없다. 하지만 / 우리는 다시 살 수 있다."

인간의 '회복'은 어떻게 가능한가. 오에는 '상상'과 '습관'이라고 말한다. 타인의 고통을 상상하지 못할 때 인간은 무심하고 잔혹해진다. 그는 '쓰는 습관'을 통해 타인의 고통을 짐작하는 방식을 선택했다. 그러면서 그는 마침내 자신만의 좌우명을 획득했다. 그 좌우명은 마크 트웨인의 소설 『허클베리 핀의 모험』에 나오는 대사. 허클베리 핀은 도망친 노예인 친구를 버리지 않겠다고 다짐하면서 외친다. "지옥은 내가 간다." 오에는 선택의 기로에 설 때마다 늘 이 말을 떠올리며 더 고된 길을 선택했다. 그 선택이 오에를 위대한 작가로 만들었다. 그의 아들 히카리는 장애를 딛고 작곡가로 성장했다. '인간은 회복하는 존재'라는 믿음을 확인하고 싶을 때마다 오에 겐자부로를 읽는다.

인류의 위기를 예지한 작가

— 카렐 차페크

    제임스 캐머런 감독의 〈터미네이터〉(1984)는 자원을 낭비하고 서로 갈등만 일삼는 인간들을 쓸모없다고 판단한 '지능을 가진 기계'들이 인간을 공격하는 암울한 미래를 다룬 영화다. 그러나 디스토피아 서사의 고전이 된 이 영화의 상상력은 감독의 독보적인 전유물이 아니다. 영화의 저변에 깔린 상상력은 체코가 낳은 위대한 작가 카렐 차페크(1890~1938)에게 빚지고 있다. 카렐 차페크는 최초로 '로봇'이라는 말을 사용한 작가였다. '로봇'은 체코어로 '노동'을 뜻하는 단어 'robota'에서 비롯됐다. 기계가 인간을 지배하는 미래를 그린 차페크의 작품들은 두 차례 세계대전 사이에 창작됐다.

    체코 크로코노셰에서 태어난 카렐 차페크는 감수성이 풍부하고 지적인 어머니의 영향으로 문학적인 풍토에서 성장했다. 뛰어난 이야기꾼인 외할머니도 손자들에게 속담, 민요, 전설 등을 알려줬다. 미술과 문학에 뛰어난 재능을 가진 형 요세프도 차페크에게 큰 영향을 미쳤다. 두 형제는 어린 시절부터 함께 창작하면서 이야기에 어울리는 삽화를 그렸다. 두 사람의 공동 작업은 차페크가 세계적인 작가가 된 이후에도 이어졌다. 1909년, 명문 고등학교를 수석으로 졸업한 차페크는 명문 카렐대학 철학과에 입학했다. 차페크는 베를린대학과 파리 소르본대학에서도 여러

알렉스 프로야스 감독, 〈아이, 로봇〉의 한 장면

과목을 수강했고, 두각을 나타냈다. 학자가 되고자 했던 차페크의 바람은 전쟁으로 무너졌다. 1914년 발발한 1차 세계대전은 문명의 이기가 총동원된 전쟁이었다. 기관총, 독가스, 탱크, 잠수함, 폭격기가 등장했고, 과학은 더욱 효율적인 살상을 목표로 발전했다. 차페크는 척추 질환으로 징집을 피할 수 있었으나 그는 전쟁의 참상에 깊은 충격을 받았다. 유럽이 그토록 자랑했던 '이성에 근거한 확실성의 세계'는 허상에 불과했다.

그러나 1차 세계대전은 체코에 독립을 가져다줬고, 차페크가 유명 작가로 발돋움하는 계기가 됐다. 1920년, 차페크는 희곡 『R.U.R: 로숨의 유니버설 로봇』을 발표하여 세계적인 명성을 얻었다. 이 희곡은 형 요세프와 공동 작업을 거쳐 1921년에 프라하 국립극장에서 초연되었다. 지능을 가진 로봇을 이용하여 인류가 노동에서 벗어난다는 작품의 설정은 1920년대에는 가히 혁명적인 발상이었다. 과학자 '로숨'이 발명한 인공지능 로봇은 인간의 육체노동과 사무 활동까지 대신하고, 군대의 병사까지 로봇으로 채워진다. 로봇 제조회사는 크게 번성하고, 인간들은 로봇 없이는 살 수 없는 지경에 이른다.

지능이 고도로 발달한 로봇들은 반란을 일으켜 인류를 절멸시키고 이 과정에서 로봇 제작 과정이 담긴 설계도가 불타버린다. 이런 세계에서 손으로 일하는 인간 '알퀴스트'만 살아남는다. 로봇들은 알퀴스트에게 로봇을 수리하고 해체하는 작업을 시키지만, 설계도가 소실된 상황에서 그는 적절한 방법을 찾지 못한다. 수리 불가로 로봇 세계 역시 위기에 빠지게 된다. 우연히 한 쌍의 젊은 로봇이 희생정신과 사랑의 감정을 습득하는 것을 발견한 알퀴스트는 그들을 새로운 아담과 이브로 명명한다. 대량 생산과 맹목적인 과학기술, 전체주의를 비판한 이 희곡에는 암울한 미래를 향한 차페크의 경고가 담겨 있었다.

1차 세계대전의 후유증으로 세계는 경제 대공황에 휘말렸고 유럽 곳곳에 전체주의가 득세했다. 불평등과 차별, 인종주의와 전체주의가 만연한 이 시기에 차페크는 많은 희곡과 소설을 집필했다. 그중 가장 큰 성공을 거둔 작품은 형 요세프와 함께 창작한 『곤충 극장』이었다. 곤충의 세계를 여행하게 된 인간 관찰자의 시점에서 진행되는 이 연극은 곤충들의 습성을 빌려 인간들의 부조리한 욕망을 풍자한다. 무가치한 똥에 일생을 다 바치는 쇠똥구리, 타자의 목숨과 재산을 빼앗아 연명하는 말벌들, 무분별한 성적 유희에 삶을 탕진하는 나비들, 조직적으로 전투를 벌

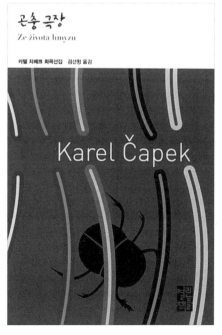

카렐 차페크, 『곤충 극장』

이면서 살상에 중독된 전투 개미 등『곤충 극장』에 등장하는 무수한 곤충들은 모두 어리석은 인간의 모습을 닮았다. 이 연극은 오늘날까지 체코 연극계에서 가장 사랑받는 작품으로 남았다. 희극과 풍자, 부조리가 가득한 이 연극은 연출에 따라 무한 변주가 가능한 작품으로 평가받는다. 인간을 곤충에 빗댄『곤충 극장』은 당대 체코의 인기 작가였던 프란츠 카프카(1883~1924)의 대표작『변신』(1916)의 설정과 흡사하지만, 카프카와는 달리 차페크는 끝까지 희망을 포기하지 않았다. 차페크는 불멸하는 존재의 지루한 삶을 다룬 희곡『마크로풀로스의 비밀』(1922)에서 인간의 삶은 유한하고 나약하기에 더 아름답다고 역설했다.

1930년대에 차페크는 현실로 다가온 전체주의의 위험을 자각하면서 소설『도롱뇽과의 전쟁』(1936)과 희곡『하얀 역병』(1937)을 집필했다. 탐욕스러운 자본가가 기른 도롱뇽이 대량으로 증식하여 인간 세계를 위협한다는 내용이 담긴『도롱뇽과의 전쟁』은 명백히 독일 파시즘을 겨냥한 작품이었다.『R.U.R: 로숨의 유니버설 로봇』의 문제의식을 확장한 이 작품의 설정은 오늘날까지 숱한 SF영화의 토대가 됐다.『하얀 역병』에는 치료 불가능한 전염병을 통치 수단으로 악용하는 독재자가 등장한다. 전염병으로 증폭한 대중들의 공포와 불만을 전쟁의 동력으로 삼는 독재자, 방역을 이익의 수단으로 삼는 타락한 의사들의 모습은 팬데믹을 겪은 오늘날의 풍경과도 비슷하다.

1936년, 스웨덴 한림원은 수차례 노벨문학상 후보에 오른 차페크에게 상을 수여하는 문제를 두고 고심했다. 정치적 중립성을 표방하는 한림원은 여러 작품에서 독일 파시즘을 강력하게 비판한 차페크에게 상을 주기를 꺼렸다. 한림원은 차페크에게 정치색이 짙지 않은 작품을 집필하면 노벨문학상을 주겠다고 제안했으나 차페크는 즉각 거절했다. 노벨문학상 수상을 거부한 차페크의 명성은 더욱 높아졌다. 1938년 9월, 뮌헨 회담에서 독일의 체코 수데텐란트 병합을 영국과 프랑스가 합의하자 차페크는 프라하 국제펜클럽 총회에서 독일의 침략을 경고하면서 뮌헨 회담에 항의하는 체코 작가 성명서를 대표로 집필했다. 그러자 독일 비밀경찰은 차페크를 '공공의 적 3번'으로 지목했다. 주변인들이 차페크에게 영국으로 망명할 것을 권했지만, 차페크는 체코에 남는 길을 선택했다.

1938년 12월, 차페크는 인플루엔자 합병증으로 사망했다. 다음 해 체코를 점령한 독일의 비밀경찰은 차페크가 사망한 사실을 모르고 그의 집에 들이닥쳤다. 차페크의 형 요세프는 곧 체포되어 베르겐-벨젠Bergen-Belsen 강제 수용소로 이송됐다. 요제프는 1945년 4월, 전쟁이 끝나기 불과 3주 전에 수용소에서 사망했다. 차페크의 작품들은 지금 읽어도 낡았다는 느낌이 전혀 들지 않는다. 그것은 우리가 사는 세계가 여전히 불안하다는 사실을 방증한다. AI가 인간의 창작 능력을 답습하고 예술가들의 일자리를 빼앗는 지금의 현실은 차페크의 텍스트들을 다시 소환하게 만든다. 과학기술은 과연 인류를 더 행복하게 만들어 줄 것인가. 편리함과 안락함을 추구하면서 인간은 사유를 스스로 포기하고 있다. 인간보다 명석한 기계를 만든 인류의 아이러니다.

상처받은 영혼의 글쓰기

— 임레 케르테스의 '홀로코스트 4부작'

헝가리 작가 임레 케르테스^{Imre Kertesz}(1929~2016)는 프리모 레비(1919~1987), 빅터 프랭클(1905~1997)과 함께 '홀로코스트 문학'을 대표하는 작가다. 그러나 케르테스의 조국 헝가리가 2차 세계대전 이후 소련의 영향 아래 놓였던 탓에 임레 케르테스는 냉전이 종식된 이후에야 빛을 볼 수 있었다. 임레 케르테스는 프리모 레비와 빅터 프랭클보다 훨씬 어린 나이에 강제 수용소를 경험했다. 14살의 나이에 홀로코스트를 경험한 케르테스는 훨씬 오랜 후유증에 시달려야 했다. 유대인 강제 수용소의 참상은 이미 프리모 레비의 『이것이 인간인가』, 『주기율』, 빅터 프랭클의 『죽음의 수용소에서』 등 여러 저서에 사실적으로 그려진 바 있다. 그러나 케르테스가 겪은 후유증은 더 길고 집요했다. 어린 나이에 겪은 비극은 케르테스의 남은 삶을 잠식했다.

1929년 헝가리 부다페스트에서 유대인 목재상 집안에서 태어난 케르테스는 평범한 성장기를 보냈다. 전쟁이 발발했으나 어린 소년에게 전쟁은 그다지 실감 나지 않았다. 오히려 소년은 멋진 제복을 입은 독일군 병사들을 동경했다. 1944년 6월 30일, 소년은 버스를 타고 가다가 영문도 모른 채 체포됐다. 전쟁 말기에 나치는 유대인들을 닥치는 대로 잡아들였다. 케르테스는 악명 높은 아우슈비츠 수용소, 부헨발트 수용소, 차이츠 수용소를 모두 겪었다. 특히 부헨발트 수용소에서는 '부헨발트의 마녀'로 불리던 일제 코흐(1906~1967)의 만행을 직접 목격했다. 당시 부헨발트 수용소장의 아내였던 일제 코흐는 감금된 유대인들을 고문하고, 그들의 살갗을 벗겨 전등갓과 식탁보로 만드는 만행을 저질렀다. 그는 유대인들을 성적으로 학대하고, 수감자들의 돈을 빼앗아 부를 축적했다. 케르테스는 수용소에서 운명에 순종하지 않고 사소한 기쁨을 느끼려고 몸부림쳤다. 지옥에서도 분명 행복을 발견할 수 있다는 사실을 되새기면서 그는 수용소에서의 나날을 견뎠다. 이 과정은 그의 대표작 『운명』(1973)에 고스란히 담겨 있다.

1945년, 전쟁이 끝날 때까지 살아남은 케르테스는 부다페스트로 돌아왔다. 대학 진학에 실패한 케르테스는 부다페스트의 '빌라고샤그' 신문사에 취직했다. 그러나 공산당이 집권하면서 신문사는 공산당의 기관지로 전락했고 케르테스는 1951년에 쫓겨났다. 실직한 케르테스는 니체, 프로이트, 비트겐슈타인 등 독일계 철학자들의 저서를 번역하며 생계를 겨우 유지했다. 1956년 헝가리에서는 소련에 종속된 정부에 반대하는 민중봉기가 일어났다. 부다페스트를 점령한 소련군은 민주화 운동을 가혹하게 탄압했다. 이 시기부터 케르테스는 수용소의 악몽에 시달리면서 그동안 적은 일기를 토대로 『운명』을 창작했다. 지옥 같은 수용소에서도 기어이 행복을 찾아내는 소설의 주인공 '쾨르지'라는 소년은 바로 케르테스 자신이었다.

케르테스는 '홀로코스트'가 아니

임레 케르테스, 『운명』

임레 케르테스, 『좌절』

『태어나지 않은 아이를 위한 기도』

라 '홀로코스트 이후'를 다룬 소설을 연이어 발표했다. 그 중 『좌절』은 케르테스의 삶이 그대로 투영된 작품이다. 소설의 화자인 노인은 '팔리지 않는 글'을 쓰면서 연명한다. 노인은 자신의 홀로코스트 경험이 담긴 『운명』이라는 소설을 출판사에 보내지만, 출판사 편집자들은 그런 책의 출간을 원하지 않는다. 전쟁이 끝난 마당에 고통스러운 과거를 소재로 다룬 소설은 독자들에게 환영받지 못했다. '노인'은 바로 노년에 이른 케르테스 자신이다. 노인이 쓴 소설의 주인공 '쾨베시'는 젊은 시절의 케르테스와 일치한다. 수용소에서 살아남은 쾨베시는 고향으로 돌아와 여러 직업을 전전하지만 어떤 일에서도 안정을 찾지 못한다. 신문사 기자, 철강공장 직원, 도로포장 작업 등을 하지만 쾨베시는 적응하지 못하고 금방 해고되고 만다.

그러다가 쾨베시는 감옥의 간수로 취직한다. 쾨베시는 그곳에서 기이하게 편안함을 느낀다. 어느 날 쾨베시는 통제에 따르지 않는 죄수를 보고 자신도 모르게 따귀를 때린다. 그 순간 그는 자신이 느낀 편안함의 정체를

깨닫는다. 수용소에서 일상적으로
겪은 폭력은 쾨베시의 내면을 잠식
했다. 그래서 쾨베시는 강력한 규율
이 작동하는 폐쇄적인 공간에서 역
설적으로 편안함을 느꼈던 것이다.
그 사실을 깨달은 쾨베시는 수용소
에 갇혔을 때보다 더 깊은 좌절에
휩싸인다. 쾨베시는 자신도 모르게
폭력에 길들어져 있었던 것이다.
1990년에 발표한 소설 『태어나지 않
은 아이를 위한 기도』 역시 홀로코
스트의 기억에 시달리는 자의 내면
을 일기 형식으로 기록한 작품이다.

임레 케르테스, 『청산』

홀로코스트의 트라우마에서 벗어나지 못한 소설의 화자는 무의식적으로
결혼과 출산을 거부한다. 자신이 겪은 고통이 자식에게 대물림될지도
모른다는 불안 때문이다.

　냉전이 끝나고 케르테스의 소설은 비로소 전 세계에 출간되었고 그는
2002년 노벨문학상을 수상했다. 노벨상 선정위원회는 케르테스에게 "야
만적이고 제멋대로인 역사에 맞섰던 개인의 취약한 경험을 지켜 내려
한 작가"라는 헌사를 바쳤다. 케르테스는 2003년 『청산』이라는 소설을
출간했다. 이로써 『운명』, 『좌절』, 『태어나지 않은 아이를 위한 기도』,
『청산』으로 이어지는 '홀로코스트 4부작'이 완결되었다. 노벨문학상 외
에도 케르테스는 '라이프치히 서적상' '헤르더 문학상' '디 벨트 문학상'
을 수상하며 헝가리의 대표 작가로 떠올랐다.

　케르테스의 문학은 비극의 시대에서 인간이 어떻게 살아남고 사유할
수 있는가를 되묻는다. 케르테스는 홀로코스트를 예외적인 사건이 아니

라, 언제든지 일어날 수 있는 잠재력을 지닌 사건으로 규정했다. 홀로코스트의 경험은 케르테스를 위대한 작가로 만들었지만, 개인으로서의 그는 철저하게 불행한 삶을 살았다. '홀로코스트 4부작'을 완성한 이후 케르테스는 파킨슨병을 앓다 사망했다. 그는 자신의 고통을 온전히 감당하지 못했다. 소설 속의 인물 '죄르지'와 '쾨베시', '노인'은 평생 수용소의 기억에서 자유롭지 못했던 케르테스 자신이었다.

역사의 상처를 마주한 작가의 용기

— 귄터 그라스, 『게걸음으로』

　　1945년 1월 소련군 공세에 밀린 독일군은 동부 전선에서 후퇴를 거듭했다. 소련군은 점령 지역에서 가혹한 보복 행위를 일삼았다. 그러자 겁에 질린 독일 민간인들은 피난길에 올랐다. 그 숫자는 천만 명에 달했다. 독일군은 동프로이센 지역에 고립된 병력과 피난민들을 구하고자 민간 선박까지 총동원했다. 1945년 1월 30일 여객선 '빌헬름 구스틀로프호'는 피난민과 부상병을 가득 싣고 출항했다. 배 이름은 스위스에서 나치의 하부 조직 결성에 주도적인 역할을 하다가 유대인 청년에게 암살당한 나치의 당 간부 '빌헬름 구스틀로프' 이름에서 따온 것이다. 구스틀로프호는 항해 도중 소련군 잠수함에 포착됐다. 3기의 어뢰에 맞은 구스틀로프호는 순식간에 침몰했고, 약 1만 명의 탑승자가 사망했다. 그중 절반이 5세 이하의 아동이었다. 구스틀로프호의 침몰은 1912년 빙산과 충돌해 1천5백여 명이 사망한 타이타닉 사고를 훨씬 능가하는 최악의 해양 참사로 기록됐다. 그러나 이 참사는 조용히 묻혔다. 전쟁을 일으킨 독일은 자신들이 입은 피해를 외부에 호소할 엄두도 내지 못했다.

　　구스틀로프호 비극이 다시 주목을 받은 것은 한 소설이 출간된 이후였다. 1999년 노벨문학상을 받은 독일 작가 귄터 그라스(1927~2015)는 노벨상 수상 이후 첫 소설인 『게걸음으로』(2002)를 발표했다. "왜 이제서야"

권터 그라스, 『게걸음으로』

라는 말과 함께 시작하는 이 소설은 "이것은 결코 끝나지 않는다"라는 독백으로 끝난다. 이 소설에는 3대에 걸친 어느 가족이 등장한다. '툴라'는 1945년 구스틀로프호에서 살아남은 여성이다. 만삭이었던 그녀는 다른 배로 옮겨 타서 가까스로 출산에 성공했다. 17살 소녀였던 툴라는 구스틀로프호 악몽에 평생 시달렸다. 그녀의 머리칼은 10대에 백발로 변했다.

수천 명이 익사하는 지옥에서 살아남은 툴라에게 가장 중요한 것은 '생존'이었다. 그녀는 공산주의 국가 동독에서 스탈린의 이념을 충실하게 수용하면서도 나치의 상징적인 인물 '구스틀로프'를 존경하는 모순적인 인물이다. 어머니에게 구스틀로프 참사를 수없이 들으면서 성장한 툴라의 아들 '파울'은 신문 기자다. 1945년생인 파울은 독일이 저지른 범죄를 철저하게 교육받고 자랐기에 어머니의 슬픔에 동조하지 않는다. 파울은 우익 신문 〈슈프링어〉에 근무하다가 좌익 성향의 신문 〈타츠〉에도 근무하는 등 중립을 유지하려고 애쓴다. 그는 정치적으로 가능한 한 옳은 편에 서려고 노력하면서 거짓을 쓰지 않고 정확하게 기사를 쓰려고 노력하는 평범한 기자다. 툴라는 자신이 겪은 비극을 알면서도 독일의 전범 행위를 더 중시하는 아들에게 실망한다.

반면 파울의 아들 '콘라드'는 할머니 툴라의 슬픔과 분노에 완전히 동조한다. 콘라드는 인터넷으로 구스틀로프호 참사에 관련된 정보를 얻고, '슈베린 동지회'라는 모임에 가입한다. 콘라드는 순교한 나치 간부 이름을 딴 배가 침몰한 사건을 외면하는 독일 정부에 분노한다. 그는 할머니처럼 소련군의 공격을 "여성과 아이들에 대한 살인 행위"라고 생각한다. 그는 독일이 일으킨 전쟁 범죄를 부정하면서 극우파가 된다. 당시 독일 극우 청년들은 인터넷상에서 각기 다른 입장의 사람이 돼 가상의 논쟁을 벌이는 '역할 놀이'를 즐겼다. 역할 놀이에서 나치당 간부 구스틀로프 역할을 맡은 콘라드는 구스틀로프를 암살한 유대인 청년 '다비드 프랑크푸르터' 역할을 맡은 사람과 논쟁을 하다가 증오에 휩싸인다. 결국 콘라드는 '슈트렘플린'이라는 청년을 살해한다. 콘라드는 법정에서 독일인을 죽인 유대인에 대한 분노로 살인을 저질렀다고 당당하게 밝힌다.

소설이 출간되자 독일 극우 세력이 귄터 그라스 지지를 선언하는 아이러니한 일이 벌어졌다. 이것은 커다란 '사건'이었다. 귄터 그라스는 대표작 『양철북』(1958)에서 나치즘을 비판했던 작가이지 않은가. 독일 사회는 귄터 그라스의 소설을 둘러싸고 격렬한 논쟁에 휩싸였다. 귄터 그라스는 TV 토론에 출연해 자신의 소설에는 네오나치들의 주장에 동조하는 메세지가 담겨 있지 않다고 항변하면서 상처받은 자는 누구나 고통을 호소하고 울 수 있어야 한다고 말했다. 귄터 그라스는 그동안 독일인들이 과거의 잘못에 지나친 죄의식에 시달렸으며 그 결과 젊은 세대가 역사의 상처를 부정하게 되었다고 주장했다. 토론을 거치면서 과거 구스틀로프호의 비극이 재

귄터 그라스, 『양철북』

2015년 터키 해안에서 사망한 세 살 아이의 사진

조명되었고, 각계각층의 사람들이 토론에 참여했다. 한국 사회에서 역사
와 기억을 다룬 소설을 읽고서 모든 세대가 토론을 하는 일은 가능할까.
가라앉은 배, 조부모 세대와 비슷한 정치관을 지닌 청년들, 정치적 계산으
로 애도를 관리하는 정부……. 귄터 그라스의 소설과 독일의 논쟁은
우리의 현실을 다시 돌아보게 한다.

  2015년 9월 2일, 내전 중인 시리아를 탈출하다가 터키 해안에서 사망한
세 살 아이(아이란 쿠르디)의 사진이 언론에 보도되자 전 세계는 큰
충격에 빠졌다. 그러나 유럽 국가들은 난민들을 받아들이기를 주저했다.
이때 독일의 메르켈 총리가 먼저 나섰다. 독일 정부는 1백만 명의 난민을
수용하겠다고 발표했다. 극우주의자들의 반대 시위에도 메르켈 총리는
흔들리지 않았다. 아이란 쿠르디의 사진을 보며 다수의 독일인들은 구스
틀로프호 침몰로 죽은 아이들을 떠올렸다. 2002년 『게걸음으로』를 둘러
싼 논쟁을 겪지 않았다면, 메르켈 총리의 결단은 나오기 어려웠을 것이다.
귄터 그라스는 독일인들의 아름다운 결단을 보지 못하고 2015년 4월
13일에 사망했다.

사랑과 믿음의 힘

― 로맹 가리, 혹은 에밀 아자르

프랑스 작가 로맹 가리(본명 로맹 카체브)의 삶은 전쟁과 함께 시작되었다. 1914년, 제1차 세계대전이 발발한 해에 러시아에서 태어난 로맹 가리는 홀어머니(니나)와 동유럽을 떠돌다가 1927년에 프랑스 남부 해안 도시 니스에 정착한다. 난민 신분으로 프랑스에 정착한 어머니에게 로맹 가리는 그야말로 '유일한 꿈'이었다. 비록 현실은 가난과 모멸의 연속이었지만 니나는 그것을 홀로 감수하면서 아들을 키웠다. 1920년대를 강타한 경제 공황의 고통 속에서도 니나는 아들을 위해 끈질기게 살아남았다. 어머니의 맹목적인 헌신에도 불구하고, 어린 아들은 이미 자신의 처지를 잘 알고 있었다. 프랑스 사회는 러시아계 난민에게 관대하지 않았다. 더군다나 그들은 유대인이었다. 하지만 어머니는 아들에게 다양한 꿈을 불어넣었다. 위대한 연극배우, 인간의 영혼을 울리는 작가, 전쟁에서 살아남은 영웅, 세계 여러 나라를 돌아다니는 외교관, 위대한 음악가, 화가⋯⋯. 어머니는 로맹 가리에게 끊임없이 꿈을 불어넣으면서 "정의는 승리한다", "모든 것은 이뤄진다", "네가 바라는 것은 무엇이든 다 얻을 수 있다"라고 속삭였다. 어머니의 헌신으로 세상을 향한 증오와 자기 자신에 대한 혐오감을 떨친 로맹 가리는 학업에 열중했고, 어학 과목에서 뛰어난 재능을 보였다.

로맹 가리의 성장기와 청년 시절을 담은 영화
〈새벽의 약속〉의 한 장면

로맹 가리는 파리의 법과대학에 진학했지만, 광폭한 시대는 그가 법관이 되는 길을 가로막았다. 1938년, 독일은 오스트리아를 병합하고, 뮌헨 협정으로 체코의 수데테란트를 차지한 이후 계속 세력을 넓혀갔다. 영국과 프랑스는 뮌헨 협정이 실수였음을 깨닫고, 전쟁 준비에 돌입했다. 로맹 가리는 사관후보생으로 공군에 입대하여 고등 군사교육을 290명 중 4등으로 수료했으나 장교로 임관하지 못했다. 드레퓌스 사건(1894)으로 표출된 것처럼 프랑스 군대의 유대인 혐오는 뿌리 깊었다. 1940년, 전쟁이 시작되자 그는 공군 조종사 훈련소에 다시 소집되었다. 불운하게도 훈련을 마치기 직전 프랑스는 독일에 점령되었다. 공군 조종사 훈련생들은 협력과 저항 중 하나를 선택해야만 했다. 로맹 가리는 조금도 망설이지 않고 특무상사 들라보와 함께 전투기를 몰고 북아프리카의 프랑스 식민지로 탈출했다. 하지만 북아프리카 주둔 프랑스군 사령관 노게즈 장군은 독일과의 휴전에 합의하고 말았다. 조종사들이 탈출하는 사태를 막으려고 모든 항공기를 고장 내라는 어이없는 명령이 떨어졌다. 분개한 로맹 가리는 육상으로 탈출하여 영국 군함에 탑승했다.

1940년 8월 8일, 로맹 가리는 영국에서 자유프랑스공군FAFL에 편입되었다. 곧 독일군의 폭격이 시작되자 영국 공군은 국운을 건 항공전에 휘말렸다. 자유프랑스공군은 아프리카의 차드로 이동하여 훈련받았다. 그곳에서 장티푸스로 죽을 고비를 넘기면서도 로맹 가리는 악착같이 살아남았고 마침내 그가 소속된 '로렌 비행대'는 1943년 10월부터 실전에 투입됐다. 로맹 가리는 프랑스, 네덜란드, 벨기에의 목표물을 폭격하는 작전에 60회 이상 참가했다. 로렌 비행대는 주로 발전소, 조차장, V1 로켓 발사대를 조준 폭격하는 위험한 임무를 떠맡았다. 1943년 11월 25일, 탑승한 폭격기가 대공포에 피격되어 로맹 가리는 복부 관통상을 입었고, 조종사는 파편에 눈을 다쳤다. 그런 상황에서 로맹 가리는 조종사를 도와 무사히 귀환했다. 그는 이 공로를 인정받아 중위로 진급했고, 1944년 1월에는 드골 장군이 서명한 '해방무공훈장'을 받았다.

전쟁터에서도 그는 글쓰기를 멈추지 않았다. 전쟁 말기에 로맹 가리는 군 병원에서 집필한 소설 『유럽의 교육』(1945)을 출간했다. 『유럽의 교육』은 폴란드를 배경으로, 빨치산들의 항독 투쟁에 합류한 열네 살 소년 야네크가 그들과 함께하면서 용기와 사랑에 눈뜨는 과정을 그린 소설이었다. 『유럽의 교육』은 영국에서 큰 성공을 거두었고, 이듬해 프랑스에서 비평가상을 수상했다. 종전 후 귀국한 로맹 가리는 '해방무공훈장' 수상자 특혜로 프랑스 외무부에 들어갈 수 있었다. 외교관이 된 그는 불가리아, 볼리비아, 미국 등에서 근무했다. 외교 활동을 하면서 계속 소설을 발표한 그는 1956년, 장편소설 『하늘의 뿌리』로 공쿠르상

로맹 가리, 『유럽의 교육』

에밀 아자르, 『자기 앞의 생』

을 수상했다. 그가 어머니와 약속한 꿈들은 거짓말처럼 모두 실현됐다. 그는 전쟁에서 살아남은 영웅이자 외교관이 되었고, 인간의 영혼을 울리는 작가가 되었다.

그러나 어머니와 약속한 꿈들이 실현된 이후 로맹 가리는 혹독한 시련을 겪게 되었다. 비평가들은 로맹 가리의 후속작들을 깎아내렸다. 전후 세대가 주요 독자층이 되면서 로맹 가리의 소설들은 평단에서 외면받았다. 드골을 싫어하는 젊은 세대들은 로맹 가리를 '철 지난 드골주의자'로 낙인찍었다. 로스앤젤레스 영사 시절에 만나 결혼한 영화배우 진 세버그(1938~1979)와의 결혼 생활도 흔들렸다. 장뤼크 고다르 감독의 영화 〈네 멋대로 해라〉의 주연으로 세계적인 배우가 된 진 세버그는 영화배우 클린트 이스트우드(1930~)와 염문을 뿌렸고, 이 사건을 계기로 로맹 가리는 그녀와 결별했다. 실연과 평단의 외면으로 위기에 몰렸지만 로맹 가리는 희망을 버리지 않았다. 그는 은둔한 채 '에밀 아자르'라는 필명으로 장편소설 『그로칼랭』, 『가면의 생』, 『자기 앞의 생』, 『솔로몬 왕의 고뇌』를 차례로 발표했다. 1975년, 『자기 앞의 생』이 공쿠르상 수상작으로 결정되었다. 그러나 '에밀 아자르'라는 작가는 나타나지 않았다.

1979년에는 진 세버그가 의문사했다. 흑인 인권 운동을 비롯한 사회 변혁 운동에 앞장섰던 그녀는 FBI의 대국민 감시 프로그램인 '코인텔프로'의 표적이 되어 갖은 고초를 겪었다. 로맹 가리는 그녀의 죽음과 FBI의 연루설을 공개적으로 제기했으나, 명확한 증거는 드러나지 않았다. 1980년, 로맹 가리는 파리에서 스스로 생을 접었다. 사람들은 진 세버그의 죽음과 로맹 가리의 죽음을 연결하면서 음모론을 제기했다. 그러나 로맹 가리는 유서에서 그녀와 자신의 죽음은 상관없다고 밝혔다. 사후에 발견된 회고록에서 그는 자신이 바로 '에밀 아자르'라는 사실을 고백했다. 같은 작가에게 상을 주지 않는 공쿠르상의 원칙은 그렇게 깨졌다. 그는 자신을 차별한 세상을 향해 쉽게 분노하거나 절망하지 않았다. 그는 '자기 앞의 생'을 온몸으로 견뎌냈다. 유서의 마지막에 적은 문장은 그의 치열했던 삶을 대변한다. "나는 마침내 나를 완전히 표현했다."

영원한 반항인의 삶

— 알베르 카뮈

2020년 봄 코로나19가 유행하기 시작하자 세계 서점가에는 시대를 '역주행'한 베스트셀러가 생겼다. 프랑스 작가 알베르 카뮈(1913~1960)의 소설 『페스트』(1947)였다. 흑사병이 퍼진 도시 '오랑'에서 벌어지는 일을 묘사한 이 소설은 팬데믹의 공포와 맞물려 다시 이목을 끌었다. 과학이 발달한 시대에 보이지 않는 바이러스와 싸우는 현실의 풍경들은 카뮈의 소설에 그려진 풍경과 너무도 흡사했다. 자신도 알지 못하는 사이에 감염되어 타인에게 질병을 퍼뜨릴 수 있다는 의미에서 모든 사람은 서로에게 가해자가 된다. 페스트를 끝내 이기는 힘은 과학이 아니라 인간의 '성실성'이다. 위기에 직면한 인간은 어떻게 저항하고 위기에서 벗어날 수 있는가. 이것은 작가 카뮈의 생애를 관통하는 중요한 화두다.

1913년, 카뮈는 프랑스령 알제리 몽도비에서 태어났다. 이듬해 제1차 세계대전이 발발하자 집안의 가세는 급격히 기울었다. 1914년, 아버지 뤼시앵은 마른 전투에서 전사하고 만다. 문맹이자 청각 장애인인 어머니는 홀로 양육을 책임져야 했다. 어린 시절 내내 카뮈는 가난에서 벗어나지 못했다. 가난을 딛고 우수한 성적으로 알제리대학 철학과에 입학한 카뮈는 고등학교 시절 작가이자 철학가인 스승 장 그르니에(1898~1971)를 만나 학문과 세상을 보는 눈을 떴다. 하지만 어릴 때 앓았던 결핵이 재발하는 바람에 대학 공부를 계속할 수 없었다. 카뮈는 교수가 되는 길을 포기하고 신문사에 입사했다. 대신 기자 생활을 하며 틈틈이 희곡과 시를 썼다. 1935년, 프랑스 공산당에 가입한 이후에는 프랑스의 알제리 식민 지배에 부정적인 글을 발표했고, 프랑스 식민지에서 아랍인들이 겪는 차별을 폭로했다. 그의 글들은 프랑스 정부를 자극했다. 프랑스 정보부의 압력으로 신문사에서 쫓겨났지만 언론 노조의 도움으로 가까스로 복직할 수 있었다.

무명 기자이자 작가인 카뮈의 글이 제대로 힘을 발휘한 것은 제2차 세계대전이 발발한 이후였다. 나치 점령기인 1942년, 카뮈는 장편소설 『이방인』을 출간했다. 부조리한 세상에 무관심한 청년이 살인을 저지른 다음 사형 선고를 받고 나서야 삶의 의미를 깨닫게 되는 과정을 그린 이 소설은 전쟁 중에 출간되었음에도 큰 반향을 일으켰다. 곧이어 발표한 철학 에세이 『시지프의 신화』에서는 허무한 세상에서 끊임없이 의미를 찾아 헤매는 것이야말로 인간의 유일한 존재 이유라고 주장했다. 카뮈는 『이방인』과 『시지프의 신화』의 성공으로 실존주의를 상징하는 작가의 위치에 올랐다. 프랑스가 독일에 점령된 상황에서 그는 저항 운동에도 적극적으로 참여했다. 저항 단체의 비밀 기관지 '콩바KONGBA, 전투'의 편집장으로 활동하면서 카뮈는 수많은 사설을 썼다. "한 국가의 가치는 그 나라 언론의 가치로 매겨진다"라는 신념 아래 독일에 협력한 언론의 행태를 기록하고, 파리 해방 이후에는 부역자를 엄정히 처벌할 것을 주장했다. 특히 「독일인 친구에게 보내는 편지」(1945)는 나치 치하에서 그릇된 애국심의 늪에 빠진 독일인들을 예리하게 비판한 명문으로 꼽힌다.

카뮈는 저항 운동 동료인 작가 장 폴 사르트르(1905~1980), 메를로 퐁티(1908~1961)와 돈독한 관계를 유지했으나, 종전 이후 카뮈가 공산주의에 등을 돌리면서 그들의 관계는 점차 멀어졌다. 카뮈는 공산주의가

로널드 애론슨, 『사르트르와 카뮈』

내세우는 '절대적 정의'와 '완벽한 국가'라는 환상을 거부했다. 그는 스탈린 체제를 비판하면서 파시즘과 공산주의가 그리 다르지 않다고 간주했다. 반면 사르트르와 메를로 퐁티는 더 나은 세계를 만들기 위한 폭력은 정당화될 수 있다고 카뮈를 비판했다. 카뮈는 소외된 자들에 대한 연민과 연대 의식이 가장 중요한 덕목이며 이데올로기가 제시하는 희망보다는 진실을 전하는 것이 작가의 의무라고 여겼다. 결점이 가득한 인간은 오류를 피할 수 없으며 그러므로 더 나은 세계를 만들겠다는 폭력은 용납할 수 없다고 답했다. 1947년에 출간한 소설 『페스트』에서 "희망이란 타인의 고통이 곧 자신의 고통이라는 사실을 인식할 때 비로소 싹틀 수 있다"고 역설했다. 1951년 『반항적 인간』(1951)을 발표한 이후 카뮈와 사르트르의 오랜 우정은 파탄이 났다.

1957년, 카뮈는 역대 최연소 나이(44세)로 노벨문학상을 수상했다. 그러나 프랑스 문단과 언론은 카뮈의 수상 소식에 호의적이지 않았다. 카뮈는 깊은 우울에 빠졌고, 절필 직전까지 몰렸다. 전후 유럽 사회는 전범과 부역자 숙청 문제, 사형 제도 존폐 문제, 이데올로기 대립으로 큰 진통을 겪고 있었다. 작가들은 적극적으로 사회 문제에 발언했고, 서로 정치적 입장을 강요했다. 알제리 독립 전쟁이 절정에 이른 시기에 카뮈는 전쟁에 반대하며 알제리의 자치권 확대를 주장했다. 그의 주장은 모두에게 비판받았다. 알제리인에게는 독립을 반대하는 극렬 우익 분자

카뮈가 편집장을 역임했던 신문 〈콩바〉에 실린 부고 기사

취급을 받았고, 사르트르를 비롯한 저항 운동 동지들과 프랑스 공산당은 변절자라고 비판했다. 그는 논쟁이 끊이지 않는 문단과 파리를 떠나 남프랑스 루르마랭에 새 거처를 마련했다. 루르마랭에서 그는 절필의 불안과 싸우면서 자전적 소설 『최초의 인간』을 쓰기 시작했다. 그러나 카뮈는 『최초의 인간』을 완성하지 못하고 1960년 1월 교통사고로 즉사했다. 당시 그의 나이 불과 47세였다. 유작 『최초의 인간』은 사후 34년 만에 딸이자 카뮈 문학 전집 편집자인 카트린 카뮈의 손을 거쳐 출간됐다.

카뮈는 언제 파멸할지 모르는 부조리한 세계에 던져진 인간이 지녀야 할 유일한 윤리는 부조리에 대한 반항이라고 믿었다. 그는 산꼭대기를 향해 끊임없이 바위를 굴리는 시지프의 불행에서 인간의 운명을 보았다. 시지프의 투쟁은 허무하지만, 돌을 굴릴 때마다 다른 의미를 부여함으로써 시지프는 허무한 반복의 굴레를 벗어나 매번 다른 존재로 태어난다. 그는 자신의 사유를 대변하는 저서 『시지프의 신화』 말미에 이렇게 적었다. "산꼭대기를 향한 투쟁만으로도 인간의 마음을 채우기에 충분하다. 우리는 시지프가 행복하다고 상상하여야 한다." 그는 불행하면서도 행복했던 시지프였다.

언젠가 사실이 될지도 모르는 이야기

— 광기와 지성의 SF 대가 필립 K. 딕의 텍스트들

제2차 세계대전이 끝난 후 냉전이 시작되자 인류의 불안은 깊어졌다. 핵전쟁의 위협과 과학 기술에 대한 두려움 때문이었다. 1950~1960년대 문학 작품의 상당수는 이 불안감을 모티프로 창작됐다. 인류 미래와 절멸을 다룬 이 시기의 작품에 묘사된 풍경들은 오늘날 점차 현실로 변하고 있다.

이 시기의 문학 작품을 원작으로 만든 영화 가운데 최고의 명작으로 꼽히는 작품은 리들리 스콧 감독의 〈블레이드 러너〉(1982)다. 미래 사회의 인류는 복제 인간replicants을 만들어 우주 공간에서 노동을 시킨다. 그러자 복제 인간들은 인간을 위한 노동을 거부하고 지구로 잠입해 들어온다. 복제 인간과 정상 인간을 구별해 내는 것이 직업인 주인공 '데커'는 복제 인간을 제조한 회사의 협조를 얻어 지구에 잠입한 복제 인간들을 찾아 제거하는 작업을 진행한다. 하지만 데커는 복제 인간과 사랑에 빠지고, 복제 인간의 인간적 감정에 공감하게 된다.

폴 버호벤 감독의 영화 〈토탈 리콜〉(1990)은 인간의 기억을 조작하려는 회사의 음모를 다룬다. 한편 스티븐 스필버그 감독의 영화 〈마이너리티 리포트〉(2002)에서는 미래를 정확하게 예측하는 '예지자들Pre-Cogs'이 등장한다. 예언자들은 미래에 일어날 범죄를 미리 계산하고 경고한다. '범죄

필립 K. 딕의 소설이 원작인 스필버그 감독의 영화 〈마이너리티 리포트〉의 한 장면

예방국'은 그들을 이용해 미래의 살인자를 검거한다. 그러나 범죄예방국의 리더 '앤더슨'은 예비 범죄자로 지목받아 쫓기는 신세가 된다. 이 과정에서 범죄 예지를 악용하려는 권력의 음모를 마주하게 된다.

그 밖에도 2분 앞의 미래를 미리 볼 수 있는 능력을 지닌 도박사가 등장하는 영화 〈넥스트〉(2007), 완성품을 보고 역으로 제품의 원리와 설계를 파악해 다시 만들어내는 리버스 엔지니어Reverse Engineer가 등장하는 영화 〈페이첵〉(2003)은 모두 〈마이너리티 리포트〉의 설정과 비슷한 영화들이다. 워쇼스키 형제가 만든 역작 〈메트릭스〉(1999)도 가상현실에 갇힌 인간을 다룬 작품인 〈토털리콜〉의 영향을 받았다. 놀랍게도 언급한 작품들의 작가는 동일 인물이다. 그는 바로 천재 SF 작가 필립 K. 딕(1928~1982)이다.

1928년, 필립 K. 딕은 미국 일리노이주 시카고에서 '필립 킨드레드 딕'이라는 이름으로 쌍둥이 누이 제인 샬럿 딕과 함께 태어났다. 아버지 조지프 에드거 딕은 제1차 세계대전 참전 용사였다. 어머니 도로시 킨드레드는 만성 신부전증을 앓고 있어 수유에 어려움을 겪었고, 이는 아이들의 영양 부족으로 이어졌다. 불과 1년 후 쌍둥이 누이 제인이 사망했다.

이는 필립 K. 딕의 삶과 작품 세계 전반에 큰 영향을 끼쳤다. 다섯 살 때 부모님이 이혼하자 딕은 어머니와 함께 캘리포니아주 버클리로 이사했다. 딕은 어린 시절 내내 몸이 허약했고 심각한 불안증을 앓았다. 딕의 유일한 취미는 공상과 글쓰기였다. 딕은 1947년 명문 버클리대학에 진학했으나 불안증과 ROTC 훈련에 대한 거부감으로 두 달 만에 학업을 포기하고 본격적으로 소설을 쓰기 시작했다. 하지만 어떤 치료로도 불안증은 나아지지 않았다. 딕은 결혼하여 가정을 꾸리려고 했지만, 이혼을 거듭했다.

딕은 불안증에 시달리면서 끊임없이 소설을 썼다. 마침내 그는 1951년 〈더 매거진 오브 판타지 앤드 사이언스 픽션〉에 단편 「루그」를 발표하며 데뷔했다. 하지만 당시 SF소설은 별다른 주목을 받지 못했다. 우울증과 공황 장애로 딕은 세계대전 당시 독일군 병사들이 복용했던 각성제 '암페타민'을 처방받았고, 그것을 평생 에너지원으로 삼았다. 1963년, 딕은

영화 〈넥스트〉의 한 장면

제2차 세계대전에서 독일이 승리한 미래를 다룬 가상 소설 『높은 성의 사나이』로 SF 문학계의 최고상인 '휴고상'을 받으면서 비로소 문단에서 인정받았다. 이 무렵 딕은 정오 무렵에 기상해서 타자기 앞에 앉은 다음 새벽 2시까지 글을 썼다. 그는 놀라운 집중력으로 수십 편의 단편을 완성했다.

프랑스 작가 에마뉘엘 카레르가 쓴 필립 K. 딕의 평전

그러나 당시 비주류 취급을 받던 SF 소설의 원고료는 형편없이 낮았다. 중편 소설 『마이너리티 리포트』(1956)를 쓰고 딕이 받은 원고료는 고작 15달러 정도였다.

훗날 스필버그가 영화로 만들어 3억 6천만 달러 이상의 흥행 기록을 세운 것에 비하면 정말 초라한 액수였다. 그럼에도 딕은 멈추지 않고 타자기를 두들겼다. 암울했던 어린 시절의 기억과 불안증, 각성제와 각종 약물의 후유증 탓에 딕은 자주 환각에 시달렸다. 딕의 소설의 기저에는 '나는 누구인가' '이것은 과연 현실인가' '내가 기억하는 것은 진짜인가'와 같은 질문이 깔려 있다. 그것은 환각과 불안을 견디면서 나온 고통스러운 질문이었다. 딕은 소설 속에서 로봇, 복제 인간, 인공 지능을 등장시켜 자신의 질문에 스스로 답했다. 그를 위로한 것은 사람이 아니라 자신이 쓴 소설 속의 기계들이었다.

삶의 말미에 그는 짧게 빛을 보았다. 1968년에 출간한 장편 『안드로이드는 전기양의 꿈을 꾸는가?』의 영화 판권이 높은 값에 팔린 것이다.

생애 처음이자 마지막으로 거금을 손에 쥔 딕은 영화 판권료 대부분을 자선 단체에 기부했다. 결국 딕은 영화 개봉을 보지 못하고 뇌졸중으로 사망했다. 그의 시신은 쌍둥이 누이 제인의 곁에 묻혔다.

천재적인 상상력의 과실은 딕의 상속인들에게 돌아갔다. 딕이 사망한 후 할리우드는 그의 원작 소설을 연이어 영화로 제작했다. 딕에게 남은 것은 단지 이름뿐이었다. 딕이 사망한 후 그의 이름을 딴 '필립 K. 딕 SF 문학상'이 제정됐고, 2007년에는 미국 문학 고전들을 엄선한 '라이브 러리 오브 아메리카' 시리즈에 SF 작가로서는 처음으로 선정되었다. 딕의 소설 속에서 로봇, 복제 인간, 인공 지능 같은 기계들은 모두 외로운 존재로 그려진다. 36편의 장편 소설과 100편 이상의 단편을 남긴 딕이 갈구했던 것은, 자신이 끝내 느끼지 못했던 인간의 온기였다. "타인에게 공감하고, 다른 생명체에 동정심을 갖추는 능력이야말로 우리 인간이 돌과 금속, 식물과 동물, 나아가 인조인간과 구분되는 유일한 것이다." 고통의 상상력으로 적은 딕의 작품들을 관통하는 유일한 주제다. 인간이 서로의 온기를 잊을 때 인간은 그저 밥을 먹는 기계에 불과할지도 모른다.

카파이즘, 진실을 기록하려는 신념

―종군기자 로버트 카파의 삶

전쟁사에 관심 없는 사람이라도, 전설적인 종군기자 로버트 카파 (1913~1954)의 사진을 접하지 않은 사람은 드물다. 스페인 내전, 제2차 세계대전, 베트남전쟁을 누비면서 찍은 로버트 카파의 사진은 전 세계인 들에게 큰 울림을 줬다. 위험을 마다하지 않는 취재 정신을 일컫는 용어 '카파이즘Capaism'은 로버트 카파를 기린 말이다.

로버트 카파는 1913년 헝가리 부다페스트에서 태어났다. 유대인이라 는 태생적인 신분은 청년 시절부터 카파의 삶을 흔들었다. 18세가 되던 해 헝가리 정부에서는 유대인 추방령과 공산당 활동 금지령이 시행되었 다. 공산당에 동조했다는 누명을 쓴 카파는 대학 진학을 포기하고, 독일의 베를린으로 도주했다. 운 좋게도 카파는 베를린에서 한 사진사의 암실 보조로 생계를 유지할 수 있었다. 그는 카메라에 필름을 넣고 암실의 현상액을 갈아 넣는 자잘한 일을 도맡으며 어깨너머로 사진을 배워나갔 다. 그러나 2년 후 히틀러가 집권하자 카파는 다시 박해를 피해 프랑스 파리로 이주했다.

프랑스어도 채 익히지 못한 카파는 자신의 유일한 재산인 카메라로 관광객들의 사진을 찍어주면서 연명했다. 빈곤한 삶을 이어가던 카파는 파리에서 '게르다 타로'라는 여인을 만났다. 유대인 출신 독일인으로

게르다 타로와 로버트 카파

나치의 억압을 피해 파리로 도주했던 게르다는 같은 처지인 카파와 가까워졌고, 두 사람은 곧 연인이 되었다. 게르다는 제대로 된 장비도 없던 카파에게 정장을 입혀 사진 업계에서 돋보일 수 있도록 만들었다. 그리고 '안드레 프리드만'과 '게르타 포호릴레'였던 자신들의 본명을 각각 로버트 카파와 게르다 타로로 바꾸었다. 게르다는 카파에게 암실을 만들어줬고, 카파는 게르다에게 사진을 가르쳤다. 두 연인은 서로의 그림자였다.

1936년 스페인 내전이 터지자 두 사람은 함께 스페인으로 건너갔다. 두 사람은 전쟁터의 사진을 언론사에 넘겨 큰 명성을 얻었다. 게르다는 여성 기자로 큰 명성을 얻었지만 보도 사진을 찍다가 스페인 브루네테에서 사망했다. 그녀는 전쟁터에서 사망한 최초의 여성 종군 기자로 기록되었다. 당시 파리에 있던 카파는 이 소식을 듣고 극심한 절망에 빠졌지만, 곧 필름을 챙겨 다시 스페인으로 향했다.

카파가 스페인에서 찍은 사진들은 어떤 기사보다도 전쟁의 비극이 사실적으로 담겨 있었다. 카파의 사진은 곧 유명 잡지에 도배되었다.

어느 병사의 죽음

특히 '어느 인민전선파 병사의 죽음'이라는 제목이 달린 한 장의 사진은 전 세계에 큰 충격을 주었다. 참호에서 나오던 스페인 인민전선파의 병사가 기관총탄에 맞아 쓰러지는 순간을 포착한 이 사진은 스페인 내전의 강렬한 상징으로 남았다.

1938년에는 중국의 지도자 장제스가 중일전쟁 선전 영화 제작을 요청하여 카파는 중국 한커우에서 촬영에 참여했다. 장제스가 지원한 〈4억의 민중〉이라는 선전 영화는 일본군에 맞선 중국인들의 고통과 용기를 기록한 대작이었다. 연출을 맡은 네덜란드 출신 영화감독 요리스 이벤스(1898~1989)는 게르다를 잃은 슬픔을 극복할 수 있도록 카파를 적극적으로 도왔다. 중국에 머무는 동안 카파는 미국의 저명한 잡지 〈라이프〉와 계약을 맺고, 사진들을 전송했다. 피폐해진 중국의 마을과 민간인들의 모습을 담은 보도 사진으로 카파의 명성은 더욱 높아졌다. 6개월 동안 중국 활동을 마치고 다시 스페인으로 돌아온 카파는 내전의 마지막을 취재했다. 1년 후 제2차 세계대전이 발발하자 카파는 미국으로 건너갔다. 1942년 미국 잡지 〈콜리어스〉의 의뢰를 받아 영국으로 건너간 카파는 연합군의 다양한 활동을 취재했다.

그는 1943년부터 북아프리카, 시칠리아, 이탈리아반도에서 전쟁을 취재했고, 1944년 6월, 연합군 병사들과 함께 노르망디에 상륙하여 전투 현장을 필름에 담았다. 이때 100장이 넘는 사진을 찍었으나 〈라이프〉지 암실 직원의 실수로 필름 대부분이 소실되어 10장의 사진만 건질 수 있었다. 이 사진들은 '카파의 손은 떨리고 있었다'라는 설명을 달고 잡지에 실렸다. 오마하 해변에 상륙하는 병사들을 찍은 사진들은 스페인 내전 사진과 함께 카파를 대표하는 사진으로 남았다.

1946년 미국 시민권을 얻은 카파는 할리우드에 취직했으나, 곧 미국 영화 산업에 회의를 느꼈다. 이 시기 카파는 당대 최고의 인기 여배우 잉그리드 버그만과 사랑에 빠졌지만, 카파는 게르다를 잃은 후 어떤 여자와도 결혼을 꿈꾸지 않았다. 버그만의 청혼을 거절한 카파는 다큐멘터리 촬영과 보도 활동에 뛰어들었고, 이듬해 프랑스 작가 앙리 카르티에 브레송, 폴란드 작가 데이비드 시모어와 함께 보도 사진 통신사 '매그넘 MAGNUM'을 설립했다. 매그넘은 언론사의 청탁을 받아 언론사 요구에 맞는 사진을 찍지 않고, 사진작가가 원하는 사진을 찍어서 공동으로 모아두었다가 언론사가 직접 사진을 구매하도록 하는 일종의 사진 판매 에이전시였다. 매그넘은 보도 사진의 유통 체계를 바꾸어 놓았다. 사진작가들이 언론사에 얽매어 연출된 사진을 찍지 않고, 자유롭게 활동할 수 있는 토대를 마련한 것이다. 이로써 보도 사진은 보다 개성적이고 전문적인 분야로 발전하게 되었다.

매그넘 설립과 함께 카파는 더욱 활발하게 움직였다. 1947년에는 미국 작가 존 스타인벡과 함께 소련을 방문했고, 1948년부터 1950년 사이에는 중동전쟁 취재에 나섰다. 1954년 카파는 일본 언론사의 초청으로 베트남으로 향했다. 당시 디엔비엔푸에서 패배한 프랑스군은 궁지에 몰려 절망적인 전투를 이어가고 있었다. 카파는 행군하는 프랑스군을 취재하던 중 지뢰를 밟아 사망했다. 마지막 순간까지 그는 카메라를 쥐고 있었다. 그의 나이 불과 41세였다.

"만약 당신의 사진이 만족스럽지 않다면 그것은 너무 멀리서 찍었기 때문이다." 카파의 사진 철학은 명료하고 진실했다. 그는 적과 아군이라는 이분법

알렉스 커쇼, 『로버트 카파』

에 갇히지 않고 전쟁이라는 절박한 상황에 던져진 사람들의 고통을 담고자 노력했다. 카파의 삶을 바꾼 유일한 사람은 게르다 타로였다. 그녀를 만나지 않았더라면 카파는 파리에서 거리의 사진사로 묻혔을 것이다. 그녀와 만나 카파는 암실에서 나와 비로소 빛을 마주하게 되었다. 사람들은 묻는다. 카파가 그토록 전장에 머물렀던 이유는 무엇인가. 그것은 게르다를 애도하는 여정이 아니었을까. 그 여정의 끝에서 카파는 사랑하는 사람과 비슷하게 생을 마감했다.

암울한 전후 시대와 '헐리우드 키드'

─ 소설가 안정효의 인물들

2023년 7월 1일, 소설가 안정효(1941~2023)가 사망했다. 안정효는 1983년 『전쟁과 도시』라는 소설을 발표하면서 데뷔했다. 대학 재학 중 베트남전쟁에 참전한 경험을 살린 전쟁 소설이었다. 뛰어난 번역가였던 안정효는 이 소설을 직접 영어로 옮겨 미국에서 『화이트 배지White Badge』(1989)라는 제목으로 발표했다. 안정효의 소설은 미국 문단에 큰 반향을 일으켰다. 미국 비평가들은 아시아 작가가 쓴 베트남전쟁 소설을 놀라워했다. 국내에서는 『하얀 전쟁』이라는 제목으로 다시 출간돼 베스트셀러에 올랐다.

안정효의 소설 중 초기작인 3편의 소설을 다시 읽는다. 소설의 등장인물들은 마치 한 사람의 삶을 각기 다른 목소리로 설명하는 것 같다. 『하얀 전쟁』의 주인공 '한기주'는 소설가다. 베트남에서 귀국한 뒤 무기력한 나날을 보내던 어느 날 참전 동료인 '변진수'가 찾아온다. 변진수는 전사한 동료들이 살아 있다고 착각하거나 헬기 소리가 들리면 발작을 일으키는 등 심한 전쟁 후유증을 앓고 있었다. 한기주는 변진수를 만난 후 다시 전쟁을 떠올리게 된다. 그는 베트남으로 향하기 전 동료들과 찍은 사진을 물끄러미 바라본다. 사진 속 동료들은 대부분 살아서 돌아오지 못했다. 베트콩의 야간 기습, 부비트랩에 걸려 죽은 병사, 땅굴에서 사살한 베트콩의 일그러진 얼굴, 44명 중 7명만이 살아남은 마지막 장거리 수색 정찰, 평온할수록 불안한 나날들.

얼핏 읽으면 숱하게 재현된 미국의 베트남전쟁 관련 소설 또는 영화 내용과 흡사하다. 그러나 이 소설에는 미국인들은 알지 못하는 정서가 깔려 있다. 한기주에게 베트남전은 처음 겪은 전쟁이 아니었다. 어린 시절 그는 미군에게 사탕을 달라고 손을 내밀던 배고픈 꼬마였다. 베트남 꼬마들이 자신을 에워싸고 사탕을 달라고 하자 한기주는 자신의 어린

안정효, 『하얀 전쟁』

시절을 떠올린다. 이 장면에는 베트남전에 참전한 세대의 공통 경험이 담겨 있다. 허기와 공포에 시달리던 꼬마들은 20대 청년이 되어 베트남에서 자신의 과거와 마주하게 된다. 그리고 그들은 새로운 악몽이 될 전쟁을 치른다.

『은마는 오지 않는다』(1987)는 작가가 한국전쟁 때 피란 경험이 토대가 됐다. 소설의 주인공 '언례'는 홀로 두 아이를 키우는 과부다. 어느 날 마을에 진주한 유엔군 병사들이 언례를 성폭행한다. 그 사실을 알게 된 마을 사람들은 언례를 따돌린다. 언례는 명백한 피해자였지만 억울함을 하소연할 수도 없다. 생계가 끊길 위기에 내몰린 언례는 마을 외곽에 들어선 미군 클럽에서 일하게 된다. 서양 문화가 마을에 퍼지면서 전통 질서가 무너지고, 이에 맞서 마을 어른들은 언례를 비롯한 클럽 여성들을 적대시한다. 마을 어른들은 외국 군인들과 어울리는 여자들을 손가락질하면서 '순결'과 '질서'를 강조하며 기존의 문화를 지키려 한다. 전쟁은

안정효, 『은마는 오지 않는다』

염치와 품위, 기만적인 질서를 가차 없이 무너뜨린다. 언례의 아들은 미군에게 몸을 파는 아이들을 쫓아내려고 사제 총을 쏘다가 오발로 두 손가락을 잃고 만다. 중공군의 개입으로 미군 부대가 철수하게 되자 마을 사람들은 뿔뿔이 흩어지게 된다. 언례는 아이들을 데리고 서둘러 마을을 떠난다.

안정효가 1992년에 발표한 『헐리우드 키드의 생애』는 1950년대 중반부터 1960년대 초반에 이르는 시기 영화에 빠진 청소년들이 등장하는 소설이다. 소설은 화자 '윤명길'의 시점으로 전개된다. 윤명길은 중·고등학교 시절을 함께 보낸 다섯 친구와 함께 '황야의 7인'이라는 그룹을 만든다. 그들은 모두 영화에 열광하며 10대를 보낸다. 윤명길의 절친한 친구 '임병석'의 학창 시절 별명은 '헐리우드 키드'였다. 병석은 영화에 편집증적 집착을 가진 인물로 감독과 배우 이름을 줄줄 꿰고, 지나칠 정도로 상세하게 영화의 장면들을 기억한다. 이런 병석의 모습에 매료당한 후 영화에 눈뜨게 된 명길은 집에 있는 비단을 몰래 내다 팔아 극장 비용을 조달한다. 또 병석의 방대한 영화 지식을 질투해 그가 수집한 자료들을 훔치기도 한다.

적당히 현실에 발 딛고 사는 법을 아는 명길은 영화의 세계에 탐닉하는 병석의 불안한 미래를 예감한다. 병석을 비롯한 그들이 영화에 탐닉한 이유는 전후의 고통스러운 현실 때문이었다. 현실이 부박할수록 환상은 더욱 강렬해진다. 전쟁 직후 사회 전반에는 죽음, 절망, 허무주의가 만연했다. 어린 나이에 전쟁을 겪은 10대 학생들은 현실을 외면하고자 기꺼이 스크린의 세계에 빠져들었다. "우리는 영화에서 꿈을 좇았고, 구질구질한 삶의 슬픔을 잊기 위한 도피처를 영화에서 찾았고, 증오의 분출구와 행복에의 갈망 그리고 모든 다른 것을 영화에서 찾아내려고 했다."

안정효, 『헐리우드 키드의 생애』

훗날 병석은 영화감독이 된 친구 명길을 찾아온다. 병석은 자신이 쓴 시나리오를 내민다. 명길은 시나리오를 읽고 병석의 천재성에 감탄한다. 그러나 영화를 촬영할수록 명길은 이상한 느낌에 휩싸인다. 병석의 시나리오는 '헐리우드 영화' 수백 편을 교묘하게 짜깁기한 결과물이었다. 명길은 촬영 중단을 고민하다가 결국 그대로 진행한다. 그러면서 태어날 때부터 철저한 흉내에 지나지 않는 인간의 삶을 다시 생각하게 된다.

이 세 편의 소설은 번역가로 활동하다가 뒤늦게 작가로 데뷔한 안정효의 초기작들이다. 한기주와 임병석은 허구의 인물이지만, 그 이면에는 작가의 경험이 짙게 드리워져 있다. 1941년생인 안정효는 유년기와 20대에 두 번의 전쟁을 겪었다. 그는 대학 시절부터 영어로 소설을 습작했다. 외국어에 매진했던 작가의 청춘 시절은 '헐리우드 키드' 임병석과 겹친다. 인간은 태어나는 시기를 스스로 결정할 수 없다. 자신이 선택하지 않은 시대를 살면서 그는 번역과 창작을 통해 다른 현실을 꿈꿨다. "꿈을 꾸려면 어둠이 필요하지만 악몽에서 벗어나려면 눈을 떠야 한다는 진리,

그것이 바로 영화의 세계였다." 세 작품은 모두 1990년대에 영화로 제작됐다. 하지만 현실의 작가는 소설 속 인물 임병석과는 달리 활자의 세계로 나아갔다. 한 작가의 죽음을 마주하며 그가 살았던 시대와 가장 빛나는 작품들을 다시 회고한다. 고인의 명복을 빈다.

부기: 안정효의 번역은 완벽하기로 이름 높다. 공교롭게도 영국 작가 그레이엄 그린의 베트남전쟁 소설 『조용한 미국인』이 안정효의 마지막 번역물이다.

엄마 '군자'의 잃어버린 명예

─ 그레이스 M. 조, 『전쟁 같은 맛』

1970년대 미국의 시골 마을에서 엄마는 '블루베리 여사'로 불렸다. 엄마는 숲에서 달래와 우엉, 블루베리를 땄고, 지붕에서 고사리를 말렸다. 엄마는 김치를 담그려 '나퍼 캐비지'라고 부르는 배추를 찾으러 다녔다. 이방인을 경계하는 마을 사람들에게 자신이 만든 한국 음식을 나눠줬다. 엄마는 한국에서 상선 선원인 미국인 남성과 결혼했다. 1972년 여름, 부산에서 자녀들을 데리고 미국 워싱턴주 작은 마을 셔헤일리스로 이주했다.

"함 묵자." 어머니는 김치 한 통을 손에 들고 '모국어'로 말했다. 당시 미국에는 6·25전쟁 이후 이주한 다문화가정 자녀나 전쟁고아들이 늘고 있었다. "엄마는 이 아이들에게 김치만큼은 떨어지지 않게 하겠노라 작심했다. 엄마는 아이들을 보자마자 당신이 먹여야 할 입이라는 걸 알아봤고, 잠시나마 그 애들이 잃어버린 한국 엄마가 돼줬다."

어머니의 한국 이름은 '군자'(1941~2008)였다. 군자의 딸 그레이스 M. 조는 미국에서 성장해 브라운대학과 하버드대학원을 거쳐 뉴욕 시립 스태튼아일랜드대학의 사회학과 교수가 됐다. 엄마가 사망한 후 그레이스는 자신이 몰랐던 어머니의 과거를 조사하는 연구를 진행했다. 엄마의 삶에는 인종과 젠더, 전쟁과 디아스포라 문제가 복잡하게 얽혀 있었다.

어릴 적 그레이스 조와 어머니 군자

그레이스는 오랜 연구 끝에 엄마의 삶을 복원한 저서 『전쟁 같은 맛』을 출간했다. 이 책은 2021년 전미도서상 논픽션 부문 최종 후보에 올랐고, 2022년 아시아·태평양 미국인 도서상에 선정되었다.

군자는 일본으로 강제 징용된 한국인 가정에서 태어났다. 군자의 가족은 광복 후 귀국했다. 곧이어 발발한 한국전쟁으로 그녀는 아버지와 오빠, 작은언니를 잃었다. 생계를 이어갈 수 없었던 군자는 부산으로 갔다. 군자는 미군 기지 앞 기지촌에서 일했다. "젊은 여성에게 주어지는 일자리라곤 공장 아니면 미군 기지뿐이었다. 기지촌 일자리는 공장보다 노동 시간이 짧았고, 수입도 더 좋았다. 결정적으로 기지촌은 미국의 화려함을 약속했고, 미군 병사와 가정을 꾸려 미국으로 이민 갈 가망도 줬다. 실제로 그런 일이 일어날 가능성은 희박했지만, 엄마를 비롯한 수백만 명의 여성에게 이는 해볼 만한 도박이었다." 미군 기지에서 여자들은 다양한 일을 했다. 한국인들은 미국을 동경하는 만큼 미군 기지에서 일하는 한국 여성들을 혐오했다. 그들에게는 '양공주'라는 낙인이 찍혔다.

미군 기지에서 일하는 여성들에 대한 낙인은 너무도 심각해서 정상적인 사회생활이 불가능할 정도였다. 군자는 기지촌에서 한 미국인을 만났다. 그는 한국, 괌, 필리핀, 베트남의 미군 기지에 군수품을 공급하는 상선의 선원이었다. 군자는 아들을 낳아 거의 홀로 키웠다. 훗날 남편이 될 미

그레이스 M. 조, 『전쟁 같은 맛』

국인은 당시 베트남에 주둔하고 있었다. 한국전쟁 이후 한국 사회에서 흔히 '혼혈아'라 불리던 다문화가정 자녀들은 철저한 따돌림을 받았다. 이승만 대통령은 '양부인과 혼혈 아동'의 존재를 '사회적 위기'라고 명명하면서 '미군 아기 문제'를 입양으로 해결하려는 대통령령을 선포했다. 한국인 남성들에게 군자와 같은 여성은 열등감과 혐오를 동시에 자극하는 존재였다. 하지만 군자는 혼혈인 자식을 포기하지 않았고, 미국에서 새로운 가정을 꾸리겠다고 결심했다. 딸 그레이스를 낳은 후 군자는 마침내 미국으로 갈 수 있었다.

그토록 동경했던 미국에 닿았지만 그녀를 기다리는 건 또 다른 차별이었다. '칭크Chink, 중국인의 멸칭' '잽Jap, 일본인의 멸칭'이라 불러대는 멸시를 받으며 그레이스는 처음에는 "나는 한국인이야"라고 항변한다. 항변은 차츰 "나는 반半한국인이야" "우리 아빠 미국 사람이야"라는 변명으로

바뀐다.

엄마는 불굴의 의지로 미국 사회에 적응하려고 애썼다. 군자는 마을 사람들에게 한국 음식을 만들어 주고 미국 음식을 익히며 인심을 얻었다. 전쟁으로 제대로 배우지 못했던 군자는 딸이 미국에서 훌륭한 학자로 성장하길 바랐다. 군자의 바람대로 그레이스는 명문 브라운대에 진학했다. 그레이스가 열다섯 살이 된 1986년 무렵부터 군자는 주변인들이 자신을 감시하고 해치려 한다는 강박증이 생겼다. 군자는 집 밖으로 나가길 거부하면서 세상과 스스로 단절했다. 대학 생활과 사업 등으로 바쁜 가족들은 군자를 방치했다. 1990년대에 군자는 공식적으로 '조현병'이라는 진단을 받았다. 그레이스는 대학에서 사회학을 공부하면서 어머니가 기지촌 여성으로 일하다가 아버지를 만났다는 사실을 알게 되었고, 어머니의 과거와 사회적 죽음에 부채감을 느꼈다.

모든 질병은 사회적이다. 군자는 오늘날 정신의학에서 거론되는 조현병 발병의 사회적 요인을 거의 다 지니고 있었다. 유년기에 겪은 공포, 낮은 사회 경제적 지위, 신체적 학대, 성적 트라우마, 이민 경험, 인종차별……. 엄마의 과거를 추적하면서 그레이스는 엄마의 행동에 담긴 의미들을 하나씩 알게 된다.

특히 엄마의 음식 만들기는 아픈 기억들로부터 자신을 지키려는 안간힘이었다. 음식을 거의 먹지 않는 엄마에게 밀크 파우더(우유 분말)를 먹이려고 하자 엄마는 이렇게 말했다. "난 이 맛을 참을 수가 없어. 전쟁과 같은 맛이 나." 미군 기지 쓰레기통을 뒤졌던 격렬한 굶주림의 기억은 엄마의 삶을 지배했다. 이주한 한국인들에게 엄마가 계속 김치를 나누어 줬던 이유는 "매일 먹고 요리하는 일이, 우리가 남겨두고 떠나온 사람들과 장소에 우리를 연결시켜 준다"는 사실을 알았기 때문이다.

연구를 진행하면서 그레이스는 "내 성공은 엄마가 명예를 회복하는 길이요, 내 교육은 엄마에게 다시 주어진 기회"라는 사실을 깨닫는다.

엄마의 과거를 추적하면서 그레이스는 자신이 살지 않았던 시대의 고통을 '맛'으로 통감한다. "자, 김치 더 무라. 그레이스야, 우린 생존자야. 너는 무엇이든 견딜 수 있어." 저술을 마친 그레이스는 확신한다. 엄마는 '타락한 여자'나 '정신병자'가 아니라 전쟁과 가난, 폭력과 차별을 이겨낸 강인한 여성이었다고.

"인간은 자신이 살아갈 시대를
스스로 선택할 수 없다."

1

전쟁이라는 극한 상황은 인간에게 '선택'을 강요한다. 이 가혹한 딜레마를 통과하면서 인간의 적나라한 민낯이 드러난다. 이 책에서 다룬 인물들은 모두 과거의 사람들이지만, 그들은 지금-여기를 살아가는 우리의 거울이다. 기꺼이 양심을 버리고 타인의 삶을 파괴하는 자들, 깊은 죄책감에 시달리는 자들, 자신의 과오를 끝내 모른 채 생을 마감하는 자들. 타인에게 상처를 주고, 고통을 방관한 자들은 대개 지극히 평범한 인간이다. 누군가는 국가와 집단의 정당성을 해친다는 명분 아래 공식적인 기록과 기억에서 지워졌다. 그러나 어떤 자들은 망가진 세계에서도 마지막까지 인간다움을 포기하지 않았다. 이 책은 꿈꾸기를 멈추지 않았던 그들을 향한 작은 헌사다.

2

인간은 기억과 현실을 견딜 만한 정도로 왜곡하지 않으면 쉽게 무너지는 나약한 존재에 불과하다. 자신의 나약함을 외면할 때 인간은 망가진다. 이야기를 만들고, 글을 쓰면서 인간은 비로소 자신의 나약함을 직시하게 된다. 포로수용소에서 강의와 글쓰기에 매달린 유제프 차프스키, 과거를 부정하는 조국의 타락을 예견한 오에 겐자부로, 독일인의 상처와 죄의식을 정면으로 응시한 귄터 그라스, 공감을 잃은 인간은 기계보다 못한 존재라고 역설하는 필립 K. 딕 등은 상상(이야기)과 글의 힘을 스스로 입증한 작가들이다. 바오닌과 케르테스, 솔제니친의 소설은 직접 겪은 자만이 쓸 수 있는 글이 어떤 것인지 보여준다. 여기서 덴마크 작가 이자크 디네센의 말을 다시 음미하게 된다.

"모든 슬픔은 그것을 이야기로 만들거나 당신이 그것에 관해 이야기를 할 수 있다면 견뎌질 수 있다."

그래도 의구심은 사라지지 않는다. 이자크 디니센의 말처럼 이야기와 글은 고통을 견디게 하지만, 어디까지나 그것은 당사자의 고통일 뿐이다. 인간은 타인의 고통을 완전하게 이해하지 못한다. 타인의 고통을 접하는 것과 우리가 자신의 고통을 견디는 것은 별개의 문제다. 고통의 개별성을 자각할수록 타인의 고통은 자신과 동떨어진 흥미로운 이야기나 구경거리로 변질된다. 그러지 않으려면 '나'는 그들과의 접점을 찾아야만 한다.

3

전쟁을 경험한 자들과 우리의 공통점은 무엇인가. 전쟁을 직접 겪으면 깨닫게 되리라는 조언은 큰 의미가 없을 것이다. 그들과 '나'의 공통점, 다시 말해 모든 인간의 공통점은 자명하다. 인간은 자신이 살아갈 시대를 스스로 선택할 수 없다.

만약 전쟁이 없는 시대를 살았더라면,

그레이스 M. 조의 어머니 '군자'는 기지촌을 전전하지 않았을 것이다.

악명 높은 친위대장 하인리히 힘러는 시골의 양계장에서 닭을 기르며 늙어갔을 것이다. 제1차 세계대전 말기 수백만 명의 미국 젊은이들이 대서양을 건너는 대이동이 없었다면 스페인 독감의 전파력은 다소 떨어졌을지도 모른다. 그리고 에곤 실레는 조금 더 오래 살았을 것이다. 고트프리트 벤 역시 두 차례의 세계대전에 모두 군의관으로 참전하는 곤혹스러운 삶을 살지 않았으리라. 뉴욕 거리를 헤매던 브레히트는 슬픈 시를 쓰지 않았을지도 모른다. 아버지가 난징에 파병되지 않았으므로 하루키의 소설은 덜 우울했을 것이다. 당신과 나, 우리도 마찬가지다. 저성장과 혐오의 시대, 심각한 기후 변화의 시대에 살아가기를 스스로 선택한 자는 없다. 다니자키 준이치로의 말처럼 모든 인간은 외설의 산물이자 우연의 산물에 불과하다. 이 사실을 자각할수록 그들의 선택과 고통이 더 가깝게 느껴진다.

4

지금 세계는 다시 전쟁의 시대로 접어들고 있다. 러시아-우크라이나 전쟁이 지속되는 와중에 가자 지구에서도 격전이 벌어지고 있다. 대만해협의 긴장도 높아지고 있으며 한반도에서는 지난해 9·19 군사 협정이 파기됐다. 어느 때보다도 전쟁을 우려하는 목소리가 높은 시기에 전쟁을 겪은 자들의 이야기를 엮었다. 수록된 원고는 2020년부터 2023년까지 〈국방일보〉의 '전쟁과 인간' 코너에 연재한 글 가운데 추린 것이다.

전쟁은 모든 것을 파괴하지만, 무엇보다도 인간 사이의 믿음을 파괴한다. 무수한 전쟁을 겪은 인류의 역사가 그 증거다. 그래서 전쟁을 논할 때면 자연스럽게 과거로 눈을 돌리게 된다. 홀로코스트와 제노사이드, 학살과 파괴의 풍경은 '인간이란 무엇인가'라는 무거운 질문을 던진다. 그렇지만 현대인들은 전쟁을 뉴스와 게임처럼 소비하면서 타인의 고통에 귀를 기울이지 않고 자신의 결핍에 채우고자 이미지의 생산과 소진을 반복한다. 기억과 서사가 데이터로 전락한 시대에 전쟁이라는 비극을 통과한 자들의 삶과 텍스트는 고통을 사유하는 법을 알려준다.

5

이 글을 적는 동안 감사의 말을 전할 사람들이 많다. 중앙대 최영진 교수님의 격려가 없었다면 4년 동안 연재를 이어가지 못했을 것이다. 연재 원고를 책으로 기획한 형준 선배는 다양한 인물들을 분류(무너진 자, 통과한 자, 누락된 자, 꿈꾸는 자)하고 배치하는 작업에 큰 도움을 주었다. 더딘 원고 분류와 퇴고를 기다려준 도서출판 b의 김장미 편집장님과 조기조 사장님께도 감사하다. 한국외대 이성혁 교수님의 호의와 질문도 좋은 길잡이가 되었다.

글을 쓰고 책을 기획할 때마다 선문대 손종업 교수님의 조언은 훌륭한 죽비였다. '문학 이후'의 김민수 선생은 고마운 첫 독자다. 악몽과도 같았던 지난 가을, 곁에서 힘이 되어 준 주환이, 민호, 그리고 K를 추앙하며 또 한 권의 책을 갈무리한다. 자신이 선택하지 않은 시대를 견디는 이들에게 부디 무너지지 말고, 기어이 꿈을 꾸자는 말을 건네고 싶다.

무너진 세계에서 꿈꾸기

초판 1쇄 발행 2024년 12월 24일

지은이 이정현
펴낸이 조기조
펴낸곳 도서출판 b

등 록 2003년 2월 24일 제2023-000100호
주 소 08504 서울특별시 금천구 가산디지털2로 169-23 가산모비우스타워 1501-2호
전 화 02-6293-7070(대) | 팩시밀리 02-6293-8080
이메일 bbooks@naver.com | 홈페이지 b-book.co.kr

ISBN 979-11-92986-32-6 03910
값 18,000원